2019年北京高等教育"本科教学改革创新项目"
——一核心、三坚持、全过程育人的教改模式
（项目编号：201810038002）

高校思想政治理论课
教学改革模式的探索与实践研究

李久林　等著

首都经济贸易大学出版社
Capital University of Economics and Business Press
·北京·

图书在版编目（CIP）数据

高校思想政治理论课教学改革模式的探索与实践研究/李久林等著．--北京：首都经济贸易大学出版社，2022.7
ISBN 978-7-5638-3362-7

Ⅰ.①高…　Ⅱ.①李…　Ⅲ.①高等学校-思想政治教育-教学改革-研究-中国　Ⅳ.①G641

中国版本图书馆 CIP 数据核字（2022）第 089382 号

高校思想政治理论课教学改革模式的探索与实践研究
李久林　等著
GAOXIAO SIXIANG ZHENGZHI LILUNKE JIAOXUE GAIGE
MOSHI DE TANSUO YU SHIJIAN YANJIU

责任编辑	潘　飞
封面设计	砚祥志远·激光照排　TEL：010-65976003
出版发行	首都经济贸易大学出版社
地　　址	北京市朝阳区红庙（邮编 100026）
电　　话	（010）65976483　65065761　65071505（传真）
网　　址	http：//www.sjmcb.com
E- mail	publish@cueb.edu.cn
经　　销	全国新华书店
照　　排	北京砚祥志远激光照排技术有限公司
印　　刷	北京九州迅驰传媒文化有限公司
成品尺寸	170 毫米×240 毫米　1/16
字　　数	230 千字
印　　张	14.5
版　　次	2022 年 7 月第 1 版　2022 年 7 月第 1 次印刷
书　　号	ISBN 978-7-5638-3362-7
定　　价	55.00 元

图书印装若有质量问题，本社负责调换
版权所有　侵权必究

序 言

高等学校思想政治理论课是立德树人的关键课程。办好思想政治理论课，要做到课堂教学与实践教学相结合，笔者经过多年的探索与实践，形成"一核心、三坚持、全过程育人"的教学模式。

所谓"一核心"，就是思想政治理论课要以课堂教学为核心，不断提升课堂教学效果。教学工作是学校的中心工作，而课堂教学又是教学工作的核心。要坚持思想政治理论课以课堂教学为中心，以高校思想政治理论课新教材为基本遵循，对应教材的逻辑结构和主要内容进行讲授。要坚持集体备课制度，加强对思想政治理论课教材和教学内容的研究，就教学重点、社会热点、理论难点、思想疑点等问题进行研讨，主要是对教材中的重点、难点"是什么、为什么、怎么讲"形成共识，在课堂教学中努力讲好重点难点问题，准确把握教材内容和教学要求，以不断提高教学能力和教学质量。教师在讲授中要综合体现思想政治理论课的教学理念、基本理论、教学方法和教学艺术。围绕问题深入阐释、透彻分析，把深刻理论与翔实史料相结合，深入浅出、通俗易懂，比较分析，以理服人；体现针对性、生动性，通过穿插讲故事、举事例、说事实，增强吸引力和实效性，做到以理服人、以情感人，把社会主义核心价值观潜移默化地渗透于思想政治理论课教学的全过程，努力达到论理而不说教和润物细无声的教育效果。同时还要创新课堂教学方式。要积极探索和广泛采用启发式、参与式、互动式、案例式、研究式等教学方式，善于运用生动的语言、鲜活的事例、新颖的形式，活跃课堂教学气氛，启发学生深入思考。在课堂教学过程中重点抓出勤率、抬头率、听课率，使思想政治理论课内容入脑入心。要构建以学生为本、双向互动、生动活泼，符合大学生认知意趣和接受特点的课堂教学系统，使大学生真正树立正确的世界观、人生观和价值观。

思想政治理论课课堂教学要坚持用社会主义核心价值观引导青年学生。社会主义核心价值观凝聚着社会主义中国的价值追求。富强、民主、文明、和谐是国家层面的价值追求，自由、平等、公正、法治是社会层面的价值追求，爱国、敬业、诚信、友善是公民层面的价值追求。社会主义核心价值观把涉及国家、社会、公民的价值追求融为一体，比较系统地回答了我们要建设什么样的国家，建设什么样的社会，培养什么样的国民的根本问题。社会主义核心价值观"传承着中国优秀传统文化的基因，寄托着近代以来中国人民上下求索、历经千辛万苦确立的理想和信念，也承载着我们每个人的美好愿景。我们要在全社会牢固树立社会主义核心价值观，全体人民一起努力，通过持之以恒的奋斗，把我们的国家建设得更加富强、更加民主、更加文明、更加和谐、更加美丽，让中华民族以更加自信、更加自强的姿态屹立于世界民族之林"①。国家必须有自己的价值观，特别是核心价值观，它是这个国家、民族凝魂聚气和强基固本的根本要求。社会主义核心价值观体现了时代精神和社会主义本质要求，继承了中华优秀传统文化，也吸收了世界文明有益成果。要以培养担当民族复兴大任的时代新人为着眼点，强化教育，引导实践，把社会主义核心价值观融入教育发展的各个方面，转化为青年学生的感情认同和行为习惯。

思想政治理论课课堂教学要坚持弘扬民族精神，特别是要用革命精神这一红色精神的具体内容来培育青年学生。民族精神是一个民族赖以生存和发展的精神支撑，是一个民族得以维系和凝聚的精神纽带，对一个民族的生存和发展起着精神支柱、精神动力的作用。民族精神是一个民族的自我意识与自我认同，是一个民族的整体人格的体现；民族精神是一个民族的灵魂，是其民族文化最本质、最集中的体现，是民族文化的深层内涵；民族精神是一个民族所认同的世界观、人生观和价值观，所遵循的思维方式和行为方式，所体现的心理素质、理想信念和性格特征的总和。革命精神是在中国共产党领导中国人民进行革命的伟大实践中逐渐形成，在建设和改革中不断丰富和发展的伟大精神，主要内容包括实事求是、独立自主、自力更生、艰苦奋斗、

---

① 习近平谈治国理政［M］．北京：外文出版社，2014：1169.

忠心报国、不怕困难、不怕牺牲、敢于克服一切困难、敢于战胜一切敌人等，是中国共产党党的性质与宗旨的最本质、最深刻的体现，是党赖以生存和发展的文化品格和精神支撑，是共产党人在思想情感、精神境界、信仰追求、品德意志、先进行为等方面的综合反映。中国共产党人在领导革命中形成了以建党精神、井冈山精神、长征精神、延安精神、抗战精神、西柏坡精神等为标志的革命精神，演绎了中国革命乃至世界革命史上最光彩夺目的灿烂篇章。青年是祖国的未来、民族的希望，必须加强对青年学生的爱国主义教育，传承精神创造和精神文化，必须在青年学生中培育和弘扬民族精神。

所谓"三坚持"，就是在思想政治理论课实践教学中要做到"三个坚持"，即坚持社会实践、坚持阅读经典、坚持知识竞赛。思想政治理论课不仅要讲好课堂教学，也要搞好实践教学、加强实践育人。坚持课堂教学与实践教学相统一，坚持向实践学习、向人民群众学习，是大学生成长成才的必由之路。

坚持社会实践，把实践教学与社会调查、志愿服务、公益活动、专业课实习等结合起来，引导学生走出校门，到基层去，到工农群众中去。通过形式多样的实践教学活动，提高学生思想政治素质和观察分析社会现象的能力，深化教育教学的效果。教师精心指导、学生深入基层，在实践中不断成长，不断出高水平的调研报告，努力打造思想政治理论实践课教学的特色和品牌。思想政治理论课实践教学是大学生思想政治理论课教学的重要组成部分，是大学生在学习思想政治理论课基础之上的一个必要、重要经历。其目的是引导学生走向社会，提高学生的修养和品质，使大学生以更快的速度适应当今社会，以积极的心态面对工作和生活，做一个对国家和社会有用的人。

坚持阅读经典，就是要加强理论修为。每个思政课教师都要指导自己所教班级学生阅读经典，重点阅读马克思列宁主义、毛泽东思想、中国特色社会主义理论体系和习近平总书记系列讲话等相关经典，引导学生在读原著、学原文、悟原理上下功夫。教师指导学生阅读经典时要强调经常学、反复学、持续学，努力做到学懂、学通、学透，以引导大学生对马克思主义的思想认同、理论认同和情感认同。教师推荐阅读书目，主要是解决读什么和为什么要读的问题，它直接影响着阅读质量和阅读效果。推荐的阅读书目，要紧紧围绕教学内容和教学目的，侧重理论深度和拓展知识面，突出理论背景，直面现实问题。同时要注意文献的权威性、经典性和现实性，要反映相关领域研究的新进展。教师除负责阅读书目的推荐和对学生阅读的指导外，还要对学生的阅读活动进行检查和总结。教师要在阅读中强调读与思的结合、读与写的结合、读与行的结合，引导学生了解经典，读有所悟，读有所得，写出较高水平的读书笔记。教师通过引导学生读经典进而实现帮助学生理解和深化理论知识的过程，是一种用马克思主义理论武装学生的重要的教学环节。

坚持国史国情知识竞赛，就是通过举行此类活动，引导学生了解国史、国情、世情，掌握中国革命、建设和改革的伟大历程和辉煌成就，学习和运用马克思主义的立场、观点和方法，认同中国共产党领导的中国特色社会主义道路。国史国情知识竞赛活动具有以下特点：一是主题鲜明。活动引导学生从历史和现实、理论和实践相结合的高度，深刻认识中国共产党领导中国人民走过的艰难历程和取得的辉煌成就，不断深化爱国主义教育。二是广泛参与。竞赛活动分为初赛、预赛、决赛，设立一、二、三等奖，学生参与的积极性很高，获得感很强。三是多部门联合举办。活动由首都经济贸易大学马克思主义学院、教务处、学生处、党委宣传部和校团委等多部门相互协作、共同举办，取得了良好的协同育人效果。

所谓"全过程育人"，就是思想政治理论课构建要以课堂教学为核心，坚持社会实践，坚持阅读经典，坚持知识竞赛，整个过程都是育人的过程。这个过程包括课堂内外与校园内外，包括课堂教学与社会实践的结合，思政课程与课程思政的结合，阅读经典与知识竞赛的结合，第一课堂和第二课堂的结合，是全过程育人的教学改革模式的具体体现。全过程育人是把思想政治理论课建设成为立德树人的关键课程的重要举措，对培养担当民族复兴大任的时代新人具有重大意义。

目 录

第一章　培养担当民族复兴大任的时代新人 ……………………… 1
　一、培养担当民族复兴大任时代新人的目标与理念 …………… 2
　二、培养社会主义建设者和接班人的路径与思考 ……………… 9

第二章　立德树人的关键课程与教师队伍 ……………………… 19
　一、思想政治理论课要以课堂教学为核心 ……………………… 20
　二、对立德树人关键课程的几点认识与思考 …………………… 28
　三、牢牢把握两个"关键"，着重解决三大问题 ……………… 34

第三章　思想政治理论课研究性教学模式的构建与实践 ……… 39
　一、研究性教学模式的核心理念 ………………………………… 40
　二、研究性教学模式的基本特点 ………………………………… 41
　三、研究性教学模式的基本环节 ………………………………… 43
　四、研究性教学模式的基本方法 ………………………………… 44
　五、研究性教学模式在思政课中的构建和实践 ………………… 46
　六、研究性教学模式实践过程中的难点 ………………………… 66

第四章　提升高校思想政治理论课亲和力的路径研究 ………… 69
　一、探索背景 ……………………………………………………… 70
　二、相关概念界定 ………………………………………………… 74
　三、提升高校思想政治理论课亲和力的必要性 ………………… 77
　四、提升高校思想政治理论课亲和力的着力点 ………………… 79
　五、教学案例示范 ………………………………………………… 84

第五章　"三个坚持"的实践教学模式及其总结 …… 95
　一、坚持社会实践 …… 96
　二、坚持阅读经典 …… 105
　三、坚持知识竞赛 …… 118
　四、大学生社会实践的重要意义 …… 122

第六章　高校思想政治理论课实践教学改革研究 …… 145
　一、高校思想政治理论课实践教学的现状及成因分析 …… 147
　二、国外德育教育对高校思想政治理论课实践教学的启迪 …… 155
　三、高校思想政治理论课实践中教学受众的思想行为特征分析 …… 157
　四、高校思想政治教育理论课实践教学改革研究 …… 162
　五、高校思想政治教育理论课实践教学改革实例 …… 179

第七章　用革命精神和民族精神培养青年学生 …… 185
　一、中国共产党的革命精神及其现实价值 …… 186
　二、对中国共产党革命精神的具体阐释 …… 195
　三、在青年学生中培育和弘扬民族精神 …… 212

后记 …… 224

第一章
培养担当民族复兴大任的时代新人

培养担当民族复兴大任的时代新人,是中国特色社会主义进入新时代的重大课题,也是立德树人的根本任务。这个根本任务说到底就是怎样培养人,培养什么样的人的根本性问题。它是事关青年的前途命运,事关中华民族伟大复兴的兴衰成败的根本性问题。

一、培养担当民族复兴大任时代新人的目标与理念

(一) 培养时代新人,就是要培养既有坚定理想信念又有深厚家国情怀的新时代之人

这个理想信念,就是对中国特色社会主义的共同理想,对共产主义的远大理想;就是对马克思主义的坚定信念,对中国特色社会主义现代化美好未来的坚定信念。这个家国情怀,就是对祖国的深情厚谊,对人民的历史责任。人民有信仰,民族有希望,国家有力量,这绝不是空话和口号,而是一个伟大国家、伟大民族的人民应有之素养。青年兴则国家兴,青年强则国家强。"青年一代有理想、有本领、有担当,国家就有前途,民族就有希望。中国梦是历史的、现实的,也是未来的;是我们这一代的,更是青年一代的。"[①] 为了实现民族复兴,我们一定要办好中国的教育,在青年一代中加强理想信念和家国情怀教育,努力培育社会主义核心价值观,努力培育以爱国主义为核心的民族精神和以改革创新为核心的时代精神,使之在青年一代心中播种、发芽、开花、结果。青春理想,青春活力,青春奋斗,是中国精神和中国力量的生命力所在。"广大青年应该在奋斗中释放青春激情、追逐青春理想,以青春之我、奋斗之我,为民族复兴铺路架桥,为祖国建设添砖加瓦。"[②] 要努力帮助青年一代确立正确的世界观、人生观和价值观,使他们成为中华民族伟大复兴过程中源源不断的生力军。"广大青年要坚定理想信念,志存高远,脚踏实地,勇做时代的弄潮儿,在实现中国梦的生动实践中放飞青春梦想,

---

① 习近平谈治国理政:第3卷 [M].北京:外文出版社,2020:54.
② 习近平.在北京大学师生座谈会上的讲话 [M].北京:人民出版社,2018:3.

在为人民利益的不懈奋斗中书写人生华章!"①

(二) 培养时代新人,就要培养脚踏实地、奋发努力、锲而不舍、求真务实的学风

何为学风？广义的学风指学习风气、治学风气和学术风气。狭义的学风即学生的学习风气,也就是学生的学习风貌和学习效果的总体表现,是学生的心理认知和行为表现在学习上的主要反映。良好的学风包括明确的学习目标和正确的学习方法,良好的学习态度,强烈的求知欲望,浓厚的学习兴趣和热烈的学习情感。良好的学风还包括严格的学习纪律,如不迟到、不早退、不旷课和认真听讲等,这是基本的学习要求,是应该有的学习纪律。学风更为深层的意义,是要求学生有积极向上的精神,自觉维护正常、良好的学习环境和学习秩序,坚决杜绝不良因素的出现与干扰。值得注意的是,严格的学习纪律在我们的中学生中往往能够做到,在大学生中却很难做到,不少大学生对上课的态度是想来就来,想睡就睡,更突出的问题是上课玩手机等电子产品的比例太高。学风问题已经成为中国大学生质量培养高低的决定性因素之一,这也是当前中国大学中的关键问题之一。下得苦功夫,求得真学问。大学的青春时光,人生只有一次,应该好好珍惜。"做人做事,最怕的就是只说不做,眼高手低。不论学习还是工作,都要面向实际、深入实践,实践出真知;都要严谨务实,一分耕耘一分收获,苦干实干。广大青年要努力成为有理想、有学问、有才干的实干家,在新时代干出一番事业。"② 为学之要贵在勤奋、贵在钻研、贵在有恒。"有老师指点,有同学切磋,有浩瀚的书籍引路,可以心无旁骛求知问学。此时不努力,更待何时？要勤于学习、敏于求知,注重把所学知识内化于心,形成自己的见解,既要专攻博览,又要关心国家、关心人民、关心世界,学会担当社会责任。"③ "古人学问无遗力,少壮功夫老始成。"要"扎扎实实干事,踏踏实实做人。道不可坐论,德不能空谈。于实处用力,从知行合一上下功夫","青年有着大好机遇,关键是要迈

---

① 习近平谈治国理政：第3卷[M].北京：外文出版社,2020：55.
② 习近平.在北京大学师生座谈会上的讲话[M].北京：人民出版社,2018：14.
③ 习近平谈治国理政[M].北京：外文出版社,2014：172.

稳步子、夯实根基、久久为功。心浮气躁，朝三暮四，学一门丢一门，干一行弃一行，无论为学还是创业，都是最忌讳的"。"成功的背后，永远是艰辛努力。青年要把艰苦环境作为磨炼自己的机遇，把小事当作大事干，一步一个脚印往前走。滴水可以穿石。只要坚韧不拔、百折不挠，成功就一定在前方等你。"① 古往今来都是如此，学习必须不遗余力，锲而不舍。精诚所至，金石为开，不达目标誓不罢休。如果少壮不努力，只能是老大徒伤悲，不可能成为合格的大学生，也谈不上成为全面发展的社会主义建设者和接班人。

(三) 培养时代新人，就是要培养具有丰厚学识和创新能力的人

培养时代新人，就是要培养具有广博学识和深厚专业知识的时代新人；就是要培养既具备多学科、宽领域背景，又对某一专业有系统知识和系统理论的复合型应用型人才。习近平总书记指出："建设社会主义现代化强国，发展是第一要务，创新是第一动力，人才是第一资源。希望广大青年珍惜大好学习时光，求真学问，练真本领，更好为国争光、为民造福。"② 长江后浪推前浪，江山代有人才出。培养时代新人是历史的需要，也是现实的需要，更是未来的需要。中华民族伟大复兴事业能否实现，在很大程度上取决于培养时代新人的目标是否完成。

培养时代新人，创新能力是必须具备的能力。创新是指利用已经掌握的各种知识，进一步提出新颖、独特的见解，研究或创造新的成果，这对国家对社会都有积极的价值。创新能力是一种综合能力。它是把各种知识和各种能力综合到一起，并在此基础上创造出更高水平的知识和能力。开拓创新需要丰厚学识，没有丰厚的学识，没有知识的积累，就没有开拓创新的基础。一个缺乏知识和经验的人不可能开拓创新。一个积累了丰富学识和经验的人，才可能既有个人胆识和出众才干，又能吐故纳新、创造新成果。开拓创新需要丰富的想象力。想象力是人的一种特殊能力，丰富的想象力是创新人才独具的特征之一。对当代大学生而言，培养丰富的想象力尤为重要，没有丰富的学识，就没有丰富的想象力，想象力决定着创新的广度、深度和高度，从

---

① 习近平谈治国理政 [M]. 北京：外文出版社，2014：173-174.
② 习近平. 在北京大学师生座谈会上的讲话 [M]. 北京：人民出版社，2018：13.

某种程度上讲，想象力决定着创新的一切，决定着世界的一切。创新还需要发散性的思维能力。发散性思维能力也是创新思维能力。它是指思维沿着不同角度、不同方向运动，全方位、多层次、立体化地寻找解决问题的方案。它是一种多向性思维、创造性思维。发散性思维虽然只是方法问题，但它对创新能力仍然具有重要意义。所学的理论要与周围的实际结合，要与社会实践结合，要多思考，多调研，多总结。"纸上得来终觉浅，绝知此事要躬行"。仅仅靠书本知识是远远不够的，要了解更深层次的知识和内容，必须进行社会实践。要找问题并找出解决问题的方法。这个解决问题的方法，既是符合绝大多数人所希望的，又是符合社会发展客观规律的。总之，我们既要掌握书本上的知识体系和理论体系，又要尝试发现与书本上不同但符合规律的新的知识体系。这就是创新思维和创新能力，这种能力对当代大学生尤为重要。

（四）培养时代新人，就是要培养具有劳动意识和热爱劳动的人

在培养青年学生的过程中，一定要强调劳动的重要性。劳动是人类文明进步的主要力量。中华民族是一个勤劳的民族，中华文明是中国人民用勤劳和汗水，经过艰辛的努力而创造的物质财富和精神财富的总和。劳动是人类文明与进步的阶梯。人类的伟大文明成果都因劳动创造和劳动所得，人生也因劳动而充实和精彩。没有劳动就没有人类的文明和进步。人间万事皆艰辛，历尽苦难终成事。任何成功都离不开人们的艰辛努力，都离不开人们的劳动付出。广大青年学生是社会主义未来的建设者，要培养他们的劳动意识，要教育他们热爱劳动。当今社会一些人轻视劳动，过分强调权力、老板、资本的作用，一些言论振振有词地轻视劳动和劳动人民，掩盖劳动的价值与光芒，事实上是否定了人民是历史的真正创造者这个马克思主义唯物史观的基本原理。每一项事业，不论大小，都是靠脚踏实地、一点一滴干出来的。我们一定要教育青年学生，人生的价值在于努力和奋斗，在于劳动和创造。

（五）培养社会主义建设者和接班人是一项长远战略

对于怎样培养人、培养什么样的人、为谁培养人这个根本性问题，在

中华人民共和国成立初期就已提出。1949年9月，中国人民政治协商会议第一次全体会议通过的《中国人民政治协商会议共同纲领》第五章"文化教育政策"指出，"中华人民共和国的文化教育为新民主主义的，即民族的、科学的、大众的文化教育。人民政府的文化教育工作，应以提高人民文化水平，培养国家建设人才，肃清封建的、买办的、法西斯主义的思想，发展为人民服务的思想为主要任务"；"提倡爱祖国、爱人民、爱劳动、爱科学、爱护公共财物为中华人民共和国全体国民的公德"。同年12月，第一次全国教育工作会议重申了《中国人民政治协商会议共同纲领》制定的文教政策，提出新教育的目的"是为人民服务，首先为工农兵服务，为当前的革命斗争与建设服务"；"教育必须为国家建设服务，学校必须为工农开门"；对旧教育采取"坚决改造，逐步实现"的方针；建设新教育要以老解放区新教育经验为基础，吸收旧教育某些有用的经验，借助苏联教育经验；"教育工作的发展方针是普及与提高相结合"①。1950年5月，《人民教育》杂志发表的《当前教育建设的方针》一文进一步指出，"为工农服务，为生产建设服务，这就是当前实行新民主主义教育的中心方针"②。1953年6月30日，毛泽东在接见中国新民主主义共青团第二次全国代表大会主席团代表时说："我给青年们讲几句话：一、祝贺他们身体好；二、祝贺他们学习好；三、祝贺他们工作好。"③1955年教育部颁布的《小学生守则》提出："努力做个好学生，做到身体好，功课好，品行好，准备为祖国服务，为人民服务。"《中学生守则》也要求学生"努力学习，做到身体好，功课好，品行好"④。这就是三好学生的由来。此后全国各地的中小学开展了三好学生荣誉称号的评选工作，三好之风在全国各级各类学校中极为盛行，三好学生是亿万学生追求的崇高目标。

中华人民共和国成立初期特别强调对青年人进行思想政治理论教育的重要性，要求着重培养国家发展需要的有正确政治觉悟的新生力量，加快知识分子思想改造，走上社会主义道路。1954年1月全国中学教育会议提出，当

---

① 中共中央文献研究室. 建国以来重要文献选编：第1册[M]. 北京：中央文献出版社，2011：74.
② 钱俊瑞. 当前教育建设的方针[J]. 人民教育，1950（1）：10.
③ 毛泽东文集：第6卷[M]. 北京：人民出版社，1999：278.
④ 何东昌. 中华人民共和国重要文献（1949~1975）[M]. 海口：海南出版社，1998：49.

前中学教育的任务，是以国家总路线的精神教育学生，把他们培养成积极参加社会主义建设和保卫祖国的全面发展的新人。这些方针政策明确了当时教育工作的性质、任务和总方向，对肃清国民党政府的文教政策和旧教育的不良影响，对中华人民共和国成立初期中国教育的改造与建设起着重要的指导作用。随着社会主义改造的不断深入，党的教育方针也不断地丰富和发展。1954年4月发布的《政务院关于改进和发展中学教育的指示》强调："中学教育的目的，是以社会主义教育思想教育学生，培养他们成为社会主义全面发展的成员。中学教育不仅要供应高等学校以足够的合格新生，并且还要供应国家生产建设以具有一定政治觉悟、文化教养和健康体质的新生力量。""政治思想教育的任务，是树立社会主义的政治方向，培养辩证唯物主义世界观的基础和共产主义的道德。""目前应特别着重加强爱国主义教育、劳动教育和自觉纪律教育。"[①] 不难看出，中华人民共和国成立初期的教育方针就是为新民主主义服务，为人民服务，为当时的革命斗争和建设服务，为生产建设服务，等等。这是既有当时时代特色，也符合当时实际的教育方针。在当时，破除保守的落后的思想文化是非常紧迫的任务。

随着社会主义现代化的不断进展，党的教育方针也在发展。1957年2月，毛泽东明确提出了党的教育方针，就是要"团结全国各族人民发展经济、文化，为建设社会主义事业服务"，并特别强调"我们的教育方针，应该使受教育者在德育、智育、体育几方面都得到发展，成为有社会主义觉悟的有文化的劳动者"[②]。1957年6月，周恩来在第一届全国人大第四次会议《政府工作报告》中指出，"我们今后的教育方针应该是培养有社会主义觉悟的，有文化的，身体健康的劳动者"[③]。1958年9月，中共中央、国务院在《关于教育工作的指示》中明确提出："党的教育工作方针是教育为无产阶级的政治服务，教育与生产劳动相结合，为了实现这个方针，教育工作必须由党来领导。"[④]

---

① 中共中央文献研究室．建国以来重要文献选编：第5册[M]．北京：中央文献出版社，2011：174-175．
② 毛泽东文集：第7卷[M]．北京：人民出版社，1999：226．
③ 中共中央文献研究室．建国以来重要文献选编：第10册[M]．北京：中央文献出版社，2011：284．
④ 中共中央文献研究室．建国以来重要文献选编：第11册[M]．北京：中央文献出版社，2011：425．

不难看出，党的教育方针是要培养有社会主义觉悟的、有文化的劳动者，教育要为人民服务，教育要与劳动生产相结合，教育要有党的领导，也就是强调了教育的发展方向、积极性、紧迫性和目的性。1964年10月中共中央批转《关于改进高等学校、中等学校政治理论课的意见》，对政治理论课的任务、课程教材和教学方法的改革、教师队伍建设和党的领导等问题都做了明确的要求。1981年6月通过的《中共中央关于建国以来党的若干历史问题的决议》指出，"要加强和改善思想政治工作，用马克思主义世界观和共产主义道德教育人民和青年，坚持德智体全面发展，又红又专，知识分子与工人农民相结合，脑力劳动与体力劳动相结合的教育方针"①。这是对中华人民共和国成立32年的教育方针的总结。改革开放后，党中央强调用马克思主义、毛泽东思想和社会主义、共产主义思想体系教育干部和群众，提高人们的革命觉悟，促进人的全面发展，培养有理想、有道德、有文化、有纪律的社会主义新人，提出了"三个面向"和"四有新人"的要求。1989年3月，邓小平指出："10年来我们的最大的失误是在教育方面对青年的政治思想教育抓得不够，教育发展不够。"②进入20世纪90年代，党进一步认识到了马克思主义理论教育的重要性，对学生的思想品德和政治素质的培养提出了具体要求。1995年3月通过的《中华人民共和国教育法》指出："教育必须为社会主义现代化建设服务，必须与生产劳动相结合，培养德智体等方面全面发展的社会主义事业的建设者和接班人。"③规定教师承担教书育人、培养社会主义事业建设者和接班人的使命。1998年4月，以江泽民同志为核心的党的第三代中央领导集体作出了制定实施高校思想政治理论课改革新方案（即"98方案"）的重大科学决策。2002年党的十六大报告指出："坚持教育为社会主义现代化建设服务，为人民服务，与生产劳动和社会实践相结合，培养德智体美全面发展的社会主义事业建设者和接班人。"④ 2004年，中共中央、国务院颁布了《关于进一步加强和改进大学生思想政治教育的意见》，随后高校思想政治理论课又出现了"05方案"，提出了加强和改进大学生思想政治理论

---

① 中共中央文献研究室. 三中全会以来重要文献选编：下 [M]. 北京：人民出版社，2011：170.
② 邓小平文选：第3卷 [M]. 北京：人民出版社，1993：287.
③ 中共中央文献研究室. 十三大以来重要文献选编：中 [M]. 北京：人民出版社，1991：872.
④ 江泽民文选：第3卷 [M]. 北京：人民出版社，2006：560.

课教育工作的主要任务，明确了以理想信念教育为核心、爱国主义教育为重点、基本道德规范为基础、全面发展为目标的教育内容。

党的十八大以来，中国特色社会主义进入新时代，围绕培养什么样的人、怎样培养人、为谁培养人这一根本任务提出了一系列新举措。党的十八大报告指出，要"坚持教育为社会主义现代化建设服务、为人民服务，把立德树人作为教育的根本任务，全面实施素质教育，培养德智体美全面发展的社会主义建设者和接班人"①。党中央进一步加强了对教育工作的领导，强调教育要坚持立德树人根本任务，加强学校思想政治工作是教育事业的中国特色，要使马克思主义底色更加鲜明。"新时代贯彻党的教育方针，要坚持马克思主义指导地位，贯彻新时代中国特色社会主义思想，坚持社会主义办学方向，落实立德树人的根本任务，坚持教育为人民服务，为中国共产党治国理政服务，为巩固和发展中国特色社会主义制度服务，为改革开放和社会主义现代化建设服务，扎根中国大地办教育，同生产劳动和社会实践相结合，加快推进教育现代化，建设教育强国，办好人民满意的教育，努力培养担当民族复兴大任的时代新人，培养德智体美劳全面发展的社会主义建设者和接班人。"②习近平总书记指出："培养社会主义建设者和接班人，是我们党的教育方针，是我国各级各类学校的共同使命。大学对青年成长成才发挥着重要作用。高校只有抓住培养社会主义建设者和接班人这个根本才能办好，才能办出中国特色世界一流大学。"③ 培养社会主义建设者和接班人是我们党的教育方针，是我国各级各类学校的共同使命和奋斗目标，全国的广大师生都要为这个使命和目标而不懈奋斗。

二、培养社会主义建设者和接班人的路径与思考

立德树人是中国高校教育发展的根本目标，是中国高校培养人才的根本任务。"立德"，即树立道德；"树人"，即培养人才。立德树人作为树立德行

---

① 胡锦涛文选：第3卷[M].北京：人民出版社，2016：641.
② 习近平主持召开学校思想政治理论课教师座谈会[EB/OL].[2019-03-18].http://www.gov.cn/xinwen/2019-03/18/content_ 5374831.htm.
③ 习近平.在北京大学师生座谈会上的讲话[M].北京：人民出版社，2018：5.

和培养人才的理论成果和实践过程的结合，既是一种教育理念，也是一种教育目标；要求在培养人的过程中，不仅要学习丰厚的文化知识和基本理论，而且要树立高尚的品德，树立爱国、爱党、爱民的社会主义、集体主义道德，成为德智体美劳全面发展的社会主义建设者和接班人。

"立德"一词较早出现在《左传·襄公二十四年》中，所谓"太上有立德，其次有立功，其次有立言，虽久不废，此之谓不朽"。在"三不朽"中，处于最重要、最关键地位的是树立崇高的道德。"立德"乃是人生的最高境界，更是成才的根本。北宋时期，司马光在《资治通鉴》中说："才者，德之资也；德者，才之帅也。""才德全尽谓之圣人，才德兼亡谓之愚人，德胜才谓之君子，才胜德谓之小人。"这与当前我国高校"育人为本、德育为先"的教育理念是一脉相承的。党的十八大报告指出，全面贯彻党的教育方针，坚持教育为社会主义现代化建设服务、为人民服务，把立德树人作为教育的根本任务，培养德智体美全面发展的社会主义建设者和接班人。党的十九大报告进一步指出，必须把教育事业放在优先位置，办好人民满意的教育，"要全面贯彻党的教育方针，落实立德树人根本任务，发展素质教育，推进教育公平，培养德智体美劳全面发展的社会主义建设者和接班人"[①]。2016年12月，习近平总书记在全国高校思想政治工作会议上强调指出培养什么样的人、怎样培养人、为谁培养人是教育的根本问题，提出要坚持把立德树人作为中心环节，把思想政治工作贯穿教育教学全过程。高校的立身之本在于立德树人。要落实立德树人的根本任务，必须构建全员育人、全过程育人、全方位育人的体制机制。全面动员、全员参与，努力开创我国高等教育事业发展新局面。

无论对于个人、对于社会、对于国家而言，道德都是处于基础性和根本性地位的。我们所培养的人才必须是有道德的，有高尚品德的，有利于国家的，有利于人民的。2014年5月4日，习近平总书记在北京大学师生座谈会上明确提出了明大德、守公德、严私德的要求。我们的用人标准必须是德才兼备，以德为先。"要立志报效祖国，服务人民，这就是大德，养大德者方可成大业。"[②] 2018年5月2日，习近平总书记在北京大学师生座谈会上进一步

---

① 习近平谈治国理政：第3卷[M]．北京：外文出版社，2020：36.
② 习近平谈治国理政[M]．北京：外文出版社，2014：173.

明确提出:"人才培养一定是育人和育才相统一的过程,而育人是本。人无德不立,育人的根本在于立德。""要把立德树人的成效作为检验学校一切工作的根本标准,真正做到以文化人、以德育人,不断提高学生思想水平、政治觉悟、道德品质、文化素养,做到明大德、守公德、严私德。要把立德树人内化到大学建设和管理各领域、各方面、各环节,做到以树人为核心,以立德为根本。"① 立德是一个人做人做事的基础。如果我们培养的人才没有崇高理想和良好品质,知识掌握再多也无法成为国家所需要的优秀人才;一个没有道德的人,他的知识越丰富,做起坏事来就越没有底线。高校承载着培育担当民族复兴大任的时代新人的历史使命,是培养社会主义事业建设者和接班人的主阵地。落实立德树人根本任务,要融入高校重大决策部署的制定和落实全过程,做到立德树人与各项业务工作紧密结合、相互促进,特别是推动高校落实立德树人根本任务,全员全过程全方位育人,培养德智体美劳全面发展的社会主义建设者和接班人。

学校最根本的任务是培养人才。人才培养要做到教书和育人相统一,言传与身教相统一。育人是教育的根本,育人的根本在于立德。各级各类学校都要坚持把立德树人作为办学的根本,把立德树人贯穿学校建设发展的各个领域、各个方面和各个环节,做到全方位全过程育人,以立德为根本,以树人为核心。要旗帜鲜明地加强高校思想政治理论教育,坚定不移把立德树人作为根本任务。

全面落实立德树人根本任务,就要改变学校不科学的评价机制,坚决扭转评价导向。坚决克服唯分数、唯升学、唯文凭、唯论文、唯帽子的顽瘴痼疾。要把敢于严格要求,真正立德育才作为重要评价标准。坚决克服评价的表面化、虚假化。坚决克服老师好、学生好、分数高,但就是没有育才育人的问题,如一些学生看似表现好但是德不好,这需要引起我们的注意。

把培养和践行社会主义核心价值观融入国民教育的全过程。社会主义核心价值观凝聚着社会主义中国的价值追求。如前所及,富强、民主、文明、和谐是国家层面的价值追求,自由、平等、公正、法治是社会层面的价值追

---

① 习近平. 在北京大学师生座谈会上的讲话 [M]. 北京:人民出版社,2018:7.

求、爱国、敬业、诚信、友善是公民层面的价值追求。社会主义核心价值观把涉及国家、社会、公民的价值追求融为一体，比较系统地回答了我们要建设什么样的国家，建设什么样的社会，培养什么样的公民的根本问题。国家必须有自己的价值观，特别是自己的核心价值观，它是这个国家和民族凝魂聚气、强基固本的根本要求。学校要以培养担当民族复兴大任的时代新人为着眼点，强化教育，引导实践，养成制度，保障发挥社会主义核心价值观对国民教育、精神创造、文化创作、文化传播的引领作用。把社会主义核心价值观融入教育发展的各个方面，转化为青年学生的情感认同和行为习惯。培养和践行社会主义核心价值观要从青少年抓起，从学校抓起，做到进教材、进课堂、进头脑，入脑入心，引导广大青年学生成为社会主义核心价值观的坚定信仰者、积极传播者和模范践行者。

学校的目标是培养德智体美劳全面发展的社会主义建设者和接班人。培养什么样的人，怎样培养人是教育的首要问题。我国是中国共产党领导的社会主义国家，我们当前的目标是要实现国家的社会主义现代化，实现中华民族伟大复兴的中国梦，将来还要实现共产主义。我们的崇高目标决定了我们的教育必须把培养社会主义建设者和接班人作为根本任务。我们所培养的人才必须拥护中国共产党领导和中国特色社会主义制度，立志为中国人民服务，为中国特色社会主义奋斗终生。我们所培养的社会主义建设者和接班人必须具有理想信念、家国情怀、高尚品德、丰厚学识、奋斗精神、创新能力和综合素质。

培养社会主义建设者和接班人要在多个方面下功夫。

第一，要加强理想信念和品德修养教育。各级各类学校要引导青年学生树立共产主义远大理想和中国特色社会主义共同理想。要加强中国历史，特别是中国近现代史、中国共产党史、中华人民共和国史、改革开放史和社会主义发展史的教育，教育和引导广大青年学生深刻认识到只有社会主义才能救中国，只有中国特色社会主义才能快速发展中国。实现中国特色社会主义现代化，实现中华民族的伟大复兴，要靠青年一代。青年学生作为社会主义建设者和接班人，必须要有坚定的理想信念，与我国社会主义现代化进程同向同行。青年的学习和成长与国家的社会主义现代化事业密不可分，要加强青年学生的品德修养教育。要引导他们努力修好品德，成为有崇高品德的人，有大爱、大德的人，既立足现实又志存高远。2018年，习近平总书记在北京大学对青年学生讲话时提出："要立志，立鸿鹄志，做奋斗者。""古之立大事者，不惟有超世之才，亦必有坚忍不拔之志。"① 要立大志，干大事，就要从努力学习做起，从小事干起。引导学生真正成为爱祖国、爱人民、爱科学、爱劳动和爱社会主义的人。青年学生要学会感恩，学会自立，学会助人。在对学生加强道德修养的同时，还要加强法治教育，增强他们的法治观念和法治意识，成为社会主义的守法人。

第二，要加强家国情怀教育。家国情怀是深层次的情怀，是爱国主义的必然要求。爱国主义是民族精神的核心内容。爱国是人们对祖国最深厚的感情，我们在教育发展中必须把爱国主义贯穿教育教学的全过程。习近平总书记指出："爱国，是人世间最深层、最持久的情感，是一个人立德之源、立功之本。""我们常讲，做人要有气节、要有人格。气节也好，人格也好，爱国是第一位的。我们是中华儿女，要了解中华民族历史，秉承中华文化基因，有民族自豪感和文化自信心。要时时想到国家，处处想到人民，做到'利于国者爱之，害于国者恶之'。爱国，不能停留在口号上，而是要把自己的理想同祖国的前途、把自己的人生同民族的命运紧密联系在一起，扎根人民，奉献国家。"② 鲁迅先生在《华盖集续编》的《学界的三魂》中说："惟有民魂是值得宝贵的，惟有他发扬起来，中国才有真进步。"中华儿女的爱国心、民族魂，体现在文天祥"人生自古谁无死，留取丹心照汗青"的视死如归里，体现在于谦"一寸丹心图报国，两行清泪为思亲"的坚贞悲壮里，回荡在江姐"三九严寒何所惧，一片丹心向阳开"的舍生忘死里，体现在王进喜"宁可少活二十年，也要拿下大油田"的豪言壮语里，体现在雷锋"把有限的生命投入到无限的为人民服务"的共产主义觉悟里。每当民族危急、国家苦难，都有丹心如铁、视死如归的伟大爱国者挺身而出。因此，要引导学生热爱自己的祖国，有深厚的家国情怀，坚持培养正确的历史观、民族观、国家观；深刻了解中华民族的过去和现在，更好地把握未来；增强爱国意识和爱国情

---

① 习近平. 在北京大学师生座谈会上的讲话 [M]. 北京：人民出版社, 2018：12.
② 习近平. 在北京大学师生座谈会上的讲话 [M]. 北京：人民出版社, 2018：11-12.

感,增强民族凝聚力、民族自豪感和文化自信心;把国家的命运、民族的命运、社会主义现代化事业的进程与自己密切联系起来。要引导广大青年学生听党话,跟党走,不断投身中国特色社会主义伟大事业,这是教育者的责任与使命。中华人民共和国刚成立时,国家积弱积贫,经过70多年的发展,我们已经逐步走向世界舞台的中央,已经成为世界第二经济大国。我国的社会主义现代化建设取得了举世瞩目的伟大成就,国家从积弱积贫到繁荣富强,是靠几代人的艰苦奋斗、大干苦干、顽强拼搏,甚至是节衣缩食、卧冰爬雪换来的。各级各类学校一定要培养青年学生胸怀天下、志存高远、不懈奋斗的精神。

第三,要加强文化知识教育。青年学生的主要任务是学习,要努力学习,刻苦学习。学习是成长进步的阶梯,实践是提高本领的途径。学习既是青年学生的首要任务和主要责任,也是青年学生的精神追求和生活方式。新时代的大学生应该具有创新思维和创新能力,有丰富的好奇心和想象力,因此应该让勤奋学习成为自身成长的动力。广大青年学生要珍惜学习时光,心无旁骛地求知问学,增长见识,丰富学识和追求真理,向着悟道理、明事理的方向前进。青年学生要求真学问,练真本领。"知识是每个人成才的基石,在学习阶段一定要把基石打深、打牢。学习就必须求真学问,求真理、悟道理、明事理,不能满足于碎片化的信息、快餐化的知识。要通过学习知识,掌握事物发展规律,通晓天下道理,丰富学识,增长见识。人的潜力是无限的,只有在不断学习、不断实践中才能充分发掘出来。"[①] 中国拥有悠久的历史文化,深厚的教育思想,众多的人口,广袤的土地。这些都是我们学习和自信的基础。青年学生不仅要有家国情怀,而且要有国际视野;不仅要为中国特色社会主义现代化建设服务,而且要为人类发展作出更大贡献。现在这批青年学生出生在中华人民共和国成立几十年后,出生在改革开放的环境中,没有太多的艰苦经历。因此,在他们身上培养刻苦学习、吃苦耐劳的精神,使其努力学好各种文化知识,为祖国奋斗,就显得尤为重要。学习兴国,实干兴邦。人才是文化知识武装起来的,是教育培养出来的。

---

① 习近平. 在北京大学师生座谈会上的讲话[M]. 北京:人民出版社,2018:13.

第四，要加强综合素质教育。社会主义建设者和接班人不仅要有崇高的品德、丰厚的学识，还要有强健的体魄、良好的心态。身体是革命的本钱，是学习的本钱，也是现代化建设的本钱。我们不仅要引导青年学生品德好、学习好，而且要做到身体好。现在生活水平提高了，学校里的"小胖墩"和"近视眼"数量也多了，这对他们的健康成长是极其不利的。在加强立德树人、培养文化学识的同时，一定要引导学生加强体育锻炼。还要引导学生热爱劳动。如前所述，劳动是人类的本质活动，是人类不断进化和发展的重要动力。劳动创造了人，也创造了人类的文明。中华民族是勤于劳动、善于创造的民族。各级各类学校要引导青年学生热爱劳动，在劳动中成长，在劳动中锻炼；引导青年学生热爱劳动，尊重劳动，尊重劳动成果。要使学生深刻认识农民、工人的不容易，这对他们的成长是极其重要的。总之，要引导青年学生真正成为品德好、学习好、身体好的三好学生。

第五，要从中国的实际出发。中国的国情决定了中国的教育必须走自己的发展道路。解决中国的问题，只能主要依靠中国人民在中国的大地上探寻自己的道路和办法。依靠任何外国和外国力量，都不能从根本上解决问题。当前我国的社会主义已进入新时代，我国社会主义的主要矛盾发生了重大变化，但中国仍然处于社会主义初级阶段这一最基本的国情没有改变，中国仍然是世界上最大的发展中国家这一点也没有改变，中国仍然是世界上人口最多的国家这一事实也没有改变，同时中国还是世界上最大的社会主义国家。因此，中国办教育必须坚持社会主义办学方向，必须坚持以人民为中心发展教育事业，发展教育依靠人民，发展教育为了人民。一定要做到让所有人民的子女都上得起学，不会因为学费问题而辍学。一方面，要普及基础教育和义务教育；另一方面，高等教育既要尽力而为，又要量力而行。现在我国的大学本科生、硕士研究生和博士研究生的数量都已经成为世界第一，但是我们的培养质量有待提高，存在很大的改进空间。中国大学生的问题，已成了当前中国教育的重大问题。一是数量大，就业压力大；二是质量不够高，有的方面甚至问题严重，还不能完全适应社会主义现代化建设的需要；三是与欧美发达国家高水平的高等教育相比，的确存在较大差距，以至于大量的学生留学海外。留学海外原本是一个学习世界先进文化的正常事情，但在高等教育水平不够理想的情况下却又成为文化不够自信的一个重要体现。

第六，要加强历史教育。对青年学生要加强历史教育，特别是加强中国历史的教育。中国是一个有着 5 000 多年文明历史的国家，历史文化悠久深厚，民族性格、民族特征十分突出。中国是世界四大文明古国之一，但近代以来饱受西方列强的侵略与屈辱，先进的中国人为此进行了不屈不挠的斗争，特别是中国共产党人领导中国人民进行了英勇顽强的奋斗，推翻了三座大山，建立了新中国。中华人民共和国的发展史，包括社会主义现代化建设的发展史和改革开放以来的探索发展史，都印上了深刻的时代烙印，在历史上留下了浓墨重彩的篇章。几千年来，中国始终是世界人口最多的国家，中国人的勤劳勇敢聪明是举世公认的。但是几千年的封建宗法制等落后因素，也深刻地影响着中国人的性格。可见，中国的历史文化和民族性格有其他国家不可比拟的复杂性和特殊性，既有自身的优点，也有自身的劣势。离开了中国的历史，离开了中国的文化，离开了中国人的思想意识，是不可能培养出高水平大学生的。中国历史是中国的过去，当代中国是历史中国的延续和发展。当今中国思想文化教育也是历史上中国历史文化教育的继承和发展。我们今天办教育，一定要继承历史上的优良方面，摒弃不良方面。我们要继承历史上教育制度的成功方面，同时要去掉其封建因素。坚持办教育不忘历史，坚持办教育从历史中走来，坚持办教育要用中国历史文化和世界历史文化教育青年学生。历史文化是一个国家一个民族发展前进的重要动力，是一个国家一个民族自信的基础，是一个国家一个民族发展进程中更基本更深沉更持久的力量。任何国家、民族如果不珍惜自己优秀的传统文化，不学习世界优秀的历史文化，那么这个国家、这个民族是立不起来的，是不能自立于世界民族之林的。中国优秀的传统文化是中华民族的根与魂，是中华民族前进发展的动力。"历史是最好的老师，我们党的历史是中国近现代以来历史最为可歌可泣的篇章，历史在人民探索和奋斗中造就了中国共产党，我们党团结带领人民又造就了历史悠久的中华文明新的历史辉煌。一切向前走，都不能忘记走过的路，走得再远、走到再光辉的未来，也不能忘记走过的过去，不能忘记为什么出发。"①

中国共产党已经走过百年建党历程，领导中国革命、建设和改革取得了伟大成就。"我们党的一百年，是矢志践行初心使命的一百年，是筚路蓝缕奠基立业的一百年，是创造辉煌开辟未来的一百年。在百年接续奋斗中，党团结带领人民开辟了伟大道路，建立了伟大功业，铸就了伟大精神，积累了宝贵经验，创造了中华民族发展史、人类社会进步史上令人刮目相看的奇迹。回望过往的奋斗路，眺望前方的奋进路，我们必须把党的历史学习好、总结好，把党的成功经验传承好、发扬好。"② 中国共产党领导的中国特色社会主义伟大事业，要求我们坚持道路自信、理论自信、制度自信和文化自信。这就要求所有的中国人都为民族复兴的历史使命而不懈奋斗，因此要坚持四个自信，办好中国的教育。中华人民共和国成立70多年来，特别是改革开放40多年来，我国的社会主义现代化建设取得了历史性成就，我国的经济实力、科技实力、国防实力都实现了跨越式发展，很多领域不仅在数量上达到了世界第一，而且在质量上也取得了长足进步。无论是从中国的历史还是从世界的历史来看，中华人民共和国成立以来，中国的发展速度在世界上都名列前茅。这是我们自信的基础和自信的根本，我们也有更充足的理由相信，我们会拥有更美好的未来。习近平总书记在党的十九大报告中指出："站在960多万平方公里的广袤土地上，吸吮着5 000多年中华民族漫长奋斗积累的文化养分，拥有13亿多中国人民聚合的磅礴之力，我们走中国特色社会主义道路，具有无比宽广的时代舞台，具有无比深厚的历史底蕴，具有无比强大的前进动力。"③ 在中国的大地上，中国人民在中国共产党领导下，坚定地走中国特色社会主义道路，艰苦奋斗，不断开拓创新，我们一定能够办好自己的教育，一定能够培养好中国特色社会主义建设者和接班人。我们要引导青年学生学好党史、新中国史、改革开放史和社会主义发展史，要使党史学习教育常态化长效化。习近平总书记指出："在全党开展党史学习教育，就是要教育引导全党深刻认识红色政权来之不易、新中国来之不易、中国特色社会主义来之

---

① 习近平. 在党史学习教育动员大会上的讲话 [M]. 北京：人民出版社，2021：3.
② 习近平. 在党史学习教育动员大会上的讲话 [M]. 北京：人民出版社，2021：5.
③ 习近平谈治国理政：第三卷 [M]. 北京：外文出版社，2020：55.

不易，深刻认识中国共产党为什么能、马克思主义为什么行、中国特色社会主义为什么好，不断坚定'四个自信'，不断增强历史定力，增强做中国人的志气、骨气、底气。"①

---

① 习近平. 在党史学习教育动员大会上的讲话[M]. 北京：人民出版社，2021：9.

第二章
立德树人的关键课程与教师队伍

一、思想政治理论课要以课堂教学为核心

思想政治理论课是立德树人的关键课程，在高校教育教学中占有极其重要的地位。思想政治理论课要以课堂教学为核心，这是提高思想政治理论课的教学质量和教学效果的关键。要坚持思想政治理论课以课堂教学为中心，以高校思想政治理论课新教材为基本遵循，对应教材的逻辑结构和主要内容进行讲授。要加强对思想政治理论课教材和教学内容的研究，就教学重点、社会热点、理论难点、思想疑点等问题进行梳理与分析，对教材中的重点、难点"是什么、为什么、怎么讲"进行深入思考，在课堂教学中努力讲好重点难点问题，准确把握教材内容和教学要求，从而不断提高教学能力和教学质量。在讲授中要综合体现思想政治理论课的教学理念、基本理论、教学方法和教学艺术。围绕问题深入阐释、透彻分析，把深刻理论与翔实史料相结合，深入浅出、通俗易懂，比较分析，以理服人；体现思想性、针对性、时效性和生动性，做到以理服人、以情感人。讲好思想政治理论课，对马克思主义要做到真学、真懂、真信、真讲；要吃透教材；讲好重点难点问题；不断改进教学方法，努力贴近学生、贴近现实、贴近生活。这些认识对讲好思想政治理论课具有十分重要的意义。

（一）对马克思主义要做到真学、真懂、真信、真讲

马克思主义是我们立党立国的根本指导思想，也是我国大学最鲜亮的底色。作为从事高校思想政治理论教育和教学的教师，必须坚持以马列主义、毛泽东思想、邓小平理论、"三个代表"重要思想、科学发展观和习近平新时代中国特色社会主义思想为指导，对马克思主义要做到真学、真懂、真信、真用。真学就是要求思想政治理论课教师认真学习马克思主义的基本著作，包括研读马克思、恩格斯、列宁等人的基本著作和毛泽东、邓小平、江泽民、胡锦涛、习近平等领导人的基本著作，认真学习党的路线、方针和政策。真懂就是要求思想政治理论课教师真正懂得马克思主义的基本原理、基本立场、基本观点和基本方法。真信就是要求思想政治理论课教师真正信仰马克思主

义，从根本上信仰马克思主义的科学性和真理性。通过真学、真懂、真信，坚定理想信念，正确的理想信念是教书育人、播种未来的指路明灯。真讲就是指思想政治理论课教师政治要强，善于从政治上看问题，在大是大非面前保持政治清醒，也就是要让有信仰的人讲信仰，要在课堂上真讲马克思主义基本理论和中国化的马克思主义。思想政治理论课教师必须不断加强自己的理论素养与政治素养，只有自己真正学懂弄通了，才能把深奥的道理讲得通俗易懂。习近平总书记指出："要抓好马克思主义理论教育，深化学生对马克思主义历史必然性和科学真理性、理论意义和现实意义的认识，教育他们学会运用马克思主义立场观点方法观察世界、分析世界，真正搞懂面临的时代课题，深刻把握世界发展走向，认清中国和世界发展大势，让学生深刻感悟马克思主义真理力量，为学生成长成才打下科学思想基础。要坚持不懈培育和弘扬社会主义核心价值观，引导广大师生做社会主义核心价值观的坚定信仰者、积极传播者、模范践行者。要把中国特色社会主义道路自信、理论自信、制度自信、文化自信转化为办好中国特色世界一流大学的自信。只要我们在培养社会主义建设者和接班人上有作为、有成效，我们的大学就能在世界上有地位、有话语权。"[①]

马克思主义理论不但为中国革命、建设和改革事业提供了强大的思想武器，也为思想政治理论课教师提供了广阔的舞台和空间。要准确理解马克思主义理论的科学内涵，紧密结合大学生的思想实际，回答学生关心的重大理论和实际问题，着力把道理说清楚、说充分，解疑释惑。要以真挚的感情、饱满的热情、如火的激情、无限的深情宣传马克思主义理论。要坚持理论联系实际，以我国改革开放和现代化建设的实际问题、以我们正在做的事情为中心，着眼理论的运用，着眼对实际问题的理论思考。要不断研究马克思主义理论，研究中国的国情和世界形势，从而使理论宣传在大学生中引起共鸣，此外还要不断探索新形势下宣传思想工作的新途径、新方法、新思路。

（二）要吃透教材

"05方案"出台以后，思想政治理论课新教材在内容上做了精心设计，

---

① 习近平. 在北京大学师生座谈会上的讲话 [M]. 北京：人民出版社，2018：6-7.

体现了教学内容的时代性、针对性和权威性。高水平、高质量的教材为我们提高思想政治理论课的教学质量奠定了坚实基础。要上好思想政治理论课，提高教学质量与教学效果，就必须充分理解和把握教材的基本内容和基本精神，要以新教材作为教学的基本依据，精心设计教案，使学生对马克思主义基本理论和马克思主义中国化的理论成果有一个整体的认识，掌握马克思主义的基本立场、观点和方法。

要上好思想政治理论课，必须把教材体系转化为教学体系。教材体系是教学体系的基础和依据，是系统阐述该门课程知识内容的理论体系，是教学资源的最基本的组成部分，具有系统性、完整性、规范性和理论性的特点。就思想政治理论课程来说，马克思主义经典作家的文本、国内外形势的发展变化、社会生活中的典型案例、与课程相关的知识等都是重要的教学资源。总之，所有的教育资源都必须以教材为核心，因为教材是一课之本，它最集中地体现了教学内容。教学体系是通过教师的努力，在把握教材的基础上超越教材，将教材内容主体化、情境化、信息化，进而将其转变为能动的教学内容，因而更具有针对性、适应性和现实性的特点。教学体系既要充分体现教材的基本内容，又要注意学生的接受程度。高校思想政治理论课要精心选择和实施恰当有效的教学方法，构建以学生为本、双向互动、生动活泼、符合大学生认知意趣和接受特点的课堂教学系统。在思想政治理论课教学过程中，教师只有根据学生的所思所想和接受状况，采取灵活多样、富有技艺的教学手段和方法，才能获得更好的效果。

(三) 讲好重点难点问题

思想政治理论课教师在课堂教学中要讲好重点难点问题。当代大学生对中国和世界的发展变化极为关注，但是，对中国革命、社会主义现代化建设和改革开放等重大理论和现实问题的了解还不全面、不深刻，认识和把握问题的能力还不强。思想政治理论课教师要深入实际，了解大学生的所需所想，掌握他们在思想上、学习上所遇到的问题。讲课时既不回避社会现实问题，又做到以理服人、以情感人。要在分析问题上多下功夫，不但要告诉学生是什么，而且要告诉学生为什么。要能真正触及学生的兴奋点和关注点，把道理讲深、讲透、讲明白，讲得让他们信服，能为他们释疑解惑，让学生真正感到思想政治理论课不是可有可无的空洞的理论说教，而是与他们自身的前途命运密切相关的重要课程。

为大学生开设思想政治理论课程的目的和任务主要是让大学生了解中国革命、建设和改革的理论与实际问题，了解世界形势的发展问题，促进大学生的全面发展。因此，大学生思想政治教育必须紧密联系中国革命、建设和改革的实际，紧密联系世界形势，紧密联系丰富多彩的现实生活，紧密联系大学生思想实际，敢于直面和正确回答大学生关心的重大理论和现实问题，注重发掘和培养大学生的问题意识，提高大学生运用马克思主义立场、观点、方法分析、解决问题的能力。因此要有针对性地开展马克思主义世界观、人生观、价值观的教育，引导大学生树立远大理想，陶冶高尚情操。思想政治理论课的教学目标和教学内容是要帮助学生了解国情、世情、党情、民情，了解中国共产党领导中国人民革命、建设和改革的基本历史和基本经验，了解马克思主义基本原理和马克思主义中国化的理论内容，深刻领会历史和人民怎样选择了马克思主义，怎样选择了中国共产党，怎样选择了社会主义，怎样选择了改革开放，从而加强爱国主义和革命传统教育，使大学生成为中国特色社会主义事业合格的建设者和接班人。思想政治理论课的教学目的和教学内容内在地决定了思想政治理论课教学要将世界观、人生观、价值观问题潜移默化地渗透于教学的全过程，努力达到论理而不说教和润物细无声的教育效果。

要在讲好重点难点的同时不断改革考试方式。积极探索闭卷与开卷、笔试与口试、课堂教学与实践教学、日常思想状况与关键时期表现相结合的成绩评价指标，把考核重点从单纯考查学生的知识储备情况转变为全面考核大学生运用马克思主义立场、观点、方法分析解决问题能力的考核；注重过程考核，改变以期末考试成绩为主的分数构成状况，提高平时成绩所占的比重，强化学习过程环节考核。

要不断推进"精彩系列"工程。制定与思想政治理论课课程特点相适应的精品课程建设标准，坚持每年开展"精彩课堂"、"精彩多媒体课件"、"精彩教案"和"精彩一门课"等"精彩系列"比赛活动。建立优秀课堂库、优秀教案库、优秀课件库、实践案例库、文献资料库等，实现优质教学资源共建共享，培育教学名师。

（四）不断改进教学方法

自思想政治理论课新方案实施以来，全国统编教材全面使用。在已经有了好教材的情况下，改进教学方法对增强课程的吸引力和感染力、提高教学实效性就显得尤为重要。最大限度地把教材优势转化为教学优势，成为思想政治理论课教师的迫切任务。教学有法，教无定法，贵在得法。高校思想政治理论课教育教学既是一门科学，也是一门艺术。所谓方法，就是人们在认识世界和改造世界的过程中，为达到预期目的所采用的手段或方式。列宁在《哲学笔记》中摘录过黑格尔《逻辑学》里的一段话："在探索的认识中，方法也就是工具，是在主体方面的某个手段，主体方面通过这个手段和客体相联系。"[①] 思想政治理论课具有较强的思想性、政治性、理论性和现实性，因此，思想政治理论课的教学方法有其独特要求与特点。思想政治理论课的教学方法讲求教学的语言艺术，要求深入浅出，化抽象为具体，使学生在愉悦的氛围中认可教学内容，从而不断提高教学质量和效果。推进高校思想政治理论课教学方法改革要坚持用马列主义、毛泽东思想和中国特色社会主义理论体系武装大学生，特别是用习近平新时代中国特色社会主义思想来武装大学生，紧密结合高校和大学生实际，着力改进教学方法，实现教学方式方法多样化、教学手段现代化、实践教学规范化和评价体系科学化，这样才能把思想政治理论课建成大学生真心喜爱、终身受益、毕生难忘的优秀课程。

思想政治理论课要坚持知识传授、能力培养、价值观培育的紧密结合，践行为了每一个学生的终身发展的重要理念。要从学生的特点和需要出发，尊重学生、理解学生、关心学生，充分激发学生的积极性和创造性，促进学生的全面发展。要坚持师生互动，发挥教师教学主导和学生学习主体作用，切实改变"满堂灌"的教学模式，精心设计和组织教学活动，鼓励学生积极

---

① 列宁全集：第55卷 [M]．北京：人民出版社，1990：189．

参与教学过程,营造民主平等的教学氛围。要创新课堂教学方式,积极探索和广泛采用启发式、参与式、互动式、案例式、研究式等教学方式,善于运用生动的语言、鲜活的事例、新颖的形式,活跃课堂教学气氛,启发学生深入思考。同时,要采取更为个性化、多样化的教学策略和方法,强化积极的人际互动,创设良好的教学环境。

优化教学组织形式。坚持每班学生人数不得超过100人,实现小班化教学。目前首都经济贸易大学一直坚持小班上课,除个别班级略超以外,规模均在100人以内。2018学年,120个教学班中,有99个教学班上课人数在100人以下,占上课班级的82.5%。2019学年,在77个教学班中,有68个教学班上课人数在100人以下,占上课班级的88.3%。2020学年,在149个教学班中,有138个教学班上课人数在100人以下,占上课班级的93%。这也是首都经济贸易大学思想政治理论课教学效果较好的重要原因。

思想政治理论课要建立多元评价指标体系。遴选一批教学特色鲜明、教学效果突出的教师,在此基础上建立评价体系;形成教师自我评价和领导专家评价相结合、教师同行评价与学生评价相结合的课堂教学质量测评办法,进一步加强对教学过程的管理。

坚持集体备课制度。加强对思想政治理论课教材和教学内容的研究,定期组织专家就教学重点、社会热点、理论难点、思想疑点问题进行集体攻关,准确把握教材内容和教学要求。对大学生关注的热点、焦点问题,要结合各门课程的特点,适时组织专题讲座。

思想政治理论课教师要热爱和尊重学生。教师要有仁爱之心。爱是教育的灵魂,没有爱就没有教育。好老师不仅是严师,也应该是仁师。没有爱心的人不可能成为好老师。教育风格可以各显身手,但爱是永恒的主题。爱心是帮助学生打开知识之门、启迪心智的开始,爱心能够滋润浇开学生美丽的心灵之花。老师的爱,既包括爱岗位、爱学生,也包括爱一切美好的事物。我们的教育实践一再证明,爱一个学生就等于培养一个学生。老师不仅要爱学生,还要尊重学生、理解学生、包容学生。离开了尊重、理解、宽容同样谈不上教育。尊重、理解、宽容的品质,本身就是一种伟大的教育力量。受到尊重、得到理解、得到宽容,是每一个人在人生各阶段都不可缺少的心理需要。调查显示，尊重学生已越来越成为好老师的重要标准。好老师应该既懂得尊重学生，使学生充满自信、昂首挺胸，又通过这样的言传身教教育学生尊重他人。总之，教师的一个极为重要的品质就是热爱和尊重学生，做到为人师表，热爱和尊重学生，以人格教育人格，以性情培养性情，以心灵感动心灵。

理论的坚定靠信仰，理论的发展靠实践，理论的教育靠方法。思想政治理论课教师必须苦练基本功、拓展知识面，注重教学内容，不断改进教学方法，提高教学效果，用通俗易懂的语言、喜闻乐见的方式，把理论变成大学生喜欢的心里话。教学方法改革是高校思想政治理论课建设的重要环节和突破口。思想政治理论课的教学方法要适应大学生的特点，采取喜闻乐见和易于接受的方式，使学生"坐得住、听得进、学得好"，并引起大家的兴奋点和共鸣点。要提倡启发式、参与式、研究式教学，注意研究分析社会热点，多用通俗易懂的语言、生动鲜活的事例、新颖活泼的形式活跃教学气氛，启发学生思考。

（五）理论与实际结合，努力做到贴近学生、贴近现实、贴近生活

思想政治理论课要结合各门课程的性质特点，引导大学生主动参与生产实践、社会调查、志愿服务、参观考察、红色旅游等多种形式的课堂实践、社会实践与科研实践，在实践中提升课堂教学成效。要拓宽校外实践渠道，主动与城市社区、农村乡镇、爱国主义教育基地、企事业单位、部队、社会服务机构等联系，建立多种形式的思想政治理论课教学实践基地，形成更有利于社会支持、教师指导、学生参与的实践教学模式。

思想政治理论课要努力做到实践活动常态化。开展与教学环节相关联的学生实践和形式多样的主题活动，把理论教学应用于实践教学，积极引导大学生走出课堂，进行社会调查、知识竞赛、艺术创作、访谈、参观、演讲、征文、展示、考察、团队作业、团队讨论、红歌会、红色旅游等实践活动，使学生在社会实践中锻炼意志，增强社会责任感。首都经济贸易大学围绕思想政治理论课的教学改革，进行了一系列的尝试，形成了红色系列活动，实现了红色系列活动常态化。如，举办"纪念毛泽东同志诞辰110周年知识竞

赛"、"纪念毛泽东同志诞辰120周年知识竞赛"、"纪念邓小平同志诞辰110周年知识竞赛"、"庆祝中华人民共和国成立70周年知识竞赛"和"庆祝中国共产党成立100周年知识竞赛",以及红歌会、红色小品、红色经典读书、人文知识竞赛等活动。与国家的重大节日庆典相结合,进行广泛的爱国主义教育活动是思想政治教育的好形式,对深入开展群众性爱国主义教育活动,大力唱响共产党好、社会主义好、改革开放好、伟大祖国好、各族人民好的时代主旋律,对深入开展热爱中国共产党、热爱全国各族人民、热爱社会主义新中国具有重大意义。

思想政治理论课教学要从学生的实际出发。当代中国处于经济全球化、政治多极化、信息网络化、文化多元化的时代,各种社会思潮涌动,各种文化相互碰撞,原有的价值理念和道德标准受到了严峻挑战。当代大学生注重自主、个性张扬、敢于冒险,他们思想活动的独立性、选择性、多样性和差异性以及主体意识和个性特征越发凸显。教师应从实际出发,要有针对性,要使教学的深度、广度、进度适合学生的知识水平和接受能力,同时考虑学生的个性特点和个性差异,既要教育人、引导人,又要关心人、帮助人;通过摆事实、讲道理,在不断提高学生的思想认识和精神境界的同时坚持以理服人与以情感人,这样才能获得良好的教学效果。

习近平总书记强调,思想政治理论课要不断增强思政课的思想性、理论性和亲和力、针对性。"要坚持政治性和学理性相统一,以透彻的学理分析回应学生,以彻底的思想理论说服学生,用真理的强大力量引导学生。要坚持价值性和知识性相统一,寓价值观引导于知识传授之中。要坚持建设性和批判性相统一,传导主流意识形态,直面各种错误观点和思潮。要坚持理论性和实践性相统一,用科学理论培养人,重视思政课的实践性,把思政小课堂同社会大课堂结合起来,教育引导学生立鸿鹄志,做奋斗者。要坚持统一性和多样性相统一,落实教学目标、课程设置、教材使用、教学管理等方面的统一要求,又因地制宜、因时制宜、因材施教。要坚持主导性和主体性相统一,思政课教学离不开教师的主导,同时要加大对学生的认知规律和接受特点的研究,发挥学生主体性作用。要坚持灌输性和启发性相统一,注重启发性教育,引导学生发现问题、分析问题、思考问题,在不断启发中使学生水到渠成地得出结论。要坚持显性教育和隐性教育相统一,挖掘其他课程和教学方式中蕴含的思想政治教育资源,实现全员全程全方位育人。"①

二、对立德树人关键课程的几点认识与思考

如前所述,立德树人是中国高校教育发展的重要目标,是中国高校教育教学的根本任务。习近平总书记指出:"思想政治理论课是立德树人的关键课程。"这个重要论断指明了思政课在人才培养中的重要地位和重要意义,从全局和战略的高度进一步提升了思政课的定位。当前我们处于世界百年未有之大变局的时代,也处在中华民族伟大复兴的重要时期,培养千千万万社会主义建设者和接班人是教育战线的根本任务,要完成这个历史任务,除了上好专业课和其他课程以外,上好思政课、办好思政课显得尤为重要。否则,我们就不能完成历史赋予我们的重大责任。培养社会主义建设者和接班人,思政课具有至关重要、不可替代的作用,在中国特色社会主义大学的教育中,一定要体现思政课作为立德树人关键课程的历史定位。

(一)突出思政课是党的教育事业的光荣传统

中国共产党在领导革命建设和改革的艰辛历程中,特别重视和强调发展教育,特别重视和强调思想政治教育,特别强调思想政治理论课的重要性。早在延安时期,我们党先后创办了红军大学、中国人民抗日军政大学、陕北公学和鲁迅艺术学院等,这些学校在讲授文化知识的同时,特别强调开设马克思主义理论和思想政治理论课;在干部教育中特别强调中国革命史、中国革命基本问题、联共(布)党史、马列主义、党的建设、政治经济学、辩证唯物论与历史唯物论等课程的教授。这些课程是当时学习的主要内容,对培养党的各级领导干部和各类学生,使之具有坚定信仰,为中华民族的独立事业和中国人民的解放事业不懈奋斗具有不可代替的十分重要的意义。

中华人民共和国成立后,对高校思想政治理论课的教育更加重视。历史

---

① 习近平主持召开学校思想政治理论课教师座谈会[EB/OL].[2019-03-18]. http://www.gov.cn/xinwen/2019-03/18/content_ 5374831.htm.

经验表明，思想政治理论课对青年学生的思想教育理论修养具有十分重要的作用，在他们形成正确的世界观、人生观和价值观过程中是不可替代的重要因素。加强思想政治理论课建设，是全面贯彻党的教育方针，落实立德树人根本任务，全面推进中国特色社会主义教育事业发展的战略举措。

随着社会主义建设的不断深入，党的教育方针也不断地丰富和发展。如前所述，1954年4月发布的《政务院关于改进和发展中学教育的批示》强调："政治思想教育的任务是树立社会主义的政治方向，培养辩证唯物主义世界观的基础和共产主义的道德。""目前应特别着重加强爱国主义教育、劳动教育和自觉纪律教育。"[①] 1981年6月通过的《中共中央关于建国以来党的若干历史问题的决议》指出："要加强和改善思想政治工作，用马克思主义世界观和共产主义道德教育人民和青年，坚持德智体全面发展，又红又专，知识分子与工人农民相结合，脑力劳动与体力劳动相结合的教育方针。"[②] 这是对中华人民共和国成立32年的教育方针的总结。1989年3月，邓小平指出："10年来我们的最大的失误是在教育方面对青年的政治思想教育抓得不够，教育发展不够。"[③] 此后，党中央又提了"三个面向"和"四有新人"的要求。1995年颁布的《中华人民共和国教育法》指出："教育必须为社会主义现代化建设服务，必须与生产劳动相结合，培养德智体等方面全面发展的社会主义事业的建设者和接班人。"2002年党的十六大报告指出："坚持教育为社会主义现代化建设服务，为人民服务，与生产劳动和社会实践相结合，培养德智体美全面发展的社会主义事业建设者和接班人。"[④] 党的十八大以来，围绕培养什么样的人、怎样培养人，我们党提出了努力培养担当民族复兴大任的时代新人，培养德智体美劳全面发展的社会主义建设者和接班人的教育方针。

培养社会主义现代化建设需要的合格人才和社会主义事业的可靠接班人，是我国高等学校的根本任务。高校教师课堂教学的育人功能，对大学生树立正确的世界观、人生观、价值观尤为重要。培养合格的建设者和接班人，重

---

① 中共中央文献研究室.建国以来重要文献选编：第5册[M].北京：中央文献出版社，2011：175.
② 中共中央文献研究室.三中全会以来重要文献选编：下[M].北京：人民出版社，2011：170.
③ 邓小平文选：第3卷[M].北京：人民出版社，1993：287.
④ 江泽民文选：第3卷[M].北京：人民出版社，2006：560.

视思想政治理论课建设和专业课建设是不可缺少的关键环节。大学生在校期间的主要时间和主要精力，就是要学习好各门功课（思政课与专业课）的基本知识、基本理论和重点难点，独立、系统地掌握反映自然和社会发展客观规律的基本知识和科学理论，并把这些知识和理论变成自己的东西，变成自己思想的元素，成为自己成长发展和前进的动力。高校教师在课堂教学中，要根据思想政治理论课课程内容和课程特点，坚持政治性、思想性、知识性、理论性和科学性的有机结合，要把教学体系的内容讲够、讲透、讲深、讲好，做到灌输性与启发性的统一。思想政治理论课课堂讲授教学一定要做到内容为王，讲授好课程内容所具有的知识性、思想性、理论性和科学性，这样课堂教学的主要方面就成功了。尽管这种方法或许会令部分学生特别是不认真学习的学生不喜欢，但是对于绝大部分学生来讲，他们不仅会喜欢，而且能够实实在在地学到并掌握本门课程的基本知识和科学理论。那种娱乐化的课堂、逗乐式的课堂、鸡汤式的课堂，或许会有部分学生尤其是不爱学习的学生喜欢，但是，事实上这样的课堂是不可取的，绝对不能算是成功的课堂，因为学生不能学到整体、系统的知识和理论。尽管有的学生对这样的课堂评价较好，甚至评价很高，但是这样的课堂，对于培养掌握较为完整课程知识体系的大学生来说，对于培养社会主义现代化建设的合格人才来说，是极其有害的。我们一定要坚定不移贯彻党的教育方针，坚定不移重视思想政治理论课，把思想政治理论课建设成为立德树人的关键课程。

（二）加强思想政治理论课是培养社会主义建设者和接班人的必然要求

思想政治理论课是中国特色社会主义大学本质特征的重要体现，是贯彻党的教育方针、培养德智体美劳全面发展的社会主义建设者和接班人的内在要求。培养什么人，怎样培养人，为谁培养人，这是教育教学的根本问题，是教书育人的根本问题。这个问题事关教育发展方向，事关中华民族的前途命运，事关中国特色社会主义现代化的兴衰成败。社会主义中国的教育必须坚持社会主义办学方向，教育必须为人民服务，为中国共产党治国理政服务，为巩固和发展中国特色社会主义制度服务，为改革开放和社会主义现代化建设服务。

随着经济全球化、政治多极化、文化多样化的发展，由于东西方历史不同、现实不一，东西方对彼此的认识、看法也不尽相同。这些不同的认识认知，大部分是正常的，但也有一些是带有偏见的，或者是别有用心的。这些不同的认识和认知也会反映到国内，反映到对思政课的认识上。有人认为思政课的设置是多余的，主张课程设置隐形化，课程定位选修化，教学方式娱乐化，价值取向中立化，甚至认为这样既不会引起西方的高度关注，又会赢得很多青年学生的喜欢。这些观点表面上看是适合一些人的想法的，是可行的。但是，在现实中是大错特错的，是与社会主义发展方向背道而驰的。西方敌对势力历来对中国共产党领导的社会主义制度说三道四，甚至全面否定。我们就是要坚持文化自觉、文化自信，加强思政课，上好思政课，办好思政课，把思政课放在突出重要的地位上。通过思政课来教育和引导青年学生，回应和批判西方敌对势力的错误观点和错误思潮。中国共产党领导的社会主义制度是近现代中国历史发展的必然趋势，是中国历史和人民的正确选择，中国特色社会主义建设和改革开放以来所取得的历史性成就，已证明了这种选择的正确性。思想政治理论课是确保社会主义大学本质不变的基本底色。如果一个大学没有思想政治理论课，没有思想道德教育，就不能证明这个大学是中国特色的社会主义大学和高水平大学。因此，在任何时候、任何情况下，我们对近现代中国历史和人民的正确选择应该高度自信，对党领导的社会主义道路应该高度自信，对思想政治理论课在社会主义大学中立德树人关键课程的地位应该高度自信。

要让思政课这个关键课程变得更有价值，更有力量。理论只有被群众掌握才能变成强大的物质力量，才能成为学生成长发展的重要动力。在教育教学中一定要做到理论和实际相结合，要把思政小课堂和社会大课堂结合起来，要把思想政治理论课的教学内容和中国革命、建设与改革的实际相结合，要努力让中国革命和现代化的光辉历程、伟大成就和由此而产生并形成的马克思主义中国化理论成果，走进大学生的心里，武装大学生的头脑，成为大学生思想中的重要元素，成为推动大学生不断前进、不断发展、不断走向未来的重要内生动力。

司马光在《资治通鉴》中说："才者，德之资也；德者，才之帅也。"

"才德全尽谓之圣人,才德兼亡谓之愚人,德胜才谓之君子,才胜德谓之小人。"德与才的关系是辩证统一的,才是德的基础,德是才的根本,真正的人才应该是德才兼备。马克思在《关于费尔巴哈的提纲》中指出人的本质:"在其现实性上,它是一切社会关系的总和。"蔡元培说,"德育实为完全人格之本,若无德,则虽体魄智力发达,适足以助其为恶。无益也"[①]。在德智体美劳五育中,德育处于首位,是基础和根本。伟大思想家孟子说过,"君子之泽,五世而斩"。老百姓的说法更加直白,他们说,"富不过三代"。为什么富者不能恒富?强者经历五世而衰?无非是"骄""奢""淫""逸"在作祟,从而导致严重后果。傲慢自大,奢靡浪费,放纵欲望,不思进取。长此以往,国家焉能不亡,民族焉能不衰?说到底,还是由于道德的缺失,还是因为不能世代立德、世代有德,德已丧失,怎能长久?这也警示我们培养合格建设者和接班人的艰难性和重要性。

(三) 落实立德树人的关键课程,必须建设高水平的思政课教师队伍

要落实立德树人关键课程的战略定位,打造一支高水平的思想政治理论课教师队伍是关键。上好思政课,办好思政课,关键在教师,关键在是否有一支高水平的教师队伍。思想政治理论课教师的理论水平、政治素养、业务能力的要求要高于一般教师。没有高水平的思政课教师,就没有高水平的思政课课堂。没有一流的思政课教师,就没有一流的思政课效果。习近平总书记强调,思政课教师"第一,政治要强,让有信仰的人讲信仰,善于从政治上看问题,在大是大非面前保持政治清醒。第二,情怀要深,保持家国情怀,心里装着国家和民族,在党和人民的伟大实践中关注时代、关注社会,汲取养分、丰富思想。第三,思维要新,学会辩证唯物主义和历史唯物主义,创新课堂教学,给学生深刻的学习体验,引导学生树立正确的理想信念、学会正确的思维方法。第四,视野要广,有知识视野、国际视野、历史视野,通过生动、深入、具体的纵横比较,把一些道理讲明白、讲清楚。第五,自律

---

① 蔡元培全集:第3卷 [M]. 北京:中华书局,1984:8.

要严,做到课上课下一致、网上网下一致,自觉弘扬主旋律,积极传递正能量。第六,人格要正,有人格,才有吸引力。亲其师,才能信其道。要有堂堂正正的人格,用高尚的人格感染学生、赢得学生,用真理的力量感召学生,以深厚的理论功底赢得学生,自觉做为学为人的表率,做让学生喜爱的人"①。在思政课队伍建设中,一定要按照习近平总书记所提出的政治要强、情怀要深、思维要新、视野要广、自律要严、人格要正的要求,打造一支政治强、业务精、水平高、作风正的思想政治理论课教师队伍。

要让有信仰的人讲信仰。高水平思政课教师队伍的关键一条是要有政治信仰。这个信仰只能是对马克思主义的信仰,对共产主义的信仰,对中国共产党领导的中国特色社会主义制度的信仰。没有这个信仰,不是合格的思政课老师,也不可能讲好思想政治理论课。思想政治理论课教师必须坚定地站在中国共产党和中国人民的立场上,发出正确的声音。"讲马信马"不仅仅是形式上的要求,更重要的是思政课教师的政治素养和思想本质必须如此,即在思政课的教学过程中必须如此,要做到理论与实践的统一,信仰与教学的统一,而不是说一套,想一套,做一套。现在的问题是思政课教师队伍也是鱼龙混杂,缺少甚至没有信仰的大有人在。因此,纯洁思政课教师队伍,打造一支有坚定政治信仰的教师队伍是一个重大课题。

在教学过程中要了解学生的学习情况、生活状况和思想状况。对学生传授知识和进行思想政治教育要有针对性、实效性和灵活性。教师是学生获得知识和成长的导师和引路人。课堂教学是大学生获得知识和理论的主要途径,是大学生获得知识和理论的主渠道和主阵地。虽然在其他地方的学习和自学等方式也很重要,但是,课堂学习的过程、课堂学习的收获、课堂学习的考核方式,是其他任何地方、任何学习方式都不可代替的,也是不可比拟的。

课堂教学效果的好坏,关键在教师,关键在教师的政治信仰、理论水平、专业知识和讲授技巧。高校教师应牢固树立教书育人意识,努力提升自身道德水平,提升自己的理想信念,不断加强自身修养,不断努力学习,不断丰

---

① 习近平主持召开学校思想政治理论课教师座谈会 [EB/OL]. [2019-03-18]. http://www.gov.cn/xinwen/2019-03/18/content_ 5374831.htm.

富自己，不断完善自己，不断发展自己，成为一个学识渊博的人，一个有高尚道德情操的人，一个为人师表的人。扎实的知识功底、过硬的教学能力、勤勉的教学态度、科学的教学方法是老师的基本素质。教书育人者必先育自己，教师的品质、人格和学识对学生具有极其重要的影响，这就是所谓指导者和引路人的作用。当然，创新教学方法、改革教学手段也是很重要的，这对吸引学生及调动学生学习积极性、主动性而言也是不可或缺的。

当思想政治理论课课堂教学的实效性不够理想时，一些人常说是因为教材不好，教学内容、教学方式滞后，教师讲授生搬硬套、死板教条。关于这个问题一定要从国际和国内环境来思考，否则必然避重就轻。由于受经济全球化和国内市场大潮的影响，学生在思考未来时总是过分现实，先考虑的总是学习一门课程有什么用，如许多人通常认为学习专业课和英语课很有用，而思想政治理论之类的课则没什么用，因而对其缺乏学习热情和学习兴趣，甚至感到思想政治理论课是空洞的政治说教。还有一些学生抱怨老师在教学中一言堂、满堂灌，忽视学生的主体性。加上一些老师的教学方法和手段陈旧，不联系实际，缺乏案例教学等，这确实影响了一些学生对思想政治理论课的兴趣，甚至产生厌倦情绪。一些老师只讲知识体系或专业知识体系，一些教师则连专业知识体系也讲不透，讲不好。还有一部分老师把教书与育人分开，只讲课程知识体系，只讲为己学习，不讲历史背景，不讲家国情怀，不讲爱国主义，更有甚者妄自菲薄，讲述一些崇洋媚外的东西，这些负能量的方面对学生影响不小。此外，一些教师缺乏敬业精神，缺乏教书育人的基本素养，这严重制约了课堂教学的效果和育人功能。一些教师心浮气躁，不把主要精力集中在备课和上课方面，对教学工作敷衍了事，随便凑合；更有甚者，既不认真教学，也不投身科研，而是只关注个人生活和家庭生活。这也从反面说明，思政课教学效果的好坏，关键在教师。

三、牢牢把握两个"关键"，着重解决三大问题

2019年3月18日，习近平总书记主持学校思想政治理论课教师座谈会并发表重要讲话。这个讲话全面系统、高屋建瓴、情真意切，是办好思想政治

理论课的纲领性文件。广大思政课教师听后深受启发和鼓舞，笔者也从中对如何围绕立德树人办好思想政治理论课有了更深的理解和感悟。

（一）牢牢把握两个"关键"

1. 思想政治理论课是落实立德树人根本任务的关键课程

百年大计，教育为本，以德为先。习近平总书记说："思想政治理论课是落实立德树人根本任务的关键课程。"这是对思想政治理论课的新定位。思想政治理论课从"思想政治教育的主渠道"到"落实立德树人根本任务的关键课程"，这个重要论断是坚持把立德树人作为根本任务，全面贯彻党的教育方针的重要体现；是解决好培养什么人、怎样培养人、为谁培养人的根本问题。《左传》说："太上有立德，其次有立功，其次有立言，虽久不废，此之谓不朽。"古人集千年大成之总结，把"立德"放在不朽之最高境界。"思想政治理论课是落实立德树人根本任务的关键课程"这个重要论断，是对中国优秀传统文化的继承与发展。思政课不仅是知识传授的平台和载体，而且是思想引领和价值引领的主渠道和主阵地，是"立德树人"的关键课程，直接影响学生的理想信念、人生追求和发展进程。要办好中国特色社会主义教育，就要理直气壮开好思政课，用新时代中国特色社会主义思想铸魂育人，引导学生增强"四个自信"，厚植爱国主义情怀，把爱国情、强国志、报国行融入坚持和发展中国特色社会主义的伟大事业之中。对于培养担当民族复兴大任的时代新人，培养德智体美劳全面发展的社会主义建设者和接班人而言，思想政治理论课的作用是其他任何课程都不能替代的。

"思想政治理论课是落实立德树人根本任务的关键课程"这个重要论断，不仅思政课教师要深入学习、广泛宣传、牢牢把握，而且其他教师和广大青年学生也要深入学习、广泛宣传、牢牢把握。只有这样，才能把习近平总书记的重要讲话落实落细、落地生根。

2. 办好思想政治理论课关键在教师

"办好思想政治理论课关键在教师"这个重要论断抓住了矛盾的主要方面，也抓住了问题的关键。办好思政课，离不开一支政治素质过硬、业务能力精湛、育人水平高超的高素质专业化思政课教师队伍。2014年9月，习近平总书记考察北京师范大学时勉励广大教师做有理想信念、有道德情操、有扎实学识、有仁爱之心的"四有"好老师。在此基础上,习近平总书记又对思政课教师提出了以下几条具体要求。一是政治要强,对马克思主义要有真诚的信仰,让有信仰的人讲信仰就是这个意思。二是情怀要深,要有家国情怀,心里装着国家和民族。三是思维要新,有辩证思维,创新课堂教学,引导学生树立正确的思维方法。四是视野要广,要有知识视野、国际视野、历史视野。五是自律要严,严格要求自己,知行合一。六是人格要正,要有堂堂正正的人格,用高尚的人格感染学生、赢得学生。在这六个方面的要求中,政治要强放在首位,以凸显对思想政治理论课教师要求的特殊性。这六个方面的要求,是对思政课教师队伍建设的更高标准,也是思政课教师素质和水平提升的努力方向。

思想政治理论课教师肩负培养一代又一代拥护中国共产党领导和我国社会主义制度,立志为中国特色社会主义事业奋斗终生的又红又专人才的重要使命,为我国教育事业发展作出了重要贡献。针对思想政治理论课教学,习近平总书记指出要坚持八个统一,即坚持政治性和学理性相统一,坚持价值性和知识性相统一,坚持建设性和批判性相统一,坚持理论性和实践性相统一,坚持统一性和多样性相统一,坚持主导性和主体性相统一,坚持灌输性和启发性相统一,坚持显性教育和隐性教育相统一。这八个方面是辩证统一的,为讲好思政课提供了重要遵循。对此,关键要讲好理论与内容,讲好政治,讲清学理,同时创新方法,努力把思政课打造成学生真心喜爱、终身受益的"金课"。思政课教师要给学生心灵埋下真善美的种子,成为学生立德路上的引路人;要用真理的力量感召学生,以深厚的理论功底赢得学生,成为学生毕生难忘、真心喜爱的人。

(二) 着力解决三大问题

开好上好思政课,发挥思政课的"关键课程"作用,必须采取有效措施,解决制约思政课建设的突出问题。这些年来,在建设思政课方面已形成了一系列规律性认识和成功经验,为思政课建设守正创新提供了重要基础。同时,我们在前行的路上也面临诸多困难,先要着力解决三大问题。

1. 着力解决信仰问题

经过多年发展,思想政治理论课教师队伍持续壮大,结构不断优化,整体素质进一步提升，形成了一支"可信、可敬、可靠，乐为、敢为、有为"的思政课教师队伍。思想政治理论课教师绝大部分是好的，是信仰马克思主义的，是想把思想政治理论课讲好的，是想为社会主义培养合格的建设者和接班人的，问题的关键是这种信仰在教师队伍中还没有达到百分之百。因此，先要着力解决思想政治理论课教师对马克思主义的信仰问题。

思想政治理论课教师对马克思主义要做到真学、真懂、真信、真用。如前所述，真学就是要求思想政治理论课教师认真学习马克思主义的经典著作，特别是习近平新时代中国特色社会主义思想的相关著作，认真学习党的路线、方针和政策，真正做到读原著、学原文、悟原理。真懂就是要求思想政治理论课教师真正懂得马克思主义的基本原理、基本立场、基本观点和基本方法。真信就是要求思想政治理论课教师真正信仰马克思主义，从根本上信仰马克思主义的科学性和真理性。真讲就是要求思想政治理论课教师在课堂上真讲马克思主义基本原理和中国化的马克思主义。思想政治理论课教师必须不断加强自己的理论素养与政治素养。只有把马克思主义理论真正学懂弄通，才能解决对马克思主义的真诚信仰问题，才能把深奥的道理讲得通俗易懂，才能成为合格的、优秀的思想政治理论课教师。

马克思主义理论不仅为中国革命、建设和改革事业提供了强大的思想武器，而且为思想政治理论课教师提供了广阔的舞台和空间。要准确把握马克思主义理论的科学内涵，紧密结合中国的实际、青年学生的思想实际，回答学生关心的重大理论和现实问题，着力把道理讲清楚、说充分，解疑释惑，从而帮助青年学生树立正确的世界观、人生观和价值观。

2. 着力解决扎实学识问题

思想政治理论课教师不仅要对马克思主义有真诚的信仰，而且还必须有扎实的学识。首先要有深厚的马克思主义理论及其相关知识，其次要有丰厚的历史知识。历史是民族的过去，中国是一个拥有五千年历史文化的文明古国，具有自强不息的民族性格、厚德载物的宽广胸怀、崇道尚德的思想素养。一个好的思想政治理论课教师应该对悠久的中国历史文化有较为深入的了解，特别是对中国近现代史、中国共产党的历史和中国革命精神有较为深入的了解。此外，要对国情世情有较深入的了解，因为这是对青年学生进行思想政治教育时必须具备的知识。没有对国情世情的深刻认识，就不可能有高度的历史责任感；没有对国情世情的正确认识，就不可能找到最佳的报国之路。中国古代创造了非凡的文明辉煌，近代却遭受了西方列强的践踏与凌辱。中国一百多年的近现代史，就是一部有识之士认识国情世情、探寻适合中国国情的救国强国之路的历史，特别是中国革命、建设和改革的光辉历史，这是进行爱国主义教育的生动素材。中国的发展与世界是分不开的。思想政治理论课教师要引领青年学生对世界格局和大势有充分的认识，能冷静客观地把握局势，增强忧患意识，激发他们的责任感和使命感。要解决学生的思想问题和价值观问题，关键还得靠有真诚信仰和扎实学识的思政课教师。

3. 着力解决踏实作风的问题

在经济全球化、文化多元化的背景下，在市场经济的大潮中，社会比较浮躁，实用主义相对盛行。这些客观情况必然对人造成重要影响。思想政治理论课教师能不能脚踏实地、凝神静气，坚守三尺讲台，坚持坐冷板凳潜心问道，专心教学和科研工作，是事关能否办好思政课的一个重要问题。

教师的本质是传道、授业、解惑。因此，教师需要具备丰富的知识和扎实的学识。思想政治理论课教师不仅需要具备丰富的知识和扎实的学识，而且必须具有较高的马克思主义理论水平和对马克思主义的真诚信仰，这就对思政课老师的理论修养和学识水平提出了更高的要求。与此同时，思政课教师应该有脚踏实地的工作作风，真正做到教书育人与潜心问道的统一。总之，在新时代，努力建设一支政治强、业务精、作风正的高水平思政课教师队伍，是办好思政课的关键所在。

第三章

思想政治理论课研究性教学模式的构建与实践

中共中央办公厅、国务院办公厅联合印发的《关于深化新时代学校思想政治理论课改革创新的若干意见》明确指出，"思政课是落实立德树人根本任务的关键课程，发挥着不可替代的作用"；"办好思想政治理论课，最根本的是要全面贯彻党的教育方针，解决好培养什么人、怎样培养人、为谁培养人这个根本问题"。习近平总书记在学校思想政治理论课教师座谈会上的讲话，为办好新时代思想政治理论课指明了前进方向。思想政治理论课的教学是以大学生全面发展为目标的素质教育，一套较为合理、切实可行的教学模式是提升思想政治理论课教学系统性、实效性的关键前提。

研究性教学坚持目标导向和问题导向相结合，直面学生现实关切和思想困惑，是教学与研究相统一，以培养学生独立研究的能力与创新精神为目标，通过创设问题情境来引导、激励学生主动发现问题、分析问题、解决问题，从而达到培养学生自主性、探索性、批判性、责任感的目的，培养学生用马克思主义立场、观点、方法分析问题的能力，提升学生整体素质的一种教学模式。

一、研究性教学模式的核心理念

在以往的传统教学过程中往往只重视教师"教"这一传授过程，而忽视学生"学"这一认知过程。卢梭在《爱弥儿》一书中强调，"问题不在于告诉他一个真理，而在于教他怎样发现真理"。研究性教学模式既是一种教学理念，也是一种教学方法，更是一种教学原理与方法论的结合。研究性教学模式对学生的学习效果既有教师评价，也有学生自我评价；既有团队的评价，也有成员间相互评价；既有平时过程评价，也有期末结果评价；既有对其理论掌握情况的评价，也有对其实际能力提高水平的评价；教学效果评价凸显"多维复合"，既调动了学生学习的主动性和积极性，又提高了教学实效性。研究性教学模式将教师研究性的"教"与学生研究性的"学"、课堂上的讲授与课堂外的实践、教师的方向引导与学生的自主探索完美有机地结合在了一起。

研究性教学模式坚持价值引领和目标导向，把握思政课在课程体系中的政治引领和价值引领作用；围绕育人目标，在知、情、意、行相统一之中创新思政课的内容与形式，丰富课程内容，不断增强思政课的思想性、理论性和亲和力、针对性，全面提升大学生思想政治理论素养。

二、研究性教学模式的基本特点

（一）灵活性

相比传统思政课的教学，研究性教学更具灵活性。这种灵活性不仅体现在授课方式、授课工具上，而且体现在授课的主客体上。一方面教师在思政课堂中运用研究性教学，可以借用新媒体资源、互联网资源，采用新闻中所提到的案例或生活中被人们广泛讨论的事例作为课堂讨论的资源，通过社会热点提高学生参与课堂的积极性，让学生充分了解不仅仅只有国家大事属于思政课的教学，身边事也可以作为思政课教学的教材。另一方面研究性教学的灵活性还体现在授课的主客体上。研究性教学提倡学生成为学习的主体，促使学生主动发现问题，主动探究问题，主动寻找答案，并对整个过程进行总结，然后在教师的引导下形成对问题完整的认识，找到解决问题的答案。

（二）过程性

研究性教学不仅注重教学的结果，而且注重教学的过程。传统思政课教学更加强调学生对知识的记忆，容易忽略学生在学习过程中的获得感，并且其阶段性考核多以笔试为主，通过卷面成绩体现学生对知识的掌握程度。研究性教学则更多地让学生参与课堂、参与探索，在观察事物、搜寻答案的过程中，对已获得的资料或资源进行整理，在老师的引领下，通过科学的方法论和原理深入地研究所学知识的本质，并总结自己的感悟或结论。研究性教学主张，学生的学习就像是科学家在探究科学真理。教师通过分享某件事情或生活中的某种现象，引导学生寻找其中存在的问题，并引导学生将自己的认知梳理出来，然后根据学生的观察，将要教授的知识与学生发现的问题相结合，引出理论性的知识，并指出解决问题的方法，从而培养学生的"问题意识"。

（三）实践性

研究性教学注重学生的动手、动脑能力。首先，在研究性教学之初，学生对老师布置的课题或题目可能不甚了解，但在寻找与课题相关资料的过程中，便有了对概念的初步理解。通过进一步搜索与概念相关的资料或观点，学生对课题或题目有了更深的理解，也有了自身的观点和思维导图，再经过老师正确的引领和指导，学生对自身观点和思维习惯中错误或有偏差的地方进行修正，最终得出正确的结论，并形成自己独特的观察视角和看法，在动手和动脑的实践过程中，学会探究事物本质的方法。其次，在研究性教学过程中，教师更多关注的是学生的实践能力，通过创造课堂以外的学习环境，来调动学生主动参与研究的积极性和探索问题的思考性。

（四）互动性

研究性教学模式倡导的是师生之间"主体-主体"关系，这意味着教师和学生相互承认教学中的主体身份，在教学实施过程中双方享有同样的地位和权利，双方都参与教学。机会均等反映了教学过程的互动性。"互动"存在于任何教学模式中，但在强调平等对话的"双主体"教学模式中，学生的主观地位得到真正肯定，学生的主观能动性得到充分调动，"互动"从"被动"变为"主动"，课堂气氛活跃，教学效果明显。研究性教学通过合作研究来完成对知识的探索和学习，因此在学习过程中就需要学生之间相互沟通、相互交流。开展研究性学习能够培养学生协作的能力，在学生分享、交流研究信息和成果的过程中，既拓宽了自己的视野，又学会了聆听和尊重他人的想法，以此培养学生的团队意识、交流意识和共享精神。

（五）多维性

研究性教学模式坚持教与学、学与思、知识学习与能力培养相结合的原则，构建科学评价学生学习效果的多维考核体系。改革考试形式，结合案例教学和探究式教学改革要求，考试应以案例分析、热点评述、观点评析等主观题为主，杜绝"教师划重点""学生抱佛脚"现象，打通思政课学习的"知"与"行"。具体而言：①考核评价主体是多维的。在社会实践中构建教师评价、学生自评、学生团队评价、社会评价等多维平台。②过程与结果相结合。一是提高平时成绩在总分中的比例（60%以上），规范平时成绩评价指标；二是采用分级制度，淡化分数，注重能力素质的评价。③知与行的结合。主要通过社会实践调查报告、社会实践心得汇编，考查学生理论联系实际的能力和在实践中的认知水平。其中，学生自主学习、学生课堂表现和参与教学活动的态度是平时成绩的重要评价指标。这种评价机制可以极大地调动学生参与教学的积极性，提高学生的思想道德素养，实现思想政治理论课的教学目标。

三、研究性教学模式的基本环节

总体来讲，研究性教学模式分为确立问题、探究实践、成果交流、总结提升四个基本环节。这四个环节环环相扣，密不可分。

确立问题是研究性教学模式的前提。在这一环节中，教师需要根据教学内容，依据社会实际，创设一定的情境，设置科学的研究问题并激发学生的研究兴趣；学生则需要跟随教师的引导，进入预设情境，做好研究的心理准备。

探究实践是研究性教学模式的基础。在这一环节中，教师需要参与学生的探究过程，根据确立的研究问题，为学生提供一定的研究资源，为学生的问题探究提供策略指导，对学生的研究过程提供方向指引；学生则需要根据教师的指导，围绕问题利用科学的方法对研究对象开展自主探究。在这一过程中，学生需要学会收集、分析、加工、评价信息的能力。

成果交流是研究性教学模式的结果。在这一环节中，教师需要组织学生对研究结果加以讨论。教师要参与研究结果的讨论并对学生的讨论进行引导，学生则需要分享自己的研究成果，对已有的研究成果的科学性展开讨论，总结、内化完成任务的方法，以提高自己解决问题的能力。

总结提升是研究性教学模式的升华。在这一环节中，教师需要对整个问题研究过程加以总结点评，并提出进一步提升的目标要求；学生则需要根据问题研究过程，对经验教训加以总结，并对已有的研究成果进行进一步证实和证伪，为下一步研究的开展作准备（图3-1）。

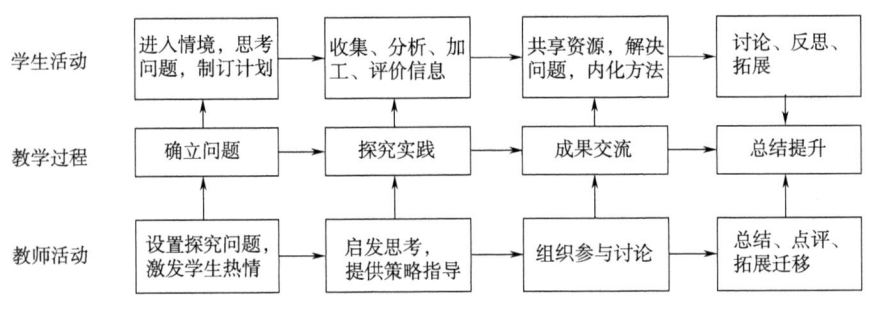

图 3-1 研究性教学模式

四、研究性教学模式的基本方法

科学的教学方法是实现从教材体系向教学体系转换的重要环节。目前我国各高校积极开展教学改革，探索课程教学模式，提高教学质量，教学模式的研究与研讨已逐渐深入，有许多值得借鉴的经验。

第一，案例教学法。案例教学法是一种培养分析问题、解决问题能力和提高全面素质的有效方法。思想政治理论课的案例教学，包括教学内容的提炼，教学案例的选编，思考讨论题的设计，教学案例的呈现，课堂讨论的组织、点评和总结等一系列教学环节。案例教学法的核心在于让学生围绕教师精心提供的案例进行分析、讨论，再由教师准确评价案例，这也是把理论运用于实际，从而深化理论学习的过程。案例教学法在思想政治理论课教学中的应用越来越广泛，得到大多数思政课教师的认可。上海交通大学运用的"现场案例模拟"教学法、哈尔滨工程大学倡导的"MSD（现代化，专题化，多样化）"教学法、广东石油化工学院卢诚（全国优秀教师）的"问题教学法"等，均收到了比较好的教学效果。

第二，专题式教学法。树立问题意识，以教学重点、难点和疑点及大学生思想热点问题为线索，开展专题教学。教学设计要根据新教材的基本要求，科学地安排教学内容，合理地分配教学时间，处理好理论阐述的深度与广度、教学要点与重点难点的关系。教师不仅要讲清教学要点，还要抓住重点，解决好难点。对重点内容应多讲、详讲，其他内容可适当少讲、略讲，突出教学重点难点。将教材转化为不同的专题进行教学的方式已被很多学校和教师采用。北京大学、北京师范大学、中南大学、天津师范大学等的主要做法，就是依据教学基本要求以重点、疑点、热点问题为导向，体现科学性、现实性、趣味性等原则，设计教学专题并开展教学。教师要按照教学目标和课程内容重新设计和编排，对重大理论问题进行研究和提炼，以问题为线索设计教学环节，从内涵和外延两个方面进行拓展，把重点内容讲深、讲透、讲活，便于学生加深理解，做到灵活运用。教师在讲清问题的过程中要系统阐述理论，保证授课质量。

第三，双主体教学法。该教学法强调师生之间在保持良好关系的前提下进行合作，通过双主体符号的互动使教育教学效果最大化。教师的主体性体现在教学、设计教学、组织教学、指导教学、保持教学活动的连续性上；学生的主体性则体现在学习中，学生是自身学习活动的发起者和维持者。这一做法改变和超越了传统的思想政治理论课教学模式，既没有片面强调教师作为主体的作用，也没有片面强调学生作为主体的作用；既没有忽视学生的积极性和主动性，也没有偏离思想政治理论课教学的正确方向。"主体-主体"新型育人关系，能够培养学生的主体存在感和价值获得感，促进学生形成良好的内部学习动机，更有效地提高教学效果。在双主体模式下，师生之间具有很强的信任，形成积极的师生关系，学生根据教师的建议修正不良行为，减少反社会的倾向，形成良好的师生默契。这种方法克服了传统的以教师单向灌输课堂教学模式的弊端，突出学生的主体地位，促使学生由被动学习转变为自主学习，使学生更多参与、更多实践，在交流互动中完成教学任务，实现教学相长。北京航空航天大学提出的"场景模拟法"、武汉大学提出的"互动式教学法"、青岛滨海学院提出的"隐性教学法"、哈尔滨师范大学的"四位一体"教学法等，都是实践中比较成熟的参与型教学方法。

第四，MOOC（慕课）课程教学模式设计法。MOOC模式依托新媒体平台，强调知识的分享和再创造，重视教师的辅助引导作用，以学习者的主体性参与为核心，传播媒介的互动性、健康的生态传播环境等都是 MOOC 课程模式建设的重要依托。基于新媒体的 MOOC 模式为思政课实践教学模式提供了技术依托和操作可能。中央财经大学"行走的课堂"、华中师范大学的"网络教学法"等，以移动教学贯通课堂和课外，对思政课的教学模式进行了理论研究与实践探索。

五、研究性教学模式在思政课中的构建和实践

研究性教学模式的探索紧紧围绕教育的主体，同时辅之以精品课建设，着力实现将教学模式探索与精品课建设密切结合。具体包括：①教学内容建设。配合教材建设，进行重点难点问题解析库、视频资源库、精品课件库、精彩教案库、试题库这五个教学资源库的研发工作；及时更新教学内容，将教师科研成果与教学内容相结合。②教学方法建设。进行多层次教学体系建设，因材施教，满足不同学生的求知欲；加强专题式、案例式教学，调动学生学习热情；进一步完善实践教学，提高学生应用能力；进行精彩教案的撰写及精彩课堂的示范，交流教学经验。笔者在思想政治理论课教学实践中，总结多年来思想政治理论课教学心得及其他高校经验，进一步提出改进和完善措施，形成具有可操作性的教学设计运作方案，直接应用于思政课教学，取得了较好的教学效果。

（一）教学组织及设计

1. 学情调查分析

"00"后大学生的最大特点是思维活跃，喜欢独立思考，追求自我表现，价值取向多样化。讲授新课前，笔者会在超星泛雅平台通过知识测试、问卷调查等形式，对所讲授的课堂做学情调查（图 3-2）。通过学情调查分析可知，大学生更希望老师能够提供有说服力的、令人印象深刻的论证过程。

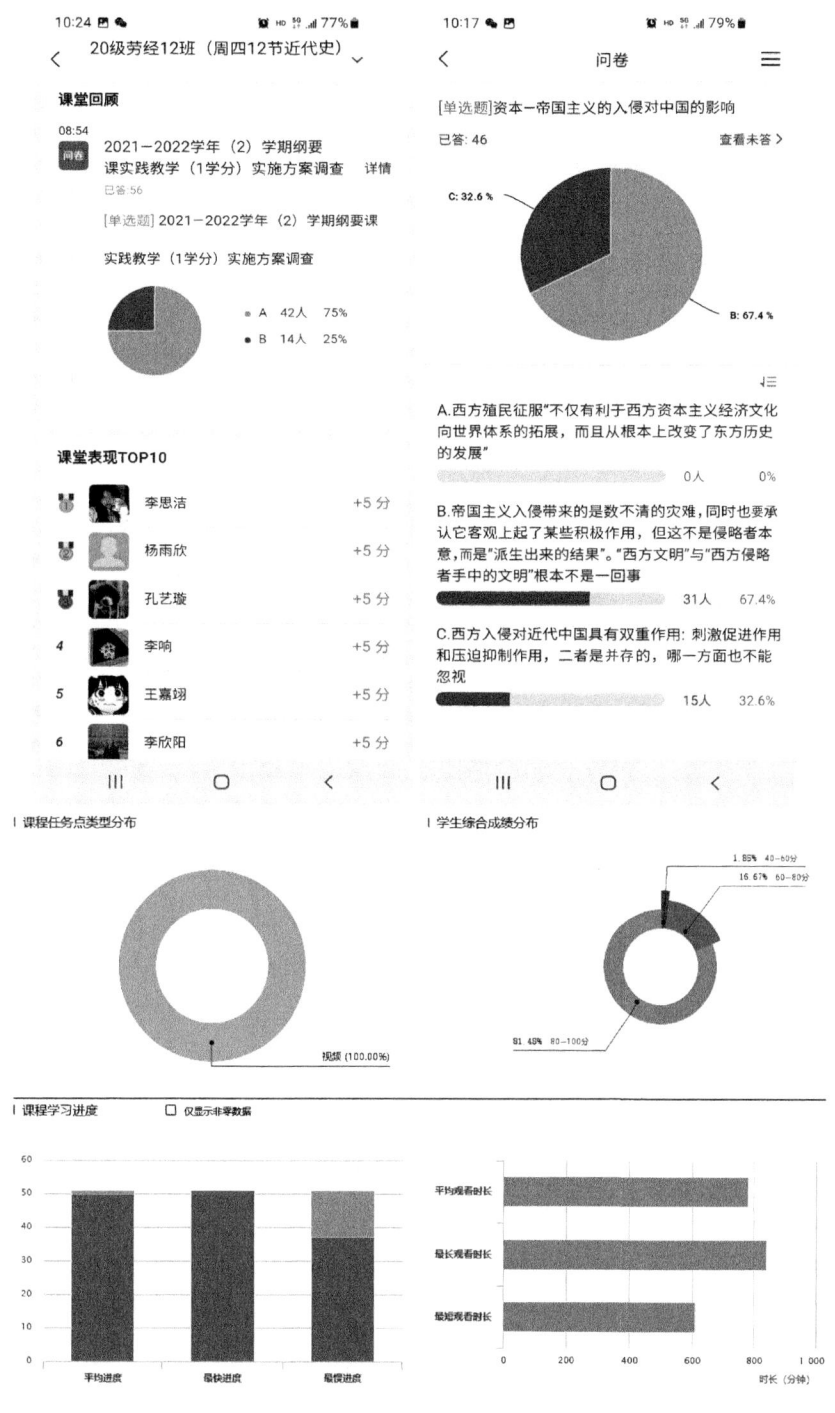

图 3-2 学情调查分析

2. 目标设计："基于学生认同"的教学理念，注重学生全面发展

"基于学生认同"的思想政治理论课教学理念，绝非"迎合式"教学。在基于学生认同的思想政治理论课教学设计中，教与学既是同一教学过程的两个方面，又是教学相长的递进循环过程。"教"以"学"为基础，"教"为"学"服务，立足学生的"学"对教师的"教"进行反思和定位，重新审视思想政治理论课教学方法，以增强思想政治理论课教学中的学生学习积极性、主动性为起点，使大学生有更多的获得感为落脚点，建构"基于学而设计教"教学方法体系。

作为大学生思想政治教育主渠道的思想政治理论课，其根本任务就是让学生学会做人，培育具有自主思想意识、道德行为的当代大学生。借鉴现代教学理论和方法，按照教学规律与原则，将教学目标划分为知识目标、技能目标和态度目标三个部分：①知识方面，理解课程的基本理论和基本观点。②技能方面，理论联系实际，训练学生对社会问题的实际观察和分析理解能力，引导学生学会运用所学理论和观点去认识和分析社会问题，提高学生的社会责任感。③态度即觉悟和行为方面，突出培养大学生的主体性精神，激发大学生的创造性人格，提高大学生的思想政治理论素养、道德素质以及解决问题的能力。

3. 内容设计：从深度和广度两个方面进行拓展，理论联系实际

如前所述，教学设计要根据新教材的基本要求，科学安排教学内容，合理分配教学时间，处理好理论阐述的深度与广度、教学要点与重点难点的关系。不仅要讲清教学要点，还要抓住重点、解决好难点；对重点内容应多讲、详讲，其他内容可适当少讲、略讲，以突出教学重点难点。

理论联系实际，是思想政治理论课必须贯彻的一条基本教学原则。思想政治理论课教师在课堂教授中既要讲清楚有关课程的基本理论观点，又要十分重视联系国内外、校内外的实际，只有联系实际进行教学，才能使学生的理论学习有历史感、时代感，从而提高科学理论对学生的吸引力和感染力。在教学中，教师要注重联系以下实际：一是联系历史实际，如讲解中国近现代史时，必须将其放在170多年来世界历史发展的进程中去考察；二是联系当今国际社会实际，要关注国际形势新变化给马克思主义、给中国特色社

主义建设带来的机遇和挑战，关注国际形势新变化给学生思想认识带来的新问题，帮助大学生正确认识世界形势；三是联系学生的思想实际，关注学生关心的热点难点问题。

4. 教法设计：努力实现各种教法的灵活运用和综合运用的创新

创新教学方法，广泛运用现代化的教学手段，是提高思想政治理论课实效的客观需要。教学设计要体现启发式、专题研讨式、案例式和多媒体辅助式等各种教学方法的灵活运用和综合运用，努力实现各种教学方法灵活运用和综合运用的创新。

实践证明，那种教师始终处于主动地位、学生始终处于被动地位的教学方法，即使教师讲得很生动，也不会取得较好的教学效果。为此，思想政治理论课要积极探索有效的教学方法，采用丰富多彩、符合大学生认知特点和教学规律并为大学生所喜闻乐见的教学方法，如案例教学、演讲辩论、角色参与、社会调查等。案例式教学法本质上是理论联系实际的一种具体表现形式，它为思想政治理论课理论联系实际找到了契合点，有利于培养和锻炼学生分析问题、解决问题的能力，其实施的关键是处理好案例与教材之间的关系，不能脱离教材运用案例，更不能用案例代替教材。同时，在教学设计中，要着力将多媒体辅助式教学法与专题研讨式、案例式等各种教学方法相结合，综合运用这些方法开展教学活动。

（二）教学组织及实践

1. 思政课大中小一体化建设

为发挥思政课在落实立德树人根本任务中的关键作用，要把思政教育纳入人才培养全过程，贯通大中小学各学段，探索大中小学思政课程建设的统一性。

2020年12月18日，中共中央宣传部、教育部正式印发《新时代学校思想政治理论课改革创新实施方案》（以下简称《方案》）。《方案》立足思政课的政治性属性，对大中小学思政课课程目标进行了一体化设计。小学阶段重在启蒙道德情感，引导学生形成爱党、爱国、爱社会主义、爱人民、爱集体的情感；初中阶段重在打牢思想基础，引导学生把党、祖国、人民装在心中，强化做社会主义建设者和接班人的思想意识；高中阶段重在提升政治素养，引导学生衷心拥护中国共产党的领导和社会主义制度，形成做社会主义建设者和接班人的政治认同。高校思政课课程目标，则重在增强大学生的使命担当，而这一课程目标也是新时代高校思政课改革创新的努力方向。

2021年3月18日，习近平总书记在思政课教师座谈会上的重要讲话发表2周年之际，为推动《方案》的落地见效，发挥思政课在落实立德树人根本任务中的关键作用，北京市丰台区教委召开深化新时代思政课改革推进会暨丰台区实施"全要素、贯通式、实践性"思政课程建设方案的启动会。笔者在会上作为高校代表进行说课展示，在展示中重点结合高等教育课程——中国近现代史纲要的教学目标，介绍了"抗日战争的历史意义"相关章节的教学设计。多数中小学生对抗战的基本知识框架、原因及历史经验已经有了初步了解，那么对大学中国近现代史纲要课程重要内容的抗战史部分，教师应该讲什么，怎么讲，是高校思政课教师必须思考和回答的问题。教育部、北京市教委、丰台区委宣传部、丰台区相关部门和区内高校的领导、专家以及丰台区中小学政治课教师代表200多人参加了这次启动会。反馈显示，本次说课展示，思路清晰，史实资料丰富，有针对性、说服力，教学设计感强，富有感染力，做到了以透彻的学理分析回应学生，以彻底的思想理论说服学生，体现了大学思政课的思想性、理论性和亲和力、针对性，受到与会领导、专家、思政课教师的赞誉。2021年7—8月，首都经济贸易大学马克思主义学院积极推动、参加北京市教工委举办的大中小一体化教学课例展示活动，目前已牵头完成与丰台实验学校，首都经济贸易大学附中、附小的组队工作，已参加由丰台二中、航天中学牵头的组队工作，并陆续完成微课录制、课堂实录。

相比中小学思政课侧重体验式、常识性学习，高校思政课教学则要坚持贯彻理论性和实践性相统一，侧重开展理论性、探索性学习。教师在课堂上要深入浅出，能将理论讲深、讲透、讲活。同时要注重大中小学融通，历史与现实融汇，理论与实践融合，教师与学生融入，坚持思政课的整体性。首都经济贸易大学马克思主义学院与首都经济贸易大学附中、附小以及丰台区其他中小学建立纵向跨学科的交流研修机制，定期组织相邻学段思政课教师教学交流研讨，集中研究突破大中小学思政课一体化建设中的突出问题，在充分把握中小学思政课教学内容及特点的基础上，推进大学思政课教学改革。高校思想政治理论课教学是要让大学生在中学阶段"已知"（"是什么"）的基础上，解决对"未知"（"为什么"）的认知、态度和情感。

实践证明，大中小思政课一体化建设，有利于按照不同阶段学生身心特点和成长发展规律，统筹思政课德育目标一致和内容梯度的科学衔接，实现从小学到大学的全过程育人。

2. 坚持历史原则，强调论从史出

思想政治理论课的教学目标和教学内容有其特殊性，要通过情感认可、思想渗透、道德升华等达到"入心、入脑"的教学目标。如果一味地单向灌输式授课，只会让学生抵触和反感。因此，为了更好地实现教学目标，在教学组织和设计环节，需要遵循"让历史说话，用史实发言"的基本原则，教师在论证问题时应收集和运用综合性、典型性的历史细节，尽可能地让历史事实说话。

这里说的"历史细节"，主要指教材中涉及的较为翔实或鲜明生动的事件、故事。讲授历史细节，不是指在授课的过程中偏离教学中心要求，讲一些奇闻逸事和花边新闻来迎合某些学生的猎奇心理，而是向学生传授一些生动、形象的史实，以"细节"讲述历史逻辑，引导学生主动思考真实的史料，并明辨原委，得出结论，从而达到既理直气壮又润物无声的效果。中国近现代史纲要课程讲授中的一个重要问题是："中国历史和人民为什么和怎样选择了马克思主义？"这个题目的正面讲述是将问题放到较长时间段，阐述在特定的国情条件下，在俄国十月革命影响下，中国共产党成立、领导中国革命并最终取得胜利以及将马克思主义中国化，并使之成为中国主流文化价值观念的过程。此外还可以换一种讲法，即抓住马克思主义在中国传播中的第一次论争——"问题与主义"论争，分析胡适的自由主义观、孙中山的三民主义以及当时形形色色的主义为什么没有成为中国历史和人民的选择。这个问题讲清楚了，也就基本上说明了中国人民为什么选择了马克思主义。这比单纯讲十月革命、五四运动带来的影响效果可能会更好些。

在第一章"反对外国侵略的斗争"的讲授中，清朝统治者闭关自守、骄矜自大是造成近代中国落后于西方从而遭到列强侵略的原因。为了说明这一点，笔者特别为学生讲解了以下两个历史细节。

细节一。1793 年（清朝乾隆时期），英国马嘎尔尼勋爵率领一个庞大的使团访华，其目的在于请求中国开放更多的口岸。英国使者觐见乾隆皇帝时，两国围绕三跪九叩之礼曾发生了严重争执。英国使者带来了 600 箱包括新式榴弹炮、自来火枪、战舰模型等 29 种有高科技含量和高军事价值的样品，这些均是英国工业革命的成果。但在乾隆皇帝看来，这些不过是"奇技淫巧"，它们被随意摆放在了紫禁城，供皇亲国戚和满朝文武赏玩把弄。乾隆皇帝拒绝了英国的进一步开放要求，并在给英国国王乔治三世的信中写道：天朝物产丰盈，无所不有，原不藉（借助）外夷货物以通有无。特因天朝所产茶叶、瓷器、丝斤（绸）为西洋各国及尔国必需之物，是以加恩体恤，在澳门开设洋行，俾（使）得日用有资，并沾余润。这一事件充分体现了沉醉于"天朝大国"迷梦的清王朝，对西方正如火如荼进行的工业革命茫然无知，丝毫没有意识到来自西方文明国家的挑战和试探。

细节二。第一次鸦片战争爆发时，作为交战一方的清朝的最高统治者道光皇帝，还在深宫中问群臣："英吉利距中国，所经过者几国？通中国有无旱路？与俄罗斯接壤否？""该国女王年甫 22 岁，系年轻幼女，何以推为一国之主？是否婚配？"连被誉为"睁眼看世界第一人"的林则徐也相信，"中原百产丰盈，尽可不需外洋货物"。只要断绝了对英国人的茶叶供应，英国人消化系统欠佳离开茶叶便会因消化不良而死。

生动的历史细节使学生对当时国人的蒙昧状态有了一个相对鲜活而又深刻的认识。"从历史性入手，会使大学生在潜移默化中受到教育和启迪，从而达到政治性的目的，收到寓政治教育于历史教育的显著效果。"教师提供与教学内容相关的丰富而有价值的历史细节，容易生动形象地说明问题，把重点内容讲深、讲透、讲活；进行正面和负面的剖析，既令学生获得较多的知识信息，满足学生的求知欲，又使学生在潜移默化中真正有所收获。

3. 剖析典型案例，增强教学实效

在教学过程中，对于学生已经熟悉的一般性史实，教师可一笔带过或让学生在课下预习，而应对重点问题进行深度挖掘。合理有效的案例选择和实际操作，能够使教学内容更加典型，课堂气氛更加活跃，学生更加积极思考，主动参与设置问题的分析、讨论。同样的教学重点和内容，因为换了一个新

鲜的角度，既可以引起学生思考的兴趣，又容易让学生信服。

中国近现代史纲要将"洋务运动的兴衰"和太平天国运动、维新运动并列，放在第二章"对国家出路的早期探索"这部分，体现了对地主阶级内部自救运动的理性分析。提到"洋务运动"，一般人都会想到洋务派创办军事工业、民用工业的活动。教师如果再顺着这个思路讲课，学生必然没什么兴趣。为了帮助学生理解洋务派对近代中国出路的探索，正确认识洋务运动失败的原因与教训，笔者结合现在大学生中的"留学现象"，抓住洋务派在"中学为体、西学为用"指导思想下"选派幼童赴美留学"这条线。向学生介绍了积极推动幼童赴美留学事宜的"中国留学生之父"容闳，赴美幼童对后辈的影响，幼童中的佼佼者（如著名铁路工程师詹天佑、民国首任总理唐绍仪、推动美国退回部分庚款的中国驻美公使梁诚等）。在本案例教学设计中，笔者安排了以下几个模块开展教学。

教学模块一：中国近代第一次大规模官派出国留学运动的发起。作为中国第一位完成学业的留学生、第一位勤工俭学的留学生、第一位公派留学倡导人，容闳怀揣着"留学教育救国"计划回国。经过17年的艰辛努力，他终于在1871年得到曾国藩、李鸿章的支持，清政府也批准了由曾国藩、李鸿章联名呈奏的留学教育计划，从而有了中国历史上第一次官派留学运动。从1872年到1875年，清政府每年派遣10—16岁（平均年龄12.5岁）的幼童赴美留学，前后4批共120人，拉开了洋务运动时期留美教育运动的序幕。

教学模块二：幼童赴美留学概况及留学计划的告吹。据不完全统计，到1880年，共有50多名幼童进入美国的大学学习。其中22名进入耶鲁大学，8名进入麻省理工学院，3名进入哥伦比亚大学，1名进入哈佛大学（以詹天佑的课程及成绩以观留学幼童在外学习的情况）。留美幼童于1881年被清廷决定全部撤回，清廷耗资巨额的留学计划半途而废（插入国内外对这一事件的评论）。

教学模块三：分析留美幼童对近代中国的历史影响（以"中国铁路之父"詹天佑、首任驻美公使梁诚为例）。归国留学生的职业或岗位分布情况如表3-1所示。

表3-1 归国留学生职业或岗位分布

职业/岗位	人数	职业/岗位	人数	职业/岗位	人数
国务总理	1	铁路局长	6	海军军官	8
外交部长	1	铁路官员	14	转入商界	8
侍郎	1	电报局长	4	工矿产业	7
公使	2	电报官员	6	兵器工厂	2
外交官员	11	海军将官	4	报业	1
大学校长	2	海军舰长	4		
教师	1	海军军医	3		

幼童赴美留学之后，留学热潮一浪高过一浪，其中有19世纪末的赴英、法、德留学热潮，有20世纪初的留日高潮，五四运动前后的留法高潮，等等。这些留学生中很多人成为现代中国各个学科的奠基人和学科栋梁，如建筑学家茅以升、梁思成，物理学家周培源，气象学家竺可桢等。时至今日，据教育部的统计数据显示，1978—2018年我国出国留学人数累计达585.71万人。在中国，现在留学已成为大众留学，人们大都是有选择地自主留学。追根溯源，当年的幼童赴美，具有留学拓荒期的奠基作用。

教学模块四（结语）：幼童赴美留学的启示（以设问方式启发学生思考）。由根深蒂固的文优越感而孕育的"中学为体，西学为用"这一指导思想贯穿洋务运动的始终。为了培养能为洋务事业效力而又循规蹈矩的科技、外交人才，洋务派要求留学生既掌握西方先进的科学技术，又不偏离中国封建专制主义的轨道。幼童留美计划的告吹，反映了洋务运动的局限性，预示了洋务运动失败的结局，也充分暴露了清政府的腐朽、保守和落后。

通过课后的反馈，学生普遍感觉这个角度新，效果好，更能直观生动地认识洋务运动在中国历史上的地位。这样既避免了与中学课程的简单重复，也弥补了大学生对近现代史把握方面的不足之处，使他们在原来所学基础之上大大地提高了一步。

4. 主体参与互动式教学

传统的教学实践存在着一些问题，主要表现为以下三个方面。一是师生主体性缺失，削弱了思想政治教育促进大学生全面、自由、和谐发展的本体功能。二是师生之间主体性发挥失衡，教学过程中存在着教师主导作用发挥不足和学生主体性发挥不足的弊端。三是学生主体性在个体间运用不当，缺乏正确的指导、设计、规范和评价，导致学生在学习活动中逐渐偏离轨道，讨论或调查的话题常常演变成一个与教学目标不相关的问题，并且由于缺乏正确的引导而陷入无法发挥学生主体性的困境。主体参与式教学模式，突出高校思想政治教育主体间的"互动"，是增强高校思想政治教育的吸引力、针对性、说服力和实效性，实现思想政治教育全过程目标的有益尝试。

首先要了解学生关注的焦点，其次根据课程的教学要求以及学生的反馈建议提供3、4个讨论选题。选题主要有三个来源：一是历史上有代表性和教育意义的典型事例，二是改革开放以来出现的新情况、新问题、新经验，三是学生熟悉的校园内的事例。学生自拟题目分组讨论，形成ppt资料和15分钟的讲稿，进行课堂展示，推选一名或几名小组成员代表本组作主题发言，阐释本组观点。让学生组成评委团，参考拟好的评分标准给各组打分。具体评分项目包括选题（有无意义、角度是否新颖）、观点、内容（观点是否正确、材料是否充实、论证是否到位）、综合（多媒体手段利用如何、课堂效果如何）等方面。以下为部分"我上讲台"学生课件展示活动。

（1）目的及形式。

学生围绕中国近现代史的重要历史人物或重大历史事件，结合所学课程制作10—12分钟的微课，进行教学展示。目的是让学生通过自己备课、授课来进行知识的预习及巩固，实现师生的交流与互动。同时，本次展示成果计入平时成绩。

（2）前期准备。

包括：①开学初，班级学生打乱顺序分组，4—5个人为一组。②每个小组制作一个主题ppt，做好之后发送至老师的邮箱，进行初步筛选。③教师选择3组优秀课件，另外通过腾讯投票的形式由同学们再选择3组，共选出⑤组同学进行课件展示。④由未入选课件展示的小组同学选出代表和老师共同组成评委组。⑤评分标准主要考虑选题有无意义，角度是否新颖；观点是否正确，材料是否充实，论证是否到位；多媒体手段利用及课堂效果如何等。⑥展示小组讲课顺序抽签决定。见图3-3。

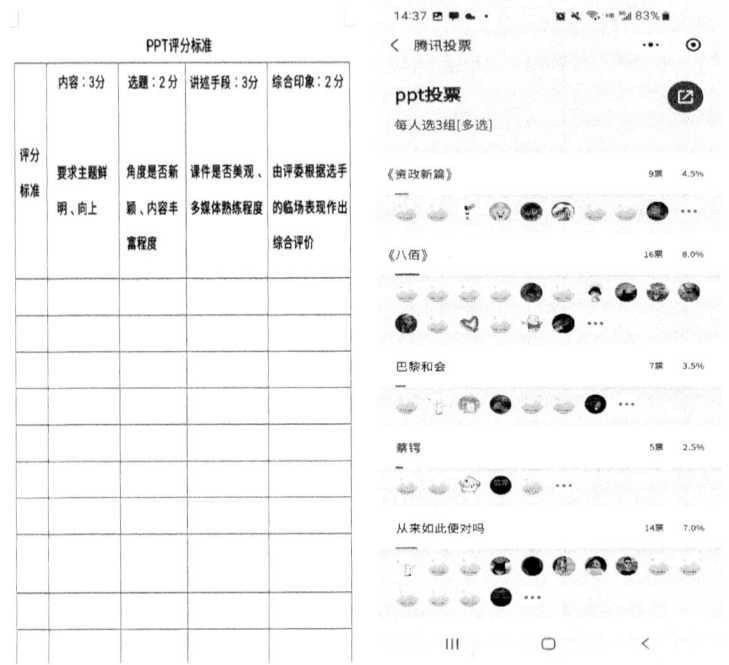

图 3-3　前期准备

（3）课件成果展示。

第一组：新文化运动（以《文学改良刍议》引入胡适在新文化运动时期的思想历程，最后对胡适进行评价）。

第二组：卢作孚（先对卢作孚进行简单的介绍，主要通过宜昌大撤退事件来评价卢作孚）。

第三组：黄埔军校（通过黄埔军校军魂、黄埔军校的活动及黄埔往事等多方面对黄埔军校进行介绍）。

第四组：抗美援朝（通过分析战后国际关系演变，分析抗美援朝是中国反对美国"遏制"战略、支持朝鲜抵抗侵略的必然选择，总结抗美援朝的历史价值）。

第五组：宋氏三姐妹（介绍不同时期的三姐妹个人生活、经典语录、相关传记，从时代背景、性格差异、政治立场等方面分析其共性和不同点）。

（4）教师点评总结。

第一组：选题集中、切合新文化运动，但缺少连贯性、生动性。

第二组：视角独特，但课件展示效果不理想，字号过小，布局过密。

第三组：题目吸引人，课件制作效果呈现精美，但内容冗长，可以精简。

第四组：选题有难度，但还是较为生动地阐述了抗美援朝是一次维护世界和平和我国国家安全的战略选择。

第五组：未能突出讲课的亮点，课件制作精美但字号过小。

课件展示是讲课，不是演讲，要注重与学生的互动交流。讲课前三分钟非常重要，能否吸引评委的注意力决定讲课的成败与否。讲课应分为两个部分，一部分是课件的制作。课件的质量与制作者的精力投入和付出是成正比的，课件完成后要反复修改，同时应非常熟悉课件内容，做到了然于心。这次展示的课件普遍存在 ppt 幻灯片字数过多过小现象，给人以 Word 文档的感觉。另一部分是和同学的互动以及对他们听课的观察。讲课的技巧非常重要，直接决定讲课的效果。讲课的同时要观察同学的表情和情绪，以随时调整自己讲课的节奏。通过让同学进行课件制作并讲解，进行师生互换的体验，是为了让同学们明白如果在课堂上和老师之间能够有沟通交流，就能更多地参与思想政治理论课，更好地学习这门课程。从近几学期学生的课件展示效果来看，学生的主体地位得到真正肯定，学生的主体能动性得到充分调动，"互动"从"被动"变为"主动"，课堂气氛活跃，教学效果明显。需要注意的是，教师在评价过程中一定要将历史人物和历史事件置于其所处的特定历史环境中进行具体、全面的评价，也就是从掌握的全部历史事实的总和去分析，既不是片段的也不是随意的。此外，教师要着重从正面讲清有关道理，起到释疑、解惑、明理的作用。

科学有效的教法必须重视学生学习探究过程中获得的体验和感悟，教师、教材、一切教学手段都是为学生的"学"服务的。主体参与式教学模式要求学生是主体，教师是主导，以学生学习活动为主线组织教学活动。学生自主教学可以创造民主、平等的教学氛围，客观上为调动学生的主观能动性，引导他们独立思考问题、培养学习兴趣、积极参与教学活动提供了有利条件。

5. 借助新媒体构建立体化教学

新媒体技术作为当前课堂教学的一种辅助手段，一方面，它与学生的不同个性相适应，学生可以利用新媒体技术在网络上搜索各种感兴趣的信息，轻松获取学习资料，并根据自身实际情况制订学习计划；另一方面，教师可以利用新媒体技术实现更好更深层次的备课，通过浏览各式各样的信息增加教学素材。在现实中，由于传统课堂受到时间和空间的局限，学生的学习一方面来自课堂的理论灌输，另一方面则更多地来自网络。针对这种新的现象，为了实现传道授业解惑育人的目标，教师应打破传统授课思维局限，深度学习新媒体技术融入思政课堂的方式，以学生更易接受的方法传授知识理念。当前情况下，一些思政课教师对新媒体技术进课堂的意愿并不强烈，因而不能紧跟时代潮流，不能抓住学生的动态思维，造成课堂参与率低下，学生学习兴致不高，他们吸收知识的阀门也被动关闭。在时代的浪潮下，高校及思政课教师要积极与时代接轨，学习应用新媒体技术，创建学生感兴趣的教育平台，提高课堂参与积极性，创造活跃的思政教学课堂。

互联网时代的研究性教学应该从线下和线上两个方面来进行。线上主要指在教师提出问题后，学生通过互联网来完成分析问题的过程，比如，文科专业的学生可以通过互联网的资料数据论证自己的观点或提出的方案，和老师、同学展开线上讨论并不断完善自己的思考分析过程，也可以通过线上其他资源自学扩充知识体系；理科类的同学则可以基于自身的专业通过软件构建一些学习模型，分析思政课教学对不同专业的学生有何种影响等，进行相关课题研究；计算机类专业的学生还可以尝试设计一些学习App或学习软件等帮助构建线上学习平台，发挥专业所长。线下主要是指课堂教学，即教师通过多种方式帮助学生解决问题的过程，如小组讨论、研究辩论、模拟场景、展示交流、作品展览等，可以借助多媒体丰富教学过程。教师在思政课中应结合学生的主体性、知识涉及的生活性、教学体验性、师生之间及学生之间的互动性等，设置教学及研究课题，引导学生在课题范围之内对问题进行探索，引导学生结合自身专业对思政课的知识进行分析，并在原有的知识框架基础上不断完善更新，增强学生的主体性。同时，在这个基础上逐步进行研究性教学资源的开发，加大各个专业学科之间的交叉重叠，为相关专业学生基础理论知识学习与实践科研探究工作的同步进行营造一个良好的环境[①]。

网络授课有其明显的优势，很多资源可以在网络平台共享。线上练习和布置作业，学生方便提交，老师也方便批改。师生间互动的形式也有很多，

---

① 皮武亮. 对高校"研究性教学"研究与探索的思考［J］. 教育现代化, 2018（10）：120.

可以通过微信群互动，也可以在平台互动（图 3-4）。网络教学不足之处在于，对学生的听课状态及教学效果的了解不如课堂教学更直观，安排小组活动也会受到一定的限制，如学生没有办法进行实时小组讨论。

图 3-4　借助网络进行授课

互联网技术的快速发展给人带来了耳目一新的体验，使人们的生活方式发生了巨大的转变。作为一种新的生活体验和生活方式，新媒体技术也对思政课教学产生了不容忽视的影响，它一方面突破了传统教学模式所产生的种种弊端，另一方面也更易吸引学生注意力，拓展学生思维，增强了思政课的实效性。新时代下，思政课的教学应充分利用新媒体技术的优势，将新媒体技术引入课堂，优化教学手段，从而推进思政课堂教学改革。思政课教学方式的改革只有进行时，而没有完成时。

　　师生在运用网络技术带来的巨大便利时也要认识到，大数据时代下，网络信息铺天盖地，各类信息层出不穷，网络这把双刃剑正在对青少年的成长产生深刻影响。现代课堂鼓励学生发挥主体作用，增强主动性，在此种情况下，学生如何正确利用网上信息，如何对网上"爆"出来的各类事件作出正确的评判，如何对网内网外产生的价值观冲突作出反应，避免被网络中所谓的"键盘侠"言论牵着鼻子走，随波逐流，进而影响思考逻辑，导致思考肤浅化，价值观因此发生扭曲等，这些都需要思政课教师在课堂上作出正确的引导。对此，思政课教师应在社会主义核心价值观的指导下与学生进行探讨，深入探究问题本质，并指导学生将某一事件与自身经历结合起来进行分析，使学生能够在此过程中不断完善自己，从而健全人格，实现全面发展。

6. 发挥教师在思政课中的关键作用

　　2019年3月18日，习近平总书记主持召开学校思想政治理论课教师座谈会时指出，思想政治理论课是落实立德树人根本任务的关键课程；办好思政课关键在教师，关键在于发挥教师的积极性、主动性、创造性。与此同时，习近平总书记提出了指导新时代思政课教师队伍建设的"六个要"的总要求，即"政治要强、情怀要深、思维要新、视野要广、自律要严、人格要正"。思政课的特殊性决定了其与其他课程的不同之处在于它不单是传授文化知识，更重要的是引导学生综合素质的养成。时代日新月异，各种知识、信息技术等的出现都在考验着思政课教师适应时代变迁的能力，加之学生接受新知识的能力较强，教师若只固化在传统的一套模式里，很难不令学生产生厌烦心理。思想政治理论课教师应提高观察、提取和分析当代社会重大现实问题的能力。如果教师缺乏对重大实践问题的深刻洞察和敏锐把握，缺乏对实践问题的研究和分析能力，思想政治理论课教学就会停留在"空对空"理论的苍白层面。同时，要深刻认识大学生的思想行为特点、期待与困惑，与之平等对话与沟通，并深入认识与学生的思想碰撞。具体而言，要做到以下几个方面。

第一，要树立坚定的政治信仰。思政课教师选拔的基本要求即是党员身份，这是考察一个人政治信仰的基本点。通过学习研究中国共产党的百年奋斗史，思政课教师应更加坚定对马克思主义、社会主义和共产主义的信仰。理想信念是共产党人的精神支撑，共产党人若丢失理想信念，或者理想信念不坚定，精神上就会"缺钙"，就会得"软骨病"。思政课教师的一言一行特别容易对学生产生重要的影响，台上与台下若行为不一，言行不一致，就可能产生严重的负面作用，不利于青少年的健康成长。把好思政课教师队伍选拔的关口，首要的一条就是考察其是否拥有坚定的政治信仰，是否能将坚持真理、贯彻真理矢志不渝地做下去，"在马言马、在马信马"；是否能够真正将教书育人作为毕生使命，拥有"干一行、爱一行"的敬业精神；是否能够随时随地言行一致，为学生茁壮成长提供良好的示范。一个具有坚定政治信仰的教师，才能真正引导好学生的价值观念，教育学生坚定信念，胸怀远大理想。

第二，要有过硬的专业理论知识。当好一名思政课教师，拥有过硬的专业理论知识是看家本领，专业素养的高低会直接影响学生对这门课程的认可度与接受度，进而影响学生综合素质的塑造。面对不断变化的外部环境，思政课教师应不断加强自身学习，树立"活到老，学到老"的终身学习理念，不断丰富与完善知识理论、教学理念、教学案例以及创新改革教学模式，并能熟练地运用马克思主义理论的立场、观点来分析解决问题。除此之外，思政课教师要紧跟国内外最新学术动态，积极参加各种教育培训以不断提高自身文化储备，积极学习研究马克思主义前沿理论，深刻挖掘有效教育资源和最新教育理念。一名合格的思政课教师，要自觉坚持读原著、悟原理，将学习研究马克思主义理论作为毕生使命；切实掌握习近平新时代中国特色社会主义理论，及时学习习近平总书记最新重要讲话精神，并随时将其应用于课堂教学；了解各个重大理论的时代背景、深刻内涵，深刻把握马克思主义科学理论的立场、观点和方法论，弘扬理论联系实际的优良作风，科学评判国际、国内事务。

第三，要具备精湛的教学技能。目前，思政课堂存在的主要问题是抬头率低、授课方式单一化、学生被动听讲，上课积极性不高，期末只要依靠大篇幅的背诵即可完成本门课程的学习，考完就将知识抛于脑后。因此，思政课教师不但要具有专业的理论素养，而且应该拥有高超的教学技能。面对学生个体差异化的现状，拘泥于传统的教学模式不仅不能给学生带来很好的上课体验，而且会令学生产生厌学心理，致使知识传输过程中断，不能达到思政课教学的真正目标。因而，思政课教师应该利用新媒体催生的层出不穷的教学技术，将理论灌输的方法升级演进并与学生个体差异化联系起来，将课堂知识通过多样的授课模式呈现给学生，以此吸引学生注意力，将课堂知识真正传输给学生。

第四，建立"一师一档"制度，开展个性化教学诊断。帮助中青年教师建立个人教学档案，包括每学期开课情况、教学评价情况、参加培训情况、教学科研情况等，每学期对每位思政课教师的教学进行至少一次集中诊断并提出改进建议，督促教师做好整改。

高水平的师资队伍建设是思想政治理论课建设的关键，充分发挥思想政治理论课骨干教师示范带动作用，建立"传帮带"工作机制，通过参加各类教学基本功大赛等方式，切实提高教师教学能力。要着力培养一批优秀的马克思主义理论与思想政治教育工作者，为思想政治理论课教学提供学理支撑。

7. 用好社会大课堂，打造"行走的大思政课"

根据课程的需要，笔者所在教师团队设计了课内与课外相结合的实践教学环节，着力推动思想政治理论课实践教学环节的改革创新。使学生以主体地位积极参与教学，从而有效促进知行合一，体现思想政治理论课的引领、引导和塑造功能。

抓住重点马院建设的机遇，突破部门限制，充分利用学工部、校团委、各学院专业课实习基地，齐心协力，共同合作，充分利用各部门资源，打造具有首都经济贸易大学特色的思政品牌活动，努力探索完善"三全育人"新格局。借助学校区位优势，以丰台区街道、乡镇和社区为基地，共同打造思政教育实践基地和思政研学线路，建设思政课社会实践平台。

丰台区拥有丰富的思政课教育资源，如长辛店"二七"纪念馆、长辛店留法勤工俭学预备班旧址、中国人民抗日战争纪念馆、卢沟桥文化旅游区、辽金城垣遗址博物馆、中华航天博物馆等，这些资源都能为高校思政课建设提供非常有价值的实践基地。为落实习近平总书记讲话精神，增强思政课教学的亲和力与针对性，2021年9月，首都经济贸易大学马克思主义学院与长辛店"二七"纪念馆合作建立"首都经济贸易大学马克思主义学院思想政治理论课实践教学基地"。利用社会大课堂，推动学院思想政治教育课程的高质量发展。具体到如何用好社会大课堂，笔者所在教师团队设计了如下实践模块。

模块一：挖掘红色资源价值内涵。通过引导学生综合运用所学知识，开展以学生为主体，以实践性、自主性、创造性等为主要特征的各种活动，以体验或感悟社会生活、社会实际，培养正确的政治思想、良好的道德情操，达到使学生"受教育、长才干、作贡献"的目的。思想政治理论课实践教学的形式主要是社会调研。教师根据课程内容与要求，结合国情、世情和大学生的实际，确定实践调研的基本选题。要求各班课代表和学习委员认真组织分组，并将分组情况（各小组人数、组长和组员姓名等）和小组选题交指导教师。小组制订详细的调查研究计划，成员应有明确的分工，并有阶段性目标和具体任务。可利用双休日和节假日完成。学生通过深入农村、社区和企业等基层，运用所学的马克思主义理论，联系社会经济发展重点、热点和难点等实际问题进行调研，形式不限，可采用问卷调查、面谈调查、书信调查、电话调查、网上调查等多种形式，也可以利用院系组织社会实践的机会进行调研。问卷样卷、问卷统计数据和走访原始记录以及所拍照片、视频等须上交。每组至少撰写1篇不少于3 000字的有价值的调研报告，报告内容要言之有物，实践过程应实事求是。

学生在提交调研报告的同时，还应提交相关附件材料，包括：① 调研报告形成过程的说明书，讨论的记录，向什么人进行了调查，调查人数，采用了什么方式进行调查，收集了哪些资料，参考了哪些文献资料等；②形成调研报告的有关调查资料（如调查问卷）和参考资料（复印件或网上下载资料）；③小组成员分工说明书，包括小组成员在社会调查与调研报告形成过程中所起的作用，如小组长姓名、报告执笔人、小组成员各自承担的任务等（图3-5）。

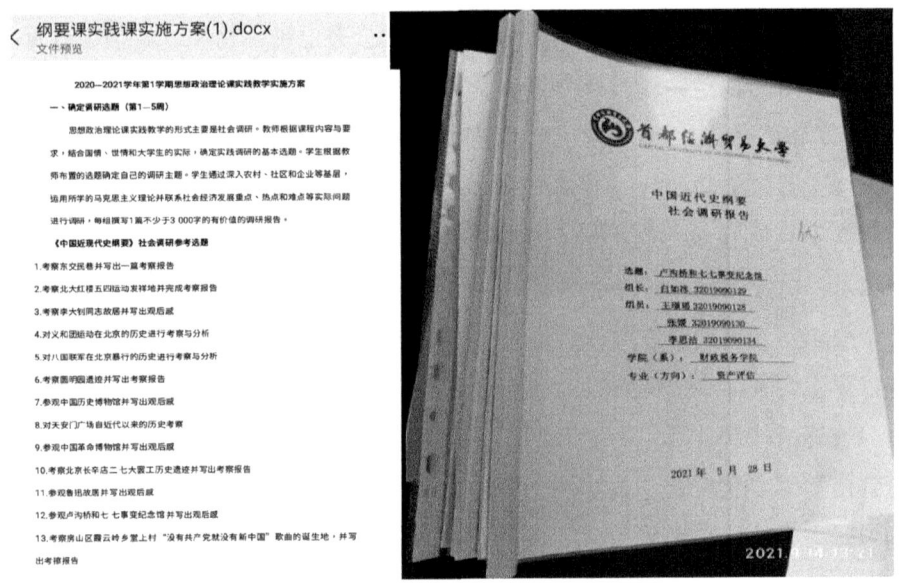

图3-5　思政课实践教学实施方案与学生调研报告

模块二：举办知识竞赛或演讲比赛。经过近几年的探索，首都经济贸易大学马克思主义学院在思想政治理论课的实践教学方面已进行过很多有益的尝试，组织了诸如党史知识竞赛、主题演讲比赛、辩论赛、红歌会等一系列活动，拓展了教学途径。实践证明，这些方式是行之有效的。下面以知识竞赛为例讲述开展这项活动的基本方法和原则。

第一，精心设计竞赛题，引导学生思考重大问题。既要达到题量充足、保证所需的目的，又要确保竞赛公平，使赛题不重复使用。要通过活动提高学生的思想理论水平，提高他们的思想政治觉悟和辨别政治是非的能力，从而把课堂教学提升到新高度。

第二，充分发挥全体学生的主体作用。在开展活动中，学生的参与面始终是我们优先考虑的问题。能否使更多的学生参与活动，关系活动的成效。设计活动方案时，先要保证每个小班不落下，每个小班要派出竞赛代表和作为后援的智囊团成员，实际上他们也是直接参加者。

第三，保证竞赛流程公正有序。竞赛分为如下三个阶段。

宣传与报名阶段。由马克思主义学院给出知识预赛题库，组织学生学习，由同学们自行选拔或推荐参赛选手，并将选拔结果报给任课教师；

预赛阶段。采取现场知识擂台赛的形式，经过必答题、抢答题、风险题等题型的角逐，按照预赛参加选手的人数比例，从高分到低分的顺序选拔出进入决赛的选手。

决赛阶段。程序同上，由嘉宾对活动进行点评，主持人宣布比赛成绩，确定名次。

模块三："微视频""微故事"实践教学活动。为深入贯彻落实习近平总书记关于深化思想政治理论课改革创新和加强"四史"教育的重要指示批示精神，充分发挥思想政治理论课作为立德树人关键课程的作用，鼓励引导学生以"我心中的思政课"为主题，用微电影的方式，展现学生心目中理想的思政课，呈现思政课学习过程中的精彩故事。

作品内容。反映思政课课堂教学、社会实践以及日常思想政治教育的内容；反映对思政课相关主题思考的内容；反映对思政课教学期望与畅想的内容。要以学生的视角来呈现思政课的教学内容或在思政课学习过程中的故事。

作品长度。以5至10分钟为宜，最长不超过15分钟。

组织方式。4~6人一组，在班级内自由组合，每一小组推荐1名组长。各班课代表和学习委员要认真组织分组；小组要制订详细的考察学习、视频制作计划；成员应有明确的分工，并有阶段性目标和具体任务。

通过拍摄微电影、微视频，使同学们感受中华传统文化之美、信仰的力量，追寻文物中的党史故事，感悟理想和奋斗等主题，从中受到教育，引发深入思考。

通过建设相对稳定的校外教学实践基地，加强思想政治理论课实践教学与学生专业实习、社会实践活动、志愿服务活动的多向融合。从多年实践教学探索和实践的结果来看，学生的参与度很高，主体性和主体意识很强，这一做法很好地培养了学生的团队意识和分析问题、解决问题的能力。

六、研究性教学模式实践过程中的难点

目前，思政课研究性教学模式探索取得了很多成绩，但问题依然不少。总体来说有以下五个方面的难点需要我们在未来的教学实践中加以攻克。

第一，思政课研究性教学模式专业教师队伍建设需要进一步加强。思政课研究性教学模式是一场教学理念的革命，它打破了以往传统教学模式下教师在课堂上不停地进行知识灌输而学生只能被动接受的局面。思政课研究性教学模式强调教学过程中的双主体作用，既要重视教师在授课过程中的引导，又要注重学生在学习过程中的主动探索，师生在对一个共同问题的研究过程中形成良好的互动。这就对思政课教师队伍的素质提出了更高的要求。虽然研究性教学模式探索与推广已经经历了二十多年，但思想政治理论课的研究性教学模式还处于探索阶段，很多高校的思政课老师仍习惯于以往的教学模式，一时难以扭转观念。同时，在大多数高校，思政课老师需要担负不同专业、多个班级的教学任务，教学压力大。这些都对全面推广思政课研究性教学模式形成了很大阻力。

第二，思政课研究问题的选择难以把握。思政课的问题探索过程是否成功，很大程度上取决于研究问题的选择是否具有科学性、合理性。当前各高校绝大部分本科生是"00"后，这一群体个性独立、思维活跃，具有较强的逆反心理。目前思政理论课教材内容的政治教育性是很强的，但是其内容是否跟得上时代潮流，符合年轻学生的心理，就需要进一步商榷。面对这种情况，从注重说理的教程中选择一个既有探究价值又受学生欢迎的研究题目就显得比较困难。以"中国特色社会主义概论"为例，现有教材内容注重说理，强调政治性，缺乏鲜活的例证，很难引起学生的研究热情。

第三，思政课课程内容多、教学时间短。经调查得知，目前各高校的思政课普遍存在课程内容多、教学时间短的情况。以中国近现代史纲要这门课为例，从1840年鸦片战争开始到21世纪的今天，其教学内容跨越了170余年。这么长的历史时段，需要讲授的内容不可谓不广，值得探究的问题不可谓不多，然而在大多数高校中，中国近现代史纲要课程的实际教学时间却只

有短短32课时。在这么短的时间内,教师要完成教学内容的整合重构,选择恰当的研究题目,指导学生完成探究过程并对探究过程进行总结提升等任务,其压力无疑是巨大的。学生也同样要在其他课业众多的情况下完成对"中国近现代史纲要"问题的探究,消耗的精力也是巨大的。如何解决思政课研究性教学模式的构建需要与思政课课程内容多、教学时间短的冲突,需要我们在实践中进一步寻找解决路径。

第四,思政课教学班级班容量过大,不易控制。目前思政课是每个本科生的公共必修课,而各大高校每年都在扩招,这就意味着数量庞大的学生面临着无论是思政课教学场地还是思政课教师资源都比较紧张的局面。为了缓解这个局面,大多数高校采取的手段是将不同专业学生合并在一起,放在一个大教室里上思政课。这种办法表面上缓解了思政课教学资源紧张的压力,实际给思政课研究性教学模式推进工作带来了很大的阻力。每一个班级的思政课教师都需要面对100名甚至更多的学生,因而很难照顾到方方面面,很难把握探究过程的每一个细节问题。并且班级人数越多,面对同一问题的声音越多,这就给授课教师的知识储备、工作经验、应变能力等带来巨大的挑战。

第五,不同专业背景的学生兴趣点不同。如前所述,当前思政课教师资源与教学场地都存在普遍不足的情况,这就常常造成同一个教学班级中不同专业的学生同上一门思政课的情况发生。不同专业的学生有着不同的教育背景,对同一问题的思维方式也会存在不同。虽然这在探究思政课建设过程中不断发现新问题的方面很有意义,但这种情况也会给思政课研究性教学带来很多挑战。一是如何激发不同专业的学生对同一思政课研究问题的兴趣;二是如何实现不同专业学生之间的团队配合;三是如何实现针对不同专业学生指导方法的多元化。

研究性教学模式通过"基于学而设计教"教学体系的建构,探索增强学生的获得感的方式方法,使以"学生为本"的教学理念在教学方法上得以落实,激发大学生学习思想政治理论课的积极性,体现思想政治理论课的教学实效性。因此,在实施过程中,教师如何转变传统教育教学观念,将知识技能和价值追求结合起来,实现教书与育人的有机统一,是决定是否成功实施的关键所在。同时，从根本上解决思政课学生人数众多、实践教学难以组织，以及如何实现教师有效指导并真正达成大学生社会实践的有效成果等问题，这是涉及学校、学生、地方等诸多方面的系统工程，需要教师和学校等的精心筹划和深度介入。

总之，要确保思想政治理论课教学质量提升，不断增强大学生对思想政治理论课的认同感、获得感，努力把思想政治理论课建设成"学生喜欢，终身受益"的精品课程，发挥其关键课程作用，满足大学生成才发展的需求和期待，需要每一个思想政治理论课教师精心钻研教法，以思想政治理论课教学改革创新促进教学方式的多样化，将其运用于实践之中，并在实践中不断加以修正与完善。

第四章

提升高校思想政治理论课亲和力的路径研究

高校思想政治理论课肩负着教学和育人的双重职责,是大学生思想政治教育的主渠道和主阵地,是深入落实高校立德树人根本任务的关键课程。富有亲和力的思想政治理论课是增强思想政治教育有效性的关键。提升高校思想政治理论课的亲和力,有利于增强新时代高校思想政治理论课的针对性和实效性,进一步加强和改进大学生思想政治教育工作。

一、探索背景

党的十八大以来,以习近平同志为核心的党中央高度重视高校思想政治理论课建设,多次强调要采用多种措施提升高校思想政治理论课的亲和力。2016年12月,习近平总书记在全国高校思想政治工作会议上指出:"思想政治理论课要坚持在改进中加强,提升思想政治教育亲和力和针对性,满足学生成长发展需求和期待。"[1] 2018年,教育部印发的《新时代高校思想政治理论课教学工作基本要求》中明确提出,"要不断提升高校思想政治理论课的亲和力和针对性"[2],要把思想政治理论课打造成大学生真心喜爱、受益终身的课程,为高校思想政治理论课建设指明了方向。2019年3月18日,习近平总书记在学校思想政治理论课教师座谈会上发表重要讲话时指出:"推动思想政治理论课改革创新,要不断增强思政课的思想性、理论性和亲和力、针对性。"[3] 这既标志着党的十八大以来以习近平同志为核心的党中央对进一步加强和改进新时代大学生思想政治工作有了新思考和新认识,又为高校思想政治理论课教学提出了新要求。提升高校思想政治理论课的亲和力,是高校坚持马克思主义指导地位,坚持社会主义办学方向的根本需要,也是高校落实立德树人根本任务,努力培养担当民族复兴大任的时代新人的内在需求。

虽然我国在各个方面的建设都取得了长足的进步,但社会主义与资本主

---

[1] 习近平在全国高校思想政治工作会议上强调 把思想政治工作贯穿教育教学全过程 开创我国高等教育事业发展新局面 [N]. 人民日报, 2016-12-09 (1).

[2] 中华人民共和国教育部. 关于印发《新时代高校思想政治理论课教学工作基本要求》的通知 (教社科〔2018〕2号).

[3] 习近平. 用新时代中国特色社会主义思想铸魂育人 贯彻党的教育方针落实立德树人根本任务 [N]. 人民日报, 2019-03-19 (1).

义思想的斗争在意识形态领域还经常发生，有时甚至是尖锐和复杂的。大学生的世界观、人生观、价值观正处于形成的关键期，却面临着一些西方错误社会思潮和价值观念的冲击，如享乐主义、拜金主义、极端个人主义等，对大学生的思想和生活各个方面产生了不良影响。随着社会主义市场经济的深入发展，国内社会经济成分、组织形式、就业方式、利益关系和分配方式的日益多样化，为大学生的成长成才创造了良好的物质条件，但同时一些社会丑恶现象的沉渣泛起也给大学生的成长和发展带来一些不容忽视的负面影响。"政治信仰迷茫、理想信念模糊、价值取向扭曲、诚信意识淡薄、社会责任感缺乏、艰苦奋斗精神淡化、团结协作观念较差、心理素质欠佳"[①]等问题，不同程度地存在于一些青年学生身上。虽然高校思想政治理论课改革已经取得了显著的成果，但是在面对国内外社会上和网络中的一些消极言论时，部分大学生还是容易被左右，被影响，也会对思想政治理论课产生淡漠甚至抵触心理，这给高校思想政治教育工作带来了严峻挑战。青年兴则国家兴，青年强则国家强。为了更好地应对挑战，适应新时代高校思想政治教育的发展，就必须提升高校思想政治理论课的亲和力，让高校思想政治理论课既有深度又有温度，让大学生在思想政治理论课的课堂上产生更多的互动与共鸣，提高思想政治教育的实效性和有效性。如何把高校思想政治理论课建设成为学生真心喜爱，终身受益，毕生难忘的优秀课程，成为高校思想政治理论课改革和创新发展的目标。因此，在新的历史条件下，进一步加强对高校思想政治理论课亲和力的深入研究，探寻提升高校思想政治理论课亲和力的有效路径，既是进一步加强和改进新时代高校思想政治工作的理论和实践问题，又是思想政治教育学领域研究和探讨的热点课题。

当前学界关于"思想政治理论课亲和力"的研究，主要集中在亲和力的概念、特征，提升思想政治教育亲和力的必要性和有效途径等方面。在高校思想政治理论课亲和力的内涵与特征研究方面，学者们多从思想政治教育者、思想政治理论课教学过程、课程本身等不同角度来加以定义和解释。从亲和力理论内涵本质的角度，有学者认为高校思想政治理论课的亲和力是指在思

---

① 中共中央文献研究室.十六大以来重要文献选编：中[M].北京：中央文献出版社，2006：178.

政课教学中具有的在思想理论、价值观念乃至行为方式上接近、趋同的理论品质和实践特征，其本质就是要实现理论认同、价值认同和实践认同。理论认同是基础，价值认同是关键，实践认同是根本归宿①。从思想政治教育者的角度，有学者认为思想政治教育理论课的亲和力是思想政治教育理论课教师不断彰显的特有吸引力与凝聚力，思想政治理论课教师的理论魅力、实践魅力、人格魅力和话语魅力的辩证统一组成了思想政治理论课教学亲和力②。还有学者认为，思想政治理论课亲和力是由教师人格产生的感召力，扎实的理论学识产生的说服力，有效的传授过程产生的亲近力以及明确的"边界意识"四者合力构成③。从思想政治理论课教学过程的角度，有学者认为高校思想政治理论课亲和力是指思政课对大学生所具有的亲近、吸引的潜在功能，以及大学生对思政课产生的亲近感、趋同感④。有学者认为，思想政治理论课亲和力就是指思想政治理论课教学活动中通过营造和谐、亲近的教学氛围而完成教学活动的一种力量⑤。从思想政治理论课教学效果的角度，有学者认为思想政治理论课亲和力是思想政治教育实践活动对教育对象所具有的亲近、吸引、融合的倾向，即让大学生由远而近，主动接触，乐于接受，从"入眼""悦耳"到"合意""走心"的内生力量⑥。

在对提升思想政治理论课亲和力的必要性研究方面，目前成果主要集中在社会大环境的要求、学生思想动态的要求、思想政治教育规律或学科性质的要求、教育主客体的辩证关系的要求等维度。有学者认为提升高校思想政治理论课亲和力是学生主体性的要求，是提高思想政治教育实效性的重要途

---

① 刘旋，周其明. 论思想政治理论课"亲和力"的理论内涵 [J]. 武汉理工大学学报（社科版），2019（5）：108-112.

② 白显良. 论高校思想政治理论课教学亲和力的逻辑生成 [J]. 思想理论教育导刊，2017（4）：93-98.

③ 陈艳飞. 论思想政治理论课教师的亲和力 [J]. 北京教育（德育），2018（8）：51-54.

④ 吴潜涛，王维国. 增强亲和力、针对性，在改进中加强思想政治理论课 [J]. 思想理论教育导刊，2017（2）：7-9.

⑤ 王道红. 思想政治理论课教学语言亲和的理论基础与基本要求 [J]. 山西高等学校社会科学学报，2017（8）：63-66.

⑥ 胡艺华. 以"四个结合"提升高校思想政治理论课的亲和力 [J]. 山西高等学校社会科学学报，2017（8）：50-53.

径①。有学者认为思想政治理论课亲和力是影响思想政治教育实效性的基础性和前提性因素,是学生对思想政治理论课教学的认可度、接受度②。

在提升思想政治教育亲和力的有效路径的研究方面,学者们主要从思想政治教育的理念、思想政治工作者、思想政治理论课程教材和教学内容等方面来展开讨论。有学者认为课程载体的时代性和科学性是思想政治理论课亲和力生成的基础,课程教学的针对性与实效性是思想政治理论课亲和力生成的条件,授课教师的素质与影响力是思想政治理论课亲和力生成的关键,教学环境的协调性与先进性是思想政治理论课亲和力生成的保障③。有学者认为提升高校思想政治理论课的亲和力,要以理论教学的加强为前提,以教学话语的改进为关键,以教学载体的创新为基础,以教学环境的优化为保障④。还有学者认为提升思想政治理论课亲和力主要应从教材、教师、教学内容三个方面入手,教材内容要注重精致性和系统性,教材话语体系和风格既要体现学术性,又要体现生活化;教师既要有崇高的道德情操和坚定的理想信念,又要有扎实的理论素养和仁爱之心;教学内容既要与社会现实紧密联系,又要与学生生活实际息息相关⑤。

从整体和发展的角度而言,深入研究如何提升高校思想政治理论课的亲和力要在理论分析的基础上,进一步服务现实需要。通过研究高校思想政治理论课亲和力的科学内涵和构成要素,明确提升高校思想政治理论课亲和力的重要性和必要性,探求提升高校思想政治理论课亲和力的着力点,为加强和改进大学生思想政治教育,推进高校思想政治理论课的教学改革提供有益借鉴。一是厘清高校思想政治理论课亲和力的科学内涵;二是从教育者、教

---

① 彭谨.提升高校思政课亲和力的意义及路径选择[J].湖南大众传媒职业技术学院学报,2018(12):96-99.
② 高永强.论提升思想政治理论课亲和力及应注意的问题[J].思想理论教育导刊,2017(6):82-85.
③ 金炜康.论思想政治理论课亲和力的生成机制[J].思想理论教育导刊,2019(2):105-107.
④ 王道红,王永章."四维"并进:提升思想政治理论课亲和力[J].吉林师范大学学报(人文社会科学版),2020(1):118-124.
⑤ 高永强.论提升思想政治理论课亲和力及应注意的问题[J].思想理论教育导刊,2017(6):82-85.

育内容、教育方法和教育环境四个方面，深刻理解高校思想政治理论课亲和力的构成要素；三是从高校思想政治理论课建设，高校思想政治工作的加强和改进，培养时代新人三个层面，明确提升高校思想政治理论课亲和力的必要性；四是从教师的综合素质、教学内容的针对性以及教学方法的灵活性和契合度等维度，探究提升高校思想政治理论课亲和力的着力点。

因此，要坚持"论从史出"的科学方法，认真研读中共中央文献资料和领袖著作，通过对史料进行实事求是的分析与研究，探求高校思想政治理论课亲和力产生的理论源头。坚持系统分析的方法，对高校思想政治理论课亲和力的概念、内涵和要素、结构等进行整体探析，力求从多学科如政治学、历史学、教育学、心理学等角度，对提升高校思想政治理论课亲和力的教学过程开展全面、细致的研究。坚持理论联系实际，一切从实际出发的基本原则，将理论研究置于复杂的现实问题中，关注提升高校思想政治理论课亲和力的着力点，为进一步改革高校思想政治理论课教学提供方法借鉴。

深化关于高校思想政治理论课亲和力的研究，有助于丰富和发展思想政治教育的研究成果，如思想政治教育载体论、环境论和方法论等，并深化高校思想政治教育理论与实践研究；有助于提高教育对象对思想政治教育的认可度，进一步提升思想政治教育特别是大学生思想政治教育的有效性和实效性，推进思想政治教育的科学发展，促进思想政治教育目标的实现，为新时代加强和改进思想政治教育工作提供一定的参考，更为高校思想政治理论课教学模式改革和实践教学内容的整合提供有益的路径思考和方法借鉴。

二、相关概念界定

任何研究都离不开对研究体系中基本概念的阐释，明确基本概念的内涵是确定研究任务和研究内容的前提和基础。为了更好地研究提升高校思想政治理论课亲和力的价值与路径问题，必须先明确什么是思想政治教育，什么是亲和力，只有界定了这些基本概念后，才能进一步明确高校思想政治理论课亲和力的内涵与要素。

（一）思想政治教育

思想政治教育是人类社会中一项普遍而客观存在的社会实践。从思想政治教育的内涵来说，人们普遍认为，思想政治教育是一定阶级、政党、社会群体用一定的思想观点、政治观点、道德规范，对其成员施加有目的、有计划、有组织的影响，使他们形成符合一定社会、一定阶级所需要的思想品德的社会实践活动。"思想政治教育"这一概念有其自身的产生、发展、演变过程。马克思、恩格斯很早就注意到"精神力量"的作用，认为在现实生活中人们的物质活动与精神生产密不可分。"思想、观念、意识的生产最初是直接与人们的物质活动，与人们的物质交往，与现实生活的语言交织在一起的。观念、思维、人们的精神交往在这里还是人们物质关系的直接产物。表现在某一民族的政治、法律、道德、宗教、形而上学等的语言中的精神生产也是这样。"① 马克思、恩格斯在很多场合都强调了思想和精神对无产阶级政党和工人运动的重要作用。在他们的著作和文章中，多次使用了"宣传"、"宣传工作"、"政治宣传工作"、"鼓动"、"宣传鼓动工作"、"政治鼓动工作"和"理论教育"等概念。1843年，恩格斯在《伦敦来信》中提出了"宣传"的概念。1847年12月，在他起草的《共产主义同盟章程》中，恩格斯明确提出了"宣传工作"的概念，其中已经包含了思想政治工作的部分内容。1856年3月，在马克思给恩格斯的一封信中，谈到莱茵省的工人运动状况时，也使用了这一概念。20世纪初，列宁在《怎么办》和《进一步，退两步》中正式提出了"政治教育"和"政治工作"的概念。1908年10月，列宁在《学生运动和目前政治形势》中又提出"政治宣传工作"的概念。斯大林继承了列宁的思想，1934年1月，他在联共（布）十七大总结报告中提出了"思想工作"和"政治思想工作"的概念。

中国共产党成立初期，一般把党的思想政治教育称为教育宣传工作，其中党内多为"教育工作"（有时称"政治教育"）；党外多为"宣传工作"或"宣传鼓动"（有时称"政治宣传"）。民主革命时期，党多使用"政治工作"

---

① 马克思恩格斯选集：第1卷 [M]．北京：人民出版社，1995：72.

的概念，但也同时使用"政治教育"、"思想工作"和"思想教育"等概念。1951年5月，刘少奇在中国共产党第一次全国宣传工作会议上提出了"思想政治工作"这一概念，产生了较大影响。1957年2月，毛泽东在《关于正确处理人民内部矛盾的问题》中，使用并阐述了"思想政治工作"和"思想政治教育"的概念。但直到此时，仍没有一个固定的提法，经常是"政治工作"、"思想工作"、"政治教育"、"思想政治工作"、"思想教育"和"思想政治教育"等概念交替使用。党的十一届三中全会以后，才比较固定地使用"思想政治工作"和"思想政治教育"两个概念。1983年7月，中共中央批转的《国营企业职工思想政治工作纲要（试行）》中指出："职工思想政治工作，主要是指职工的思想政治教育，它是党的政治工作的一个重要组成部分……"①

（二）思想政治理论课亲和力

"亲和力"一词是源自化学领域的一个概念，它主要体现了两个组成物质的最小粒子之间相互关联、相互吸引的特性，是一种无形但强大的力量。随着社会的发展和进步，人文社会学科与自然科学各个学科之间的分化与交叉越来越多，"亲和力"作为一个新概念被引入心理学特别是教育心理学领域，心理学家认为"亲和力"是人们在社会交往过程中所产生的一种使人愿意亲近的能力或动力。从字面上看，"亲"形容关系亲近，"和"指和谐、融合，"力"即力量、能力。在《现代汉语词典》中，"亲和力"的含意，一是指"两种或两种以上的物质结合成化合物时互相作用的力"；二是"比喻使人亲近、愿意接触的力量"。简单说，"亲和力"就是一种推进双方关系融洽、和谐的动力或能力，是一种吸引力和感召力的集合。"亲和力"这一概念被引入思想政治教育学科领域后，学者们主要从思想政治教育工作者和教育对象的关系，以及教育教学实践活动中教育工作者对教育对象的引领等方面来诠释"亲和力"。高校思想政治理论课的亲和力，一方面体现了高校思想政治理论课的自身魅力，包括课程体系和内容的科学性、真理性和实践性，使教育对

---

① 中共中央文献研究室．十二大以来重要文献选编：上［M］．北京：人民出版社，1986：363.

象产生认同感，找到归属感；另一方面，也凸显了思想政治理论课自身所希望达到的一种理想状态。

三、提升高校思想政治理论课亲和力的必要性

一代人有一代人的历史际遇，一代人有一代人的使命担当。培养时代新人始终是党和国家高度关注的重大议题。青年一代有理想、有本领、有担当，国家就有前途，民族就有希望。青年是国家的未来和民族的希望。青年的世界观、人生观、价值观，关系中国特色社会主义事业是否后继有人，关系中华民族伟大复兴的中国梦能否实现。不断推进高校思想政治理论课教学的改革和发展，提升高校思想政治理论课的亲和力，才能进一步提升思想政治工作的实效性和针对性，深入落实高校立德树人的根本任务，培养担当民族复兴大任的时代新人。

（一）加强高校思想政治理论课建设的根本要求

党的十八大以来，以习近平同志为核心的党中央高度重视高校思想政治教育工作，多次召开思想政治工作会议，突出强调了提高高校思想政治理论课教学质量的必要性和紧迫性，在此基础上提出要切实提升高校思想政治理论课的亲和力，加强高校思想政治理论课的建设与发展。思想政治教育工作就是做人的工作。在思想政治理论课教学中坚持以人为本，就是要从受教育者的兴趣和需要出发，开展思想政治理论课教学。好的思政课一定是受学生喜欢的思政课，要尊重学生的自主性和个性特征，激发学生参与课堂的主动性和积极性，让理论知识贴近学生生活，把"有意义"讲得"有意思"，把"有深度"讲得"有温度"，提高学生对思想政治理论课的亲切感和认同度，使之从被动接受到主动学习。同时，坚持理论与实践相结合，引导学生在实际生活中树立正确的世界观、人生观和价值观，自觉践行社会主义核心价值观，感受思想政治理论课给他们生活带来的有效指导和积极变化，通过不断获得的学习体验，使思想政治理论课教学内容真正进入学生的内心。只有不断提升思想政治理论课的亲和力，才能进一步增强思想政治理论课的吸引力、

感召力，不断提高思想政治理论课的质量和水平，推动高校思想政治理论课的建设与发展。

（二）增强新时代高校思想政治工作实效性的客观需要

习近平总书记在全国高校思想政治工作会议上指出："思想政治工作从根本上说是做人的工作，必须围绕学生、关照学生、服务学生，不断提高学生思想水平、政治觉悟、道德品质、文化素养，让学生成为德才兼备、全面发展的人才。"思想政治理论课是高校思想政治工作的主渠道，提升思想政治理论课亲和力是增强高校思想政治工作实效性的客观需要，思想政治理论课只有亲近学生，吸引学生，才能感召学生，引导学生。在教学过程中，富有亲和力的思想政治理论课更加注重教育者和受教育者、教学内容与受教育者需求之间的良性互动，通过情感的交流，思想的碰撞，逐步建立起相互信任且和谐的关系，从而实现思想上情感上的沟通与契合。提升高校思想政治理论课的亲和力，增强大学生在思想政治理论课课堂上的主动性和积极性、获得感和认同感，更加自觉地投入理论学习中，积极实践并从中受益，从而达到"春风化雨，润物无声"的教学效果。

（三）培养担当民族复兴大任的时代新人的内在要求

进入新时代，中国和世界都发生了深刻的变化。在我国的推动下，世界和平与发展事业取得了积极进展，与此同时，我们在意识形态领域这一看不见硝烟的战场上仍面临重重挑战与压力。随着世界多极化、经济全球化、社会信息化、文化多样化的深入发展，社会各种思潮的交流、交锋日益频繁。科学技术的日新月异使信息传递和交换更为迅速和便捷，生产要素在世界范围内的流动和配置，也使各国经济的相互交流和相互依存进一步加深。世界经济交流与合作日益频繁，世界范围内人员流动、文化交流、教育交往等的发展，为中国经济、社会的全面、快速发展创造了有利的国际环境。但同时，各种影响、力量交织在一起，冲击着世界范围内的每一个国家和地区。经济全球化快速发展，政治格局多极化趋势日益明显，作为一个负责任的大国，中国不可避免地承受着来自各方面的压力，特别是西方资本主义国家带有针对性的意识形态和价值体系的影响和冲击，必然以中国社会的思想意识和政治观念体系为目标，对我国的社会意识形态领域和社会文化生活的方方面面产生各种各样的影响。

这种影响，一方面有利于我们吸收各国先进的精神文明成果，逐步消除不适应时代发展需要的落后思想观念和意识，培养和树立竞争意识、公平意识、效率意识和创新意识等积极的思想观念；另一方面，西方发达资本主义国家在经济全球化过程中的突出优势和主导地位，也必然使资产阶级意识形态直接或间接地渗透到我国的思想文化阵地中来，对我国思想意识体系造成冲击。一些错误社会思潮把广大青年作为影响和争夺的对象，如历史虚无主义从根本上否定马克思主义指导地位和中国走向社会主义的历史必然性，否定中国共产党的领导；歪曲党史、国史、社会主义革命和建设史、改革开放史，污蔑革命领袖，恶搞革命经典，丑化革命英雄形象等。

新时代青年成长在物质条件较好的年代，他们思想活跃，对新知识新思想接触较多较快，可塑性较强。但同时他们对新旧社会翻天覆地的变化缺乏前后对比，对中国共产党领导中国人民进行艰苦奋斗的历史缺乏系统了解，对党的理论探索和实践成就缺乏深刻认知，极易受到一些错误思潮和失真信息的误导。因此，要把培养什么人、怎样培养人、为谁培养人的问题摆在首要位置，不断提升高校思想政治理论课的亲和力，进一步增强思想政治理论课的感召力和吸引力，使广大青年深刻理解为什么要坚持中国共产党的领导，为什么只有社会主义才能救中国，只有中国特色社会主义才能发展中国。积极引导大学生树立正确的世界观、人生观和价值观，厚植爱国情怀，增强中国特色社会主义道路自信、理论自信、制度自信和文化自信，担当起新时代所赋予的历史责任。

四、提升高校思想政治理论课亲和力的着力点

提升高校思想政治理论课亲和力，涉及教育者与受教育者、教学内容、教学手段和方法等诸多要素，是一个动态发展的过程。

（一）提高高校思想政治理论课教师的综合素质

在高校思想政治教育活动中，教育者扎实的理论功底、深厚的家国情怀、对待学生的真情实感、强大的人格魅力，有助于受教育者对教育目标产生情感认同，从而增强思想政治教育工作的有效性。提高高校思想政治理论课教师的综合素质是提升高校思想政治教育亲和力的基础。

习近平总书记在学校思想政治理论课教师座谈会上指出："办好思想政治理论课关键在教师，关键在发挥教师的积极性、主动性、创造性。"要完成"给学生心灵埋下真善美的种子，引导学生扣好人生第一粒扣子"的特殊使命和职责，习近平总书记强调思政课教师"政治要强、情怀要深、思维要新、视野要广、自律要严、人格要正"①，从多个维度向广大思政课教师提出了殷切希望，也为提高高校思政课教师的综合素质指明了努力方向。

首先，提高政治站位，增强教书育人使命感。习近平总书记指出要"让有信仰的人讲信仰"，这个信仰就是对马克思主义的信仰，对中国特色社会主义的信念，对中国共产党的信任。高校思政课教师作为立德树人"关键课程"的"关键主体"，要对马克思主义基本理论和习近平新时代中国特色社会主义思想进行系统学习和深入研究，特别是深刻领会和掌握贯穿其中的马克思主义立场、观点、方法，不断夯实理论基础。只有自己真学懂了，学透了，真信、真用，才能面对学生的种种问题，真正做到以情动人，以理服人；把理论讲清楚，讲明白，使学生真正感受理论的魅力。同时，坚强的政治担当是高校思政课教师坚信和践行马克思主义信仰、共产主义远大理想、中国特色社会主义共同理想的试金石。正如习近平总书记所说："思政课教师要站稳政治立场，要善于从政治上看问题，在大是大非面前保持政治清醒。"② 高校思政课教师要敢于亮剑，积极主动地作为，更好地担起学生健康成长指导者和引路人的责任，为他们的健康成长保驾护航。

其次，关爱学生，增强教学的有效性。高校思政课教师要关心学生，把

---

① 习近平主持召开学校思想政治理论课教师座谈会 强调用新时代中国特色社会主义思想铸魂育人贯彻党的教育方针 落实立德树人根本任务 [N]. 人民日报，2019-03-19（1）.
② 习近平主持召开学校思想政治理论课教师座谈会 强调用新时代中国特色社会主义思想铸魂育人贯彻党的教育方针 落实立德树人根本任务 [N]. 人民日报，2019-03-19（1）.

对学生的真情实感融入思政课教学；要善于引导学生，用学生喜闻乐见的方式、鲜活的案例、生活化的语言讲好思政课。把大道理讲得通俗易懂，讲得深入人心，就必须要用学生听得懂，能理解的话语体系。这就要从学生的发展需要出发，了解学生的心理特征，充分发挥学生在思政课教学中的主体作用。教学本身就是一个教学相长的过程，没有对学生的真心关爱，就无法真正走进学生的内心，无法懂得学生的所思所想，更无法使学生在共情的基础上真正地接受和认可。因此，必须从学生的角度出发，投入真情实感，做到为学生答疑解惑，把真善美的种子不断播撒到学生心中。高校思政课教师不是教材的搬运工，而是要在弄懂、理通，吃透理论、原理的基础上，把教材语言变成学生熟悉的话语，要让理论贴近学生的实际，使之变得更有说服力。在新民主主义革命时期，毛泽东曾尖锐批评党内"言必称希腊"的作风，他指出，"要学会把马克思列宁主义的理论应用于中国的具体的环境"，"使之在其每一表现中带着必须有的中国的特性，即是说，按照中国的特点去应用它"[①]。在思政课教学中，要注重学生的理解和应用，在不断提升高校思想政治理论课亲和力的基础上增强思想政治教育的有效性。

最后，要做"经师"，也要做"人师"，以自身的人格魅力感染学生。2016年12月7日，习近平总书记在全国高校思想政治工作会议上指出，"教师做的是传播知识、传播思想、传播真理的工作，是塑造灵魂、塑造生命、塑造人的工作"，教师"不能只做传授书本知识的教书匠，而要成为塑造学生品格、品行、品位的'大先生'"。高校思政课教师给予学生的不是专业技能，而是人的心灵和精神世界的构筑。"教师教给学生的知识，多年以后可能会过时，可能会遗忘，但教给学生为人处世的道理是学生一生的财富，会让他们终生难忘。"[②] 学高为师、身正为范，教师要成为学生做人的镜子，以身作则、率先垂范。高校思政课教师的阵地不仅仅是讲台，教师个人的品行修养对学生的引导和帮助更加至关重要。亲其师，才能信其道。作为"人类灵魂的工程师"，高校思政课教师承担着重要使命，要"以德立身、以德立学、以德施教"，不断锤炼道德品质，提升党性修养，"努力成为先进思想文化的

---

① 毛泽东选集：第2卷［M］.北京：人民出版社，1991：535.
② 侠客岛.关于教育，这是习近平的最新思考［N］.光明日报，2017-01-3（1）.

传播者、党执政的坚定支持者"①,讲好课、育好人,承担起培养担当民族复兴大任的时代新人的政治使命。

(二) 增强高校思想政治理论课教学内容的针对性

高校思政课从根本上说就是要用马克思主义理论武装大学生,引导学生形成科学的世界观、人生观和价值观,引领他们走向正确的人生发展方向,努力成为社会主义建设者和接班人。理论不是枯燥乏味的,但也不能随便演绎。如何抓住理论的精髓,展现理论的魅力,用理论的科学性、透彻性征服和赢得学生才是高校思政课的关键。马克思指出:"批判的武器当然不能代替武器的批判,物质力量只能用物质力量来摧毁;但是理论一经掌握群众,也会变成物质力量。"因此,"理论只要彻底,就能说服人。所谓彻底,就是抓住事物的根本"②。作为高校思政课教师,要对所讲授的理论知识有透彻的理解和把握,这样才能在教学中游刃有余,才能在讲授中面对学生的疑问和困惑时做到深入浅出。否则,理论就会成为远离学生的存在,不会让学生产生对理论的亲近甚至喜爱,思政课的亲和力也就无从谈起。

同时,信息技术的发展影响着人类社会生活的诸多方面,快速地改变着人们的生活、学习、工作的方方面面,人们每天被各种各样真假难辨的信息包围着,这些海量信息使当代大学生很容易在思想上出现困惑和迷茫。特别是近年来社会上的历史虚无主义、普世价值、新自由主义等错误思潮,对大学生也造成了不小的冲击和影响。因此,高校思政课教师要在把握教材内容的基础上,结合课程要求,面对学生所关注的实践课题和社会热点问题,找准教学的重点难点,有针对性地梳理和讲解,教育引导学生正确认识中国特色社会主义进入新时代的内涵与意义,正确认识当代大学生的职责与使命。要在坚持高校思政课教学内容与时俱进的基础上增强其针对性,提升高校思政课的亲和力。

---

① 习近平在全国高校思想政治工作会议上强调 把思想政治工作贯穿教育教学全过程 开创我国高等教育事业发展新局面 [N]. 人民日报,2016-12-09(1).
② 马克思恩格斯文集:第1卷 [M]. 北京:人民出版社,2009:11.

（三）注重高校思想政治理论课教学方法的灵活性和契合度

在教学实践活动中，教学方法从根本上说是为受教育者服务的，选择什么样的教学方法，需要看受教育者如何可以更好地理解和掌握教学内容，实现教学目标。因此，教无定法，不同的教学内容需要不同的教学方法，能够激起受教育者"共鸣"的教学方法才是最契合的。在高校思想政治理论课教学中，教学方法是不断变化发展的。目前高校学生大都是"95后"，甚至"00后"，了解他们的心理特征和行为方式，掌握思想政治理论课教学内容的最新发展和变化，综合运用与之相契合的教学方法，是提升高校思想政治理论课亲和力的关键。习近平总书记指出："做好高校思想政治工作，要因事而化、因时而进、因势而新。"[①] 坚持理论教学与实践活动相统一。理论脱离实践，高校思想政治理论课就会走入死胡同。因此，要学习和掌握马克思主义的立场、观点、方法，注重知识、能力和素质协调发展，真正达到"知""行"合一，需要由内而外逐渐融合，并最终形成一种稳定的行为模式。除了理论教学，也必须抓好实践教学。实践活动是高校思政课教学的必要环节，是"因事而化"的重要载体。通过丰富多彩的实践教学活动，大学生才能真正地认识中国国情，运用知识，探索未知，实现教书育人的有机统一。

坚持传统手段与创新模式相统一。中国互联网络信息中心第48次调查报告显示，截至2021年6月，我国网民规模达10.11亿，手机网民规模达10.07亿人，网民使用手机上网的比例高达99.6%，互联网普及率已达71.6%。当代大学生成长于网络信息时代，他们熟悉网络文化产品，喜爱网络语言，热衷网络社交。新时代高校思想政治理论课面对信息网络的快速发展，有了更多尝试的可能。习近平总书记指出，要"运用新媒体新技术使工作活起来，推动思想政治工作传统优势同信息技术高度融合，增强时代感和吸引力"[②]。利用新媒体技术为教学服务已成为新的趋势。通过学习通、中国大学生慕课等平台加强课程建设，通过微信群、微信公众号等方式，实现线

[①] 习近平在全国高校思想政治工作会议上强调　把思想政治工作贯穿教育教学全过程　开创我国高等教育事业发展新局面［N］. 人民日报, 2016-12-09 (1).

[②] 习近平在全国高校思想政治工作会议上强调　把思想政治工作贯穿教育教学全过程　开创我国高等教育事业发展新局面［N］. 人民日报, 2016-12-09 (1).

上与线下相统一，要用大学生喜欢的方式加强与学生之间的交流和沟通，建设师生互动社区、主题教育网站、专业学术网站等，与时俱进，进一步增强高校思想政治教育的时代感和实效性。

坚持历史与现实相结合。世情、国情的深刻变化，高校大学生群体的需求多样化，决定了高校思想政治理论课要做到"因势而新"，"要遵循思想政治工作规律，遵循教书育人规律，遵循学生成长规律，不断提高工作能力和水平"[1]，在社会发展进步的新形势中不断创新发展。理论讲授要结合社会现实加以阐述，在积极关照现实的基础上，"围绕学生、关照学生、服务学生，不断提高学生思想水平、政治觉悟、道德品质、文化素养，让学生成为德才兼备、全面发展的人才。"[2] 高校思想政治教育是做人的工作，根本任务是培养德智体美劳全面发展的社会主义建设者和接班人。通过提升高校思想政治理论课亲和力，进一步增强大学生思想政治教育的有效性和实效性，从而深入落实高校立德树人根本任务。

五、教学案例示范

人为什么要有崇高的理想信念？
——"亲和力"视域下思想道德与法治课程教学思路探析

思想道德与法治课程融思想性、政治性、科学性、理论性、实践性于一体，针对大学生成长过程中面临的思想道德和法律问题，开展马克思主义的世界观、人生观、价值观、道德观、法治观教育，引导大学生提升思想道德素质和法治素养，成长为自觉担当民族复兴大任的时代新人。思想道德与法治课程有助于大学生领悟人生真谛，坚定理想信念，践行社会主义核心价值观，做新时代的忠诚爱国者和改革创新的生力军；有助于大学生形成正确的道德认知，积极投身道德实践，做到明大德、守公德、严私德；有助于大学

---

[1] 习近平在全国高校思想政治工作会议上强调　把思想政治工作贯穿教育教学全过程　开创我国高等教育事业发展新局面 [N]．人民日报，2016-12-09（1）．
[2] 习近平在全国高校思想政治工作会议上强调　把思想政治工作贯穿教育教学全过程　开创我国高等教育事业发展新局面 [N]．人民日报，2016-12-09（1）．

生全面把握社会主义法治的本质特征和运行机制，理解中国特色社会主义法治体系和法治道路的精髓，增进法治意识，养成法治思维，更好行使法律权利，履行法律义务，做到尊法学法守法用法，从而具备优秀的思想道德素质和法治素养。

【授课专题】

理想信念的内涵与作用

【学情分析】

授课对象为本科一年级学生。作为"00后"大学生，他们具有鲜明的特点。一方面，学生思想活跃，信息捕捉能力突出且自主意识强，关注社会热点。课堂中应将理论难点同社会热点以及学生的困惑相结合，积极回应学生的问题。另一方面，学生的世界观、价值观和人生观还处于形成阶段，思想观念处于波动变化之中，认识思维偏感性，思考问题容易受到各方面的影响，从而得出片面或不正确的观点。社会上关于"理想信念"的种种错误认识，给学生带来了许多困扰。在教学中需要深入分析理想、信念的科学内涵及其相互关系，重点向学生阐明理想信念是精神之"钙"，通过互动或讨论的方式引导学生"动起来"，坚持历史与现实、理论与实践相结合，精选典型案例，多角度地进行理论讲授，引发学生对相关问题的深层次思考，引导学生树立崇高的理想信念。

【教学目的】

知识层次。通过知识点的层层剖析，从理想信念的基本理论问题入手，使学生了解理想、信念的内涵、特征、类型及其相互关系等，掌握理想信念在人生发展中的重要作用，明确坚定崇高理想信念的价值和意义。

能力层次。通过案例分析、课堂讨论、师生互动等教学环节，使学生能够明白理想信念是人精神世界的核心，是精神之"钙"；通过联系革命英雄人物和新时代优秀党员、大学生的先进典型事迹，使学生坚定崇高的理想信念，勇于担当历史重任，为实现中华民族伟大复兴的中国梦而奋斗。

思想层次。根据党的十八大以来习近平总书记关于为什么要坚定理想信念，如何坚定理想信念，以及面向全社会怎样开展理想信念教育的重要思想，以马克思主义为指导，以培养时代新人为准则，使学生确立和坚定崇高的理想信念，激发学生为民族复兴和人民幸福而奋斗的强烈责任感和使命感。

【教学要求】

一方面，引导学生深入理解理想和信念的科学内涵，能够分辨不同性质和层次的理想信念。另一方面，帮助学生理解确立坚定的理想信念对新时代大学生成长成才的重要意义，形成对理想信念的需要、选择和实践的崭新认识。

【教学重点与难点】

教学重点是，在讲授中突出问题意识，不错过热点问题，不回避尖锐问题，并遵循论证逻辑，有层次、有深度、有理有据地说清楚讲明白关涉理想信念的基本理论问题，阐明理想信念何以是精神之"钙"。

教学难点在于，理想信念既是理论问题，更是实际问题。如何将理论问题用学生喜闻乐见的方式和通俗化的语言讲清楚，彰显理论魅力、提升课堂吸引力，使学生明确树立崇高的理想信念对大学生成长成才的重要意义。

【教学方法】

1. 讲授式教学法

结合案例教学法，通过理论分析，帮助学生理解相应知识点。

2. 案例教学法

选取革命烈士红色家书、中共一大13位代表的不同命运、马克思的职业选择、长征路上的故事、"战疫"中的中国、"燃灯校长"张桂梅等典型案例，引出并思考问题，呼应课程主题，得出相应结论。案例分析法是贯穿本次课堂教学和教学内容的重要方法。

3. 问题式教学法

将问题式教学法与案例教学法相结合，突出问题意识，引导学生在深入思考的同时，导出相应的知识点。

4. 讨论式教学法

针对"丧"文化的流行与学生展开交流，引导学生讨论"丧"文化流行的心理动因，总结他们在生活、学习中的困惑，在反馈点评中引入课程内容。

5. 互动式教学法

从课程的导入到教学的全过程，围绕相关知识点连续发问。通过互动，带领学生积极、主动思考，真正实现在教学中解疑释惑、教学相长。

【教学思路】

第一，理想的内涵与特征。

第二，信念的内涵与特征。

第三，理想与信念的相互关系。

第四，理想信念是精神之"钙"。

【教学进程】

导入。1932年11月1日，上海《东方杂志》以"梦想的中国"和"梦想的个人生活"为题，策划了一次征求"新年的梦想"的活动，向全国各界人士发出征稿函400份。征梦活动得到了热烈的回应，最终有142位名人发表了自己的想法，其中包括柳亚子、胡适、林语堂、徐悲鸿、郑振铎、巴金、茅盾、顾颉刚、周作人、郁达夫、杨杏佛、老舍、张申府等社会知名人士。大家纷纷表达了自己对中国未来的期许，在那个至暗时刻，这些"新年的梦想"也如冬日暖阳温暖着国人。终于，怀揣梦想的中国人，在艰苦卓绝的斗争后建立起了一个崭新的中国。

设问。是什么在帮助你作出人生的选择呢？漫长的人生之路上，又是什么引导我们一路前行？

总结。当年有"新年的梦想"，现在的我们则正在追求中国梦。人民幸福、国家繁荣、民族复兴，这就是我们的追求。中国的发展壮大就是一代又一代中国人不断逐梦的过程。因此，科学的理想信念对新时代青年的成长、成才具有重要意义和作用。其实，理想这个词对我们来说并不陌生，大家时常调侃，理想很丰满，现实很骨感！也有人说，理想理想，有利就想。还有人说，有没有理想都是一日三餐，无所谓。究竟如何理解理想？理想和我们常说的信念是一回事吗？它们对人生又有何重要意义？这就是我们今天要一起来讨论的问题。

1. 理想的内涵与特征

（1）理想的含义。

ppt展示（图片）：理想是什么？

通过图片展示，说明理想是人类特有的精神现象，是人类社会实践的产物。人类文明的发展进步，就是人们把闪现于头脑的图景，通过创造性的实践变为一个个现实的过程。因此我们说，理想是人们在实践中形成的，有实现可能的，对未来社会和自身发展目标的向往与追求，是人们的世界观、人生观和价值观在奋斗目标上的集中体现。

我们可以从三个方面去理解。其一，理想是人们的向往和追求，这是理想的内容。其二，理想是建立在人们对客观事物认识的基础上，符合事物发展的客观规律，具有实现可能的，这是理想的科学性所在。其三，理想是人们对未来社会和自身发展的想象，这是理想的表现形式。

设问。既然是对未来的设想，那么，理想等同于幻想或者空想吗？

ppt展示（图片）：《未来100年大预言》。

总结：理想不是空想，也不同于幻想。空想是缺乏根据、随心所欲的想象，是违背社会发展客观规律，根本无法实现的。幻想则是对客观存在的更高超越，与现实有很大差距。

(2) 理想的基本特征。

第一，理想具有超越性。

ppt展示（名人名言）：列宁。

ppt展示（图片）：《流浪地球》。

设问：这部"春节档"最火的科幻影片中有哪些新兴科技产品让你记忆犹新？

总结。从超级计算机到人工智能（AI）翻译器，在现实生活中我们都能找到相类似的场景，相信随着科技的不断进步，这样的产品走入现实生活中指日可待。我们说，理想具有超越性，它是关于未来"应怎么样"的设想，也就是说，理想不是对现状的简单描述，它是一种未完成的状态，是将来完成时。正因为理想是指向未来的，因此，理想才具有指引性，这也是理想的价值所在。

第二，理想具有实践性。

ppt展示（名人名言）：朱熹。

理想是人的主观能动性与社会发展客观趋势相一致的反映，它的形式是主观的，但是它的实现和产生都与社会实践的发展密不可分。理想在实践中产生，在实践中发展，也只有在实践中才能得以实现。

第三，理想具有时代性。

ppt展示（名人名言）：流沙河。

视频案例：战火纷飞的叙利亚。

理想同任何一种社会意识一样，都是一定社会生产方式的产物，都带着特定历史时代的烙印。不同时代的生产力发展水平不同，社会历史条件和政治经济关系不同，人们的理想也就不同。

（3）理想的类型。

根据不同的标准，我们也可以给理想分类。从性质、层次上划分，有科学理想和非科学理想、崇高理想和庸俗理想；从时间顺序层面，可分为长远理想和近期理想；从对象上，可分为个人理想和社会理想；从内容上看，可以分为生活理想、职业理想、道德理想和政治理想。

设问。你理想的生活是怎样的？

总结。生活理想并不都是对物质生活条件的期盼，更多的是人们期望有怎样的生活方式，怎样生活才能使自己的人生更充实，更有意义。每个人都有自己的生活理想，它直接影响着个人的成长和事业的成败。如果生活理想被撕开缺口，人生也将误入歧途。

案例：袁隆平的梦。

职业理想是人们对未来的工作部门、工作岗位以及工作业绩的向往与追求。职业对个人的生存和发展具有重大意义。它不单单是人谋生的手段，更是我们大多数人实现人生价值的平台。

ppt展示（图片）："德"字的变迁。

在个人理想中，道德理想是灵魂。它是指人们所向往的理想人格，是人们在道德生活中所期望达到的目标。不同历史时期的不同阶级都有自己的道德理想，世代延续的道德理想在不同时期，其内涵和外延也不相同。

视频案例：《中国进入新时代》。

政治理想是人们对未来社会制度和社会状况的向往与追求。要达到这个层次的理想，需要不断进行启迪和教育。

2. 信念的含义与特征

（1）信念的含义。

"理想"与"信念"好像一对好搭档，经常一同出现。那"理想"与"信念"是不是可以等同呢？

ppt 展示（名人名言）：海明威。

视频案例：红色家书——革命夫妻陈觉与赵云霄。

陈觉和赵云霄加入中国共产党的那一天，就把誓言牢牢印刻在心中，为了共产主义事业，即便是死，也初心不改，信念不移。因此，只要心中有光，任何外来的不利因素都不能摧毁你对人生的追求和对未来的向往。很多时候，击败我们的不是别人，而是自己对自己失去了信心，熄灭了心中的光。心中有光，就是信念的基点，是力量的源泉。信念和理想一样，也是人类特有的精神现象。它是指人们在一定的认识基础上确立的对某种思想或事物坚信不疑并身体力行的精神状态。信念是认知、情感、意志的有机统一体，为人们矢志不渝、百折不挠地追求理想目标提供了强大的精神动力。

（2）信念的基本特征。

电视剧《可爱的中国》曾在央视一套热播，剧中的主人公就是大家都熟悉的革命先烈方志敏。这部电视剧讲述了方志敏投身革命，为中国人民解放事业无私奉献一生的动人故事。1935年8月6日，36岁的方志敏在江西南昌从容就义，面对行刑的刽子手，他的眼中依然充满希望。他为可爱的中国奋斗的一生感染了许多人，感动之余我们也在重新认识了这位有血有肉的人民英雄。

方志敏是马克思主义的笃诚信仰者。1924年，他在南昌加入中国共产党。在革命斗争中，他始终践行着自己的誓言。1935年1月底，方志敏不幸被俘。即使在狱中，他仍然斗志昂扬，他说，"屈辱，痛苦，一切难于忍受的生活，我都能忍受下去"，"我能舍弃一切，但是不能舍弃党，舍弃阶级，舍弃革命事业。我有一天生命，我就应该为它们工作一天！"在狱中方志敏信念如磐，笔耕不辍，用手中的笔作为战斗武器，写下了《我从事革命斗争的略述》《可爱的中国》《清贫》《狱中纪实》等重要文稿和信件，把对党、对祖国、对人民的爱，化成了血铸的10多万文字，用生命谱写了爱国主义的千古绝唱和革命英雄主义的如虹浩歌。在这些文字中，我们看到了一位无产阶级革命家对革命的坚定信仰，对美好未来的企盼。生命，对每个人来说都只有一次。面对生死抉择，方志敏义无反顾地选择了死，他说："敌人只能砍下我们的头颅，决不能动摇我们的信仰！"自从加入中国共产党的那一天起，他就把共产主义信念牢牢印刻在心中，即便是死，也初心不改，信念不移。舍生忘死而不悔，这就是信念的力量。

信念是一种强大的精神力量，"信"是信念突出的本质特征，信念的强度取决于主体相信的程度。在社会实践活动中，当人们确信某种思想见解或理论主张并将其付诸实践时，信念就确立起来了。

设问。信念常常是世间奇迹的出发点，那么，信念为什么会有如此强大的力量呢？

ppt展示（名人名言）：罗曼·罗兰。

第一，信念具有执着性。信念因其执着而为信念，信念一旦形成就不易改变。正如法国作家罗曼·罗兰所说："人生最可怕的敌人就是没有坚强的信念。"坚定的信念使人们具有强大的精神定力，不为利益所动，不为诱惑所扰，不为困难所惧。

ppt展示（名人名言）：印度诗人泰戈尔。

ppt展示（图片）：多彩的道德信念。

第二，信念具有多样性。不同的人由于社会环境、思想观念、利益需要、人生经历和性格特征等方面的差异，会形成不同的信念，即使是同一个人，在实际生活中，也会形成不同类型和层次的信念。有低层次的信念，也有高层次的信念，高层次的信念决定低层次的信念。最高层次的信念，即核心信念，也就是信仰，它的发展变化会影响其他信念的发展变化。

3. 理想与信念的相互关系

设问。同为人类所特有的精神现象，那理想与信念之间有什么区别呢？

案例：老人与海的故事。

正如故事中所展现的，理想是人们对未来可以实现的奋斗目标的憧憬、向往和追求，指出了行动的方向；而信念则主要标志着人对事物、观念的看法和态度，它是面向现在的，为人们的行动提供精神动力。在人的生命历程中，理想与信念相互依存、相互渗透、相互融合。理想是信念的方向，信念是理想实现的基石。当理想成为信念时，它就是人们所确信的一种观点和主张；当信念升华成为理想时，它就是与奋斗目标相联系的一种向往和追求。"理想信念"作为一个新概念，它既不同于理想也不同于信念，它既注重对未来奋斗目标的追求，又注重现实生活中人们应秉持的信念支撑，是最高层次的理想和最高层次的信念的统一。

4. 理想信念是精神之"钙"

不知道从什么时候开始，"丧"这个词在我们的网络空间和社交平台上频频出现，并逐步蔓延到线下，从"丧茶"到"没希望酸奶"，再到"爱无能小酒馆"，"丧文化"悄无声息地发展起来，成为年轻群体中颇为流行的一种文化。

分组讨论。青年人为什么会被消极悲观的"丧"裹挟其中呢？

总结。"丧"或许能短暂地带来些许安慰，但本质上却是一种让人裹足不前、自我沉沦的"麻醉剂"。其实，遇到挫折，感到郁闷，是成长的正常态。谁的青春不迷茫？每一代人都有成长的烦恼，都难免遇到压力和挫折，要想摆脱困境，唯有直面压力，积极进取，才能拥有精彩人生。

设问。如何才能远离"丧文化"的侵蚀，做到"心中有阳关，脚下有力量"？

ppt展示：习近平总书记在知识分子、劳动模范、青年代表座谈会上的讲话。

ppt展示（图片）：打开三道机关（方向、动力、境界）。

第一，确立正确的方向。

【案例】马克思的职业选择。

这里说的方向，指的是在社会价值时空中人的社会方向即人生奋斗方向。只有确定了方向，才能一路向前，不会偏离路线，不会南辕北辙。

第二，寻找前进的动力。

ppt展示（图片）：人生的障碍与动力。

一方面，漫长的人生道路上总会遇到坎坷、障碍；另一方面，人本身的惰性总会拉着我们向下，这时候需要有强大的动力推动自己不断战胜自己、超越自己。

第三，追求更高的精神境界。

ppt 展示（名人名言）：冯友兰。

哲学家冯友兰曾经提出人生的四境界，即混沌未开的"自然境界"，为己为利的"功利境界"，为人为公的"道德境界"，超越世俗、天人合一的"天地境界"。天地境界也是我们努力去追求的人生最高境界，我们不能被负面的情绪影响和左右而失去了提升自己境界的机会。

设问：解锁这三道机关的密码又是什么呢？

ppt 展示：习近平总书记关于理想信念是精神之"钙"的重要论述。

理想信念是人精神世界的核心，理想决定方向，信念决定成败。

设问。理想信念在人生发展中究竟发挥了怎样的作用，才能解锁人生的三道机关呢？

（1）指南针：定向作用。

ppt 展示（图片）：中共一大 13 位代表不同的人生走向。

ppt 展示（名人名言）：列夫·托尔斯泰。

正如列夫·托尔斯泰所说，理想是指路明星，没有理想，就没有坚定的方向，没有方向，就没有真正的生活。理想信念昭示人生的奋斗目标。心中有目标，才能沿着既定的方向不偏不倚地一直前行。

（2）助力器：定力作用。

ppt 展示（图片）：动力公式。

理想信念能够调动人的一切潜能，推动人去实现目标甚至创造奇迹。

ppt 展示（图片）：长征。

革命战争年代，我们靠小米加步枪战胜拥有飞机大炮的敌人，靠的就是理想信念，这是决定我们命运的关键。

视频案例："战疫"中的中国。

和平年代，在人生之路上能够披荆斩棘，一路前行，实现人生奇迹，依靠的依然是我们心中的约束，来自理想信念的力量。

（3）涅槃石：定位作用。

ppt 展示（名人名言）：雨果。

生命的有限性和欲望的无限性之间的矛盾始终存在。有的人在物欲中沉沦，而有的人选择了超越；有的人沉溺于现实的享乐，有的人则走上了另外一条路，在追寻崇高理想的征途上超越生命的有限。

案例："燃灯校长"张桂梅。

理想信念把人分成不同的层次。有不同的理想信念，就有不同的人生规划，也就有了不一样的人生，或碌碌无为，或铸就辉煌。一个人的理想越崇高，精神境界和人格就越高尚。

【课程小结】

理想信念在人生中的根本作用就是赋予人生以意义感。一个有着崇高理想和坚定信念的人会感到自己的人生是有价值的，有意义的；反之，则会觉得人生空虚，不知意义为何。5月4日，因100多年前爱国青年对国家、民族命运的担当而被确立为青年的节日。前辈青年的探索奋斗、英勇牺牲也为现在的我们找到了前进方向。希望大家在大学阶段尽快树立崇高的理想信念，勇于担当这个时代赋予我们的历史责任，共创美好未来。

【教学总结】

1. 教学效果

本教案以设问、课堂讨论等方式，通过经典案例、图片数据、名人名言的展现，充分调动学生的积极性、主动性和创造性，使他们深刻认识理想、信念的内涵、特征、类型及其相互关系等，明确树立崇高的理想信念对大学生成长成才的重要意义。教师在教学过程中讲授理论知识的同时，注重培养学生分析问题和解决问题的能力，增强学生对坚定崇高的理想信念的理论认知和情感认同，引导学生自发地将个人成长进步与祖国的繁荣昌盛相结合，为实现中华民族伟大复兴而不断努力。这一方式在教学中获得了学生的认可和好评。

2. 教学经验

将问题式教学法、案例式教学法、互动式教学法、讨论式教学法与讲授式教学法相结合，选择贴近实际、贴近生活、贴近学生的教学素材，将理论问题通俗化、具体化，有效地激发学生的积极性和参与性，为学生提供科学的思维方法，引导学生深入思考并形成正确的价值观念。

3. 改进措施

根据学生的专业特点和兴趣点，进一步处理好案例选择与理论讲授之间的关系。

第五章
"三个坚持"的实践教学模式及其总结

培养高素质全面发展的创新人才已成为全社会的共识。为实现大学生全面发展目标，思想政治理论课实践教学起着重要作用，有效实施实践教学一直是高校思想政治理论课教学改革的重中之重。要在新时代推动思想政治理论课实践教学改革创新，就要不断增强课程的针对性、时代感和吸引力，党的十八大以来，各高校思想政治理论课实践教学改革成效显著。培养什么人、怎样培养人、为谁培养人是教育的根本问题，思想政治理论课是落实立德树人根本任务的关键课程，立德树人要融入思想道德教育、社会实践教育等各个环节。思想政治理论课实践教学在帮助大学生深刻理解马克思主义基本理论的基础上，通过实践教学活动深入社会主义现代化建设的伟大实践中，对培养大学生的创新精神、实践能力、观察分析社会现象的能力和综合素质具有重要作用。首都经济贸易大学党委及马克思主义学院领导和广大教师长期以来高度重视思想政治理论课实践教学，在学校党委的领导和大力支持下，马克思主义学院抓住重点马克思主义学院建设的机遇，突破部门限制，充分利用学工部、校团委、各学院专业课实习基地，齐心协力、共同合作，充分利用各部门资源，促进实践教学更有效、更广泛地开展。实践教学活动丰富多彩、形式多样，实践教学实效性不断提高，主要经验是以"三个坚持"为重点，即坚持社会实践、坚持阅读经典、坚持知识竞赛。

思想政治理论课实践教学是在教师的指导下，按照思想政治理论课教学大纲的要求，有计划、有目的地组织和引导大学生积极主动地参加社会实践活动，以提高大学生的思想道德素质、马克思主义理论水平和运用马克思主义世界观和方法论分析问题、解决问题能力的教学活动。为了达到实践教学目的，实践教学形式的选择应充分考虑学生参与的广泛性、实施的可操作性和形式的多样性，保证实践教学活动的全覆盖，从而提高实践教学效果和质量，发挥其育人功能。"四加一"各门思想政治理论课，根据教学目标及实际选择了适当的实践形式实现全员覆盖，提高实践教学实效。

一、坚持社会实践

学生社会实践是最直接的实践活动，是思想政治理论课实践教学的重要形式。这里所说的实践教学指的是在思想政治理论课教学过程中安排的学生社会实践活动,应把它放在整体教学计划中进行设计和组织实施,不是为实践而实践,而是要使之成为整个教学活动的有机组成部分,实践教学目的服务于整体教学目的。学生通过深入农村、社区和企业等基层,运用所学的马克思主义理论并联系社会经济发展重点、热点、难点等实际问题进行调研。

（一）主要的社会实践形式是社会调研

第一,教师围绕思想政治理论课教学内容和年度社会热点、难点问题提出社会实践的设想、要求,同时可以通过放映视频、案例观察来导入。社会调研选题由马克思主义学院实践教学中心提供。

第二,学生以一定方式有组织地进行社会调研,这是实践教学的核心部分,教师要进行跟踪了解和必要的指导。

第三,学生完成实践报告后,在课堂上进行汇报、交流及展示。

第四,教师对整个实践教学过程进行总结和点评。

第五,调研报告评优,并推荐到北京市参加优秀调研报告的评选活动。优秀调研报告定期结集出版。

（二）具体步骤与要求

1. 组织方式

3~6人一组,在班级内自由组合,每个小组推荐1名组长。各班课代表和学习委员要认真组织分组,将分组情况（各小组人数、组长和组员姓名）和小组选题交指导教师。分组情况和调研选题均应得到各班理论教学的任课教师的认可。

2. 制订计划

小组制订详细的调查研究计划,成员应有明确的分工,并有阶段性目标和具体任务。可利用双休日和节假日完成。

3. 调查形式

调查的形式不限,可采用问卷调查、面谈调查、书信调查、电话调查、网上调查等多种形式（应提前对学生进行必要的调研培训）。问卷样卷、问卷统计数据和走访原始记录以及拍摄的相关照片和资料需要上交。

4. 调研要求

必须坚持理论联系实际的原则,在调查的基础上进行分析与思考,调查小组就所调研课题写出一份不少于 3 000 字的调研报告。报告内容要言之有物,实践过程必须实事求是。

5. 材料要求

在提交调研报告的同时,还应提交相关附件材料,包括:① 调研报告形成过程的说明书,讨论的记录,向什么人进行了调查,调查人数,采用了什么方式进行调查,收集了哪些资料,参考了哪些文献资料等。②形成调研报告的有关调查资料(如调查问卷)和参考资料(复印件或网上下载资料等)。③小组成员分工说明书,包括小组成员在社会调查与调研报告形成过程中所起的作用,如小组长姓名、报告执笔人、小组成员各自承担的任务等。

(三) 实施过程

下面以 2019—2020 学年第 2 学期和 2020—2021 学年第 1 学期实践教学为例,对实施过程进行详细说明。

1. 社会调研的设计

2020 年是全面建成小康社会之年和"十三五"规划收官之年。教研室根据课程内容与要求,结合全面建成小康社会重大胜利和艰苦卓绝的新冠肺炎疫情防控以及大学生的实际,确定实践调研基本选题。学生根据教师布置的选题确定自己的调研主题。主要通过线上收集整理资料及相关信息、典型案例、英雄事迹,或疫情防控期间发生在自己所处乡镇、社区的感人事迹;既可以通过线上发放问卷等形式完成调研活动,也可以在当前国内外疫情防控和经济形势发生新的重大变化的背景下,围绕经济社会发展的机遇与挑战、脱贫攻坚面临的困难和挑战等,运用所学的马克思主义理论在线上完成调研,每人或每组撰写1篇不少于 3 000 字的有价值的调研报告。

依据国情和当前的社会热点,提供以下社会调研参考选题。

2019—2020 学年第 2 学期社会调研选题如下。

马克思主义基本原理概论课程:

(1) 北京高校学生马克思主义信仰状况研究。

(2) 疫情时期的人生价值思考。

(3) 疫情期间的学习自主性研究。

(4) 疫情对交往方式的改变与塑造。

(5) 课堂学习与网络学习方式比较。

(6) 信息技术发展对大学生学习方式影响的分析。

(7) 信息技术发展对大学生思维方式影响的分析。

(8) 疫情时期个人的责任与担当。

(9) 中国抗疫过程中体现的制度优势。

(10) 新冠肺炎疫情与国际经济发展局势。

(11) 经济全球化的新问题。

(12) 疫情对全球化的影响。

(13) 如何构建人类命运共同体。

(14) 疫情之下中华民族时代精神的研究。

(15) 新时代人民幸福感现状及原因的分析研究。

(16) 当代大学生文化自信的现状与分析研究。

毛泽东思想和中国特色社会主义理论体系概论课程：

(1) 在抗击疫情的人民战争中，中国采取的坚决有力的防控措施调研（如出色的领导能力、应对能力、组织动员能力、贯彻执行能力等）。

(2) 应对新冠肺炎疫情的严峻考验中的社会主义制度优势调研。

(3) 全国人民团结奋斗、共抗疫情的先进事迹调研（包括医务工作者、科学家、志愿者、快递小哥等各行各业先进人物和事迹，选其一即可）。

(4) 大学生在抗击疫情人民战争中的先进事迹调研。

(5) "线上经济"的新机遇调研（医疗、教育等，可任选）。

(6) 互联网行业的机遇与挑战调研（各行各业都有机遇与挑战，可以选自己感兴趣或熟悉的行业）。

(7) 大学生野生动物保护意识调研。

(8) "抗疫"中社区基层组织的重要作用调研。

(9) 当前中小微企业"复工复产"的困境调研。

(10) 党的十九大以来家乡村镇发展变化情况调研。

(11) 助力乡村振兴，农村产业扶贫政策调研。

(12) 全面建成小康社会，彻底解决"两不愁三保障"突出问题情况调研。

中国近现代史纲要课程：

(1) 疫情发生后，习近平总书记亲自指挥亲自部署情况调研。

(2) 全国人民支援湖北（武汉）疫情重灾区抗击疫情情况调研。

(3) 大学生在抗击疫情人民战争中的先进事迹调研。

(4) 用事实说明中国在新冠肺炎疫情防控中的制度优势。

(5) 全国人民团结奋斗、共抗疫情的先进事迹调研。

(6) 大学生"停课不停学"的真实感受调研。

(7)《全国大学生同上一堂疫情防控思政大课》观后感。

(8) 党的十九大以来家乡村镇发展变化情况调研。

(9) 助力乡村振兴，农村产业扶贫政策调研。

(10) 全面建成小康社会，彻底解决"两不愁三保障"突出问题情况调研。

2020—2021学年第1学期社会调研选题。

本学期社会调研主要围绕疫情防控下如何抓住机遇应对挑战，加快构建新发展格局和全面建成小康社会展开。教研室根据课程内容与要求及大学生实际，确定实践调研基本选题。学生根据教师布置的选题确定自己的调研主题，主要通过线上收集整理资料及相关信息、典型案例，通过线上发放问卷等形式完成调研活动。当前疫情防控和经济形势发生了新的重大变化，在此背景下，学生应围绕经济社会发展的机遇、挑战与决胜全面建成小康社会的战略举措等，运用所学的马克思主义理论在线上完成调研，每人或每组撰写1篇不少于3 000字的有价值的调研报告。社会调研选题如下。

马克思主义基本原理概论课程：

(1) 北京高校学生马克思主义信仰状况研究。

(2) 大学生对社会主义的认识问题调查。

(3) 大学生对资本主义的认识问题调查。

(4) 大学生对工人阶级地位问题的调查。

(5) 大学生对农民阶级地位问题的调查。

(6) 大学生对知识分子地位问题的调查。

(7) 白领——工作及生活方式调研。

(8) 农民工现状调研（就业、收入、生活方式等）。

(9) "农二代"状况调查。

(10) 对民营企业主地位问题的调查。

(11) 外资企业劳工状况调研（劳动条件、时间、薪资、福利、稳定性、价值观等）。

(12) 跨国公司调研（如肯德基、麦当劳）。

(13) 从金融危机看美国式资本主义的调研分析。

(14) 西方价值观及其影响的调研。

(15) 信息技术发展对大学生学习方式及思维方式影响的分析。

(16) 人们生活方式改变的调查。

(17) 通过现实生活中的经济案例分析价值规律的作用。

(18) 当代大学生价值取向调查。

(19) 当代大学生文化自信研究。

(20) 结合自身实践（打工、实习等），充分认识实践在认识中的作用。

(21) 新时代人民幸福感现状及原因研究。

(22) 经济全球化的新问题。

毛泽东思想和中国特色社会主义理论体系概论课程：

(1) 根据红色教育基地考察，写一篇革命先烈事迹和精神的研究报告。

(2) 家乡近年经济发展状况和存在的问题调查。

(3) 近年农民收入变化和生活质量调查。

(4) 中国小城镇建设情况调查。

(5) 党的十九大以来家乡村镇发展变化情况调研。

(6) 助力乡村振兴，农村产业扶贫政策调研。

(7) 全面建成小康社会，彻底解决"两不愁三保障"突出问题情况调研。

（8）近年来大学生就业状况调查。

（9）大学生环保意识调查。

（10）大学生野生动物保护意识调研。

（11）村镇（社区）构建和谐社会的经验与存在的问题调查。

（12）城乡收入差距现状调研。

（13）党的基层组织建设情况调研。

（14）某地村民、居民自治组织选举状况调研。

（15）创意园区或高新技术园区调研。

（16）中国自主品牌调研。

（17）北京成为中国特色世界城市状况的调研。

（18）"线上经济"的新机遇调研（医疗、教育等，可任选）。

（19）互联网行业的机遇与挑战调研（各行各业都有机遇与挑战，可以选自己感兴趣或熟悉的行业）。

（20）在应对新冠肺炎疫情严峻考验中的社会主义制度优势调研。

中国近现代史纲要课程：

（1）考察东交民巷，并写出一篇考察报告。

（2）考察北大红楼五四运动发祥地，并完成考察报告。

（3）考察李大钊同志故居，并写出观后感。

（4）对义和团运动在北京的历史考察与分析。

（5）对八国联军在北京暴行的历史考察与分析。

（6）考察圆明园遗迹，并写出考察报告。

（7）参观中国历史博物馆，并写出观后感。

（8）对天安门广场自近代以来的历史考察。

（9）参观中国革命博物馆，并写出观后感。

（10）考察北京长辛店二七大罢工历史遗迹，并写出考察报告。

（11）参观鲁迅故居，并写出观后感。

（12）参观卢沟桥和中国人民抗日战争纪念馆，并写出观后感。

（13）考察房山区霞云岭乡堂上村"没有共产党就没有新中国"歌曲的诞生地，并写出考察报告。

（14）考察自己家乡自中华人民共和国成立以来的变化，并写出考察报告。

（15）考察抗日战争时期的某一战役纪念馆和历史遗迹，并写出考察报告。

（16）考察焦庄户地道战遗址，并写出考察报告。

（17）对京郊农村（某镇、乡、村）改革开放以来的变化进行调查与分析。

（18）考察近代以来北京的历史变迁，并写出分析报告。

（19）助力乡村振兴，农村产业扶贫政策调研。

（20）用事实说明中国在新冠肺炎疫情防控中的制度优势。

2. 组织与实施

（1）原则。在疫情防控延迟开学的特殊时期，按照教育部《关于在疫情防控期间做好普通高等学校在线教学组织与管理工作的指导意见》的精神和《首都经济贸易大学关于疫情防控延迟开学期间本科网络教学工作实施方案》的要求，本着绝不给学校、学生和家长增加防控风险的原则在线上开展实践教学活动。

（2）形式。按照总体把控和个性化施展相结合的方式，学院思想政治理论课实践教学中心制定实践教学总体方案，各个教研室在总体方案的指导下，可以根据各门课程教学内容和特点细化方案，并组织本教研室任课教师具体实施。

组织方式。3~5人一组，在班级内自由组合，每个小组推荐1名组长。

调研形式。以线上调查为主，可采用线上问卷调查、书信调查、电话调查等。基于疫情防控的要求，调研全部在网上完成。

撰写报告。坚持理论联系实际的原则，调研小组就所调研课题写出一份不少于3 000字的调研报告。

教师职责。任课教师要加强与学生的联系，及时提供咨询、指导和帮助。

3. 调研报告评优、考核

学生要在规定时间内提交调研报告。期末调研报告提交后，评选优秀调研报告，每个自然班评选1~2篇，学年末结集成册，并推荐到北京市参加优秀调研报告的评选。全部调研报告作为实践教学成果存档，保存4年。调研报告成绩分优秀、良好、中等、及格、不及格五个等级。

（1）优秀评定标准。学生积极参与实践教学，调研报告理论分析与所学理论课程内容和调研实践内容紧密结合，有自己的观点和视角，分析深入，逻辑性强，行文语言流畅，调研报告格式规范。

（2）良好评定标准。学生积极参与实践教学，调研报告理论与实际结合，有自己的观点，语言较流畅，调研报告格式规范。

（3）中等评定标准。学生积极参与实践教学，调研报告能结合所实践内容撰写，但分析欠深入，文章逻辑性不强，行文语言欠流畅，调研报告格式欠规范。

（4）及格评定标准。学生参与实践，但调研报告没有结合自己的实践开展研究，纯属理论性文章，观点不明确。

（5）不及格评定标准。学生没有参与实践，提交的调研报告明显脱离实践活动的内容，且有明显拼凑或网络下载抄袭痕迹，或者未在规定时间内提交报告。

（四）整合学校资源助力思政课实践教学发展，构建课程思政的育人大格局

如前所述，首都经济贸易大学重点马克思主义学院建设事关学校发展大局，抓住重点马克思主义学院建设的机遇，突破部门限制，充分利用学工部、校团委、各学院专业课实习基地，齐心协力、共同合作，充分利用各部门资源，促进实践教学更有效、更广泛地开展。以各学院专业课实习基地为依托开展实践教学活动，马克思主义学院主要负责提供与课程内容相关的实践主题，学院要保证主题的专业性，以及与课程的契合性。实践教学由学院专业教师和思想政治理论课教师联合指导，学工部、校团委等负责组织实践团队，多部门互相配合，进行实践教学资源的整合，共同致力于实践教学的实施。学院解决实践教学基地不足，师资、经费短缺等问题。在调研过程中，把专业实习和思想政治理论课调研结合起来，发挥课程思政的作用。使各类课程与思想政治理论课同向同行，形成协同效应。将立德树人贯穿高校课堂教学的全过程，推动思政课程与课程思政协同前行，构筑育人大格局。

（五）建设"大思政"实践平台，开展社会实践活动

借助学校区位优势，以北京市丰台区街道、乡镇和社区为基地，建设思想政治理论课社会实践平台。以重点马克思主义学院建设为依托，充分发挥马克思主义学院的教学、研究、宣传和人才培养优势，利用与北京市首批当代中国马克思主义读书活动试点单位——丰台区马家堡街道时代风帆楼宇党委开展共建活动的契机，打造社会实践大课堂；组织学生在丰台区街道、乡镇和社区开展社会调研活动，取得了良好效果。

二、坚持阅读经典

阅读经典是指通过开展阅读经典书目、重要讲话或文件等形式完成实践教学任务。在开展经典阅读活动中，要求学生紧密联系当前的国情和社会现实，结合所学内容，认真学习模范人物的先进事迹，弘扬社会美德，增强爱党爱国爱社会主义的思想情感，努力做有理想有本领有担当的时代新人。由任课教师向学生说明实践教学活动的目的要求、实施内容、考核办法和评分标准等，并向学生提供阅读参考书目单。学生利用业余时间，从提供的阅读参考书目单中选取自己感兴趣的内容进行阅读并写出读后感，结课后提交。任课教师定期与学生沟通、联系，及时提供咨询、指导和帮助。

（一）阅读经典实践活动方案

阅读经典的实施包括阅读书目的推荐，教师对学生阅读的指导，学生的阅读实践活动，以及对学生阅读活动的检查和总结等。

实施阅读实践教学的关键环节之一是阅读书目的推荐。推荐阅读书目，主要是解决读什么和为什么读的问题，它直接影响阅读质量和阅读效果。所推荐的阅读书目，应紧紧围绕教学内容和教学目的，注意侧重加强理论深度和拓展知识面，突出理论背景，直面现实社会经济问题。在选择阅读参考资料时，一定要注意其文献性、经典性，要反映相关领域研究的新进展。

阅读书目主要由任课教师推荐，也可以参考有关方面专家的推荐意见和

学生自荐。对阅读书目要适时地进行必要的调整和补充。阅读范围可以包括以下几个方面。

1. 重要文献、理论名著、名篇类

重要文献、理论名著、名篇类属于理论深度阅读、拓展阅读，主要目的是使学生加深对相关理论的理解和认识，加强理论修养，启迪智慧，进而引发对现实问题的理性思考。文献类包括《毛泽东选集》《邓小平文选》《习近平谈治国理政》中的重要篇章，如邓小平同志的《解放思想，实事求是，团结一致向前看》《在武昌、深圳、珠海、上海等地的谈话要点》等。邓小平同志说，读马列要精，要管用。研读上述文献，可以使青年学生加深对中国特色社会主义理论体系这一马克思主义中国化最新理论成果的理解，树立共产主义的远大理想和建设中国特色社会主义的共同理想。有了远大的理想和抱负，再去学好专业知识，掌握专业技能，就能以一种更为积极的姿态投身中国特色社会主义建设的伟大实践。习近平总书记于2020年6月给复旦大学《共产党宣言》展示馆党员志愿服务队全体队员回信时指出，心有所信，方能行远。面向未来，走好新时代的长征路，我们更需要坚定理想信念、矢志拼搏奋斗。希望广大党员特别是青年党员认真学习马克思主义理论，结合学习党史、新中国史、改革开放史、社会主义发展史，在学思践悟中坚定理想信念，在奋发有为中践行初心使命，努力为实现"两个一百年"奋斗目标、实现中华民族伟大复兴的中国梦贡献智慧和力量。包括大学生在内的广大青年应当成为中国特色社会主义理论的学习者、宣传者、实践者。在名著、名篇的选择上，要选择那些与社会实践，包括改革开放、中国特色社会主义进入新时代等密切相关的、有重要影响的著作和文章，如《习近平关于全面深化改革论述摘编》《习近平关于全面建成小康社会论述摘编》《习近平关于全面依法治国论述摘编》等，此外还有吴敬琏《论竞争性市场体制》、马寅初《新人口论》、罗马俱乐部《增长的极限》、罗尔斯《正义论》、魏特林《和谐与自由的保证》等著作，以及《光明日报》特约评论员文章《实践是检验真理的唯一标准》和《解放军报》特约评论员文章《马克思主义的一个最基本的原则》等文章。

2. 理论背景类

包括人物传记、回忆录，如《毛泽东传》《邓小平传》《陈云传》

《江泽民传》《习近平的七年知青岁月》，以及钱其琛《外交十记》、田纪云《改革开放的伟大实践》等名人传记和回忆录。此外还有著名经济学家、改革风云人物的传记、回忆录，如《薛暮桥回忆录》、《孙冶方传》、《顾准全传》、于光远《1978：我亲历的那次历史大转折》、《吴敬琏传》和《袁庚传》等。通过这些书的阅读可以了解相关理论形成的历史背景，了解中国社会经济发展的进程、理论的演进过程，还可以学习传主身上体现的人文精神。正如骆耕漠在《中国经济学家列传》序言中所言，"对于生活在21世纪的人们，特别是从事经济工作的同志来说，完全可以从中了解过去，认识现在，展望未来"；"这些当代中国经济学家的人品学问都是有口皆碑的，尤其是他们所具备的严谨务实的科学态度，认真钻研的进取精神以及坚忍不拔的实践意志，皆可作为做学问人的楷模，这些经济学家的事业人生就是一部生动的教科书"。人物传记、回忆录类的著作内容丰富、可读性强，更容易为大学生所接受。

3. 纪实、报道、评论类书籍和文章

如马国川《大碰撞（2004—2006中国改革纪事）》，吴晓波《激荡三十年》和《激荡十年，水大鱼大》，澎湃号《深圳特区发展纪实：创造新时代中国特色社会主义的更大奇迹》，陈桂棣、春桃《小岗村的故事》，中央电视台国情备忘项目组编写的《国情备忘录》等。人文素质除了表现为理想、信念、理论素养外，还表现为对现实、对民生的关切。所谓人文情怀，既是理想主义的也是现实主义的，既要仰望星空也要脚踏实地。通过阅读此类书籍和文章，可以弥补直接社会实践的不足，使青年学生在历史和现实、理论和实际的关照中更为全面、理性地认识和对待现实社会经济问题，增强社会责任感。

（二）组织与实施

2020年是我国全面建成小康社会之年和"十三五"规划收官之年，面对新冠肺炎疫情的暴发，全国上下在以习近平同志为核心的党中央的领导下，统筹推进疫情防控和经济社会发展工作，奋力夺取疫情防控和实现经济社会发展目标"双胜利"，确保如期全面建成小康社会。全面建成小康社会为大学生施展才华创造了难得的发展机遇，为他们提供了成才和发展的广阔空间，同时也对他们提出了更高的要求。作为我国全面建设社会主义现代化事业的中坚力量和主力军，大学生要积极投身全面建成小康社会的浪潮中，运用所学知识，通过社会实践活动，进一步提高个人思想素质和政治素质。为了全力配合学校对新冠肺炎疫情防控工作的统一部署，落实学校疫情防控会议精神，从学生学业和生命健康出发，尽量减少因推迟开学对教学活动和教学秩序的冲击，做到"停课不停学"，思想道德修养与法律基础课的实践教学活动采用经典书目阅读的形式来实施完成，具体实施方案如下。

1. 实施要求

要求学生通过参与经典书目阅读活动，把自己所读所看的内容与当前的国情和社会现实紧密结合，正确理解理想与现实、个人与他人、个人与社会、竞争与合作、权利与义务、自由与纪律等相互关系，弘扬社会美德，增强爱党爱国爱社会主义的思想情感，努力做有理想有本领有担当的时代新人。

2. 实施步骤

任课教师通过公共邮箱、微信群等线上方式说明实践教学活动的目的要求、实施内容、考核办法和评分标准等，并向学生提供阅读参考书目的清单（详见附件1），由学生从中选取进行阅读，并上交3 500字以上的读后感。

3. 考核办法

任课教师根据每名学生上交的纸质版读后感，来评定学生实践教学成绩。

4. 评分标准

任课教师根据学生上交的作业，分优、良、中、合格和不合格五个等级并给出实践教学成绩。

优：按时上交作业，3 500字以上，语言流畅，观点正确，逻辑结构完整严谨，内容充实，有独到见解，紧密联系实际。

良：按时上交作业，3 500字以上，语言流畅，观点正确，逻辑结构较完整，内容较充实，能够联系实际。

中：按时上交作业，3 500字以上，语言流畅，观点正确，内容较充实，能够联系实际。

合格：按时上交作业，3 500字以上，语言通顺，观点正确，内容一般，联系实际不够紧密。

不合格：不按时上交作业，不足 3 500 字，观点模糊，内容空洞，存在明显抄袭等。

（三）学习经典著作的模式与方法

2013 年 12 月 3 日，习近平总书记在主持中共中央政治局第十一次集体学习时指出："要原原本本学习和研读经典著作，努力把马克思主义哲学作为自己的看家本领。"只有深入回归"原汁原味"的马克思主义经典著作，才能全面、系统地掌握马克思主义的根本立场、观点和方法。这不仅是学懂学通马克思主义理论的必然要求，而且是马克思主义理论课的教学目标之一。

如何学习马克思主义经典著作，这是青年大学生学懂马克思主义理论面临的首要问题。要做到"知其然又知其所以然"，全面了解马克思主义经典著作的基本内容与核心实质，系统地掌握贯穿其中的立场、观点和方法，必须掌握科学的方法和路径。只有这样，才能从根本上提高马克思主义理论素养，更好地用党的创新理论来指导解决实际问题，从而引导学生获得真知、提升思维能力，促进其学习方法和研究技能的提高。

1. 阅读经典的基本要求和目的

要求每个同学认真阅读一篇经典著作，并写一篇读书心得，主要内容写三点：一是在什么地方找到的这篇经典；二是在什么时间阅读的；三是阅读后有什么收获，这部分是撰写的重点。

根据马克思主义学院的基本要求，笔者在引导师生重视课外阅读经典，提升学生素养方面进行了有益的尝试，不仅使本科教学的中国近现代史纲要课程内容得到了进一步完善和补充，也与大学生的知识需求进行了较好的对接。学生的经典阅读与课堂教学结合在一起，培养了学生的综合能力素养，包括学习、应用、探究等各方面能力。通过经典阅读，加强了同学们对原著的认知和了解，锻炼了同学们查找文献的能力，进而使学生了解经典，取其精华，将理论知识与时代感结合。通过阅读经典和做足充分的课前准备，让学生能够充分了解课程的背景知识，从而提高了课堂上的理论水平。

根据不同教学班的特点和进度，各个班所阅读文章略有不同。综合基本要求是：①指导学生通过阅读论著、调查和梳理材料，增强文化意识；②学习探究经典文章阅读的方法，提高认识和分析经典现象的能力；③吸收优秀传统文化的营养，参与先进文化的传播；④重在领会精神，抓住重点，对其中的主要内容或观点进行讨论；⑤引导专题探究，重在培养学生的探究意识和探究能力，让学生体验探究的过程，学习探究的方法。

在整个阅读经典过程中，笔者还强调了以下几点：①既要谈经典阅读的意义，也要谈经典阅读的方法。教师引导学生正确的阅读方法，学生之间要相互分享阅读的方法，找对正确的阅读方法，从而提升整个阅读效率和知识吸收的效率。②结合实际。要结合当今的社会实际，特别是结合学生自己读书的实际，谈阅读经典的心得和体会。③要努力"重读经典"。其中包含扎实地一篇篇读经典，也包含用今天的眼光、新时代的眼光来读。这样不仅使整个经典阅读活起来，具有生命力和传承持续力，而且使中国近现代史纲要课程活起来，告别死板的教师讲、学生听的过程，增强互动交流性，使学生在分享的过程中学到相关知识。

2. 青年学生普遍参与

学校是立德树人、培养人才的主阵地，青年学生必须阅读马克思主义经典著作。习近平总书记强调："我们的高校是党领导下的高校，是中国特色社会主义高校。办好我们的高校，必须坚持以马克思主义为指导，全面贯彻党的教育方针。要坚持不懈传播马克思主义科学理论，抓好马克思主义理论教育，为学生一生成长奠定科学的思想基础。"[1] 在学习马克思主义理论课过程中，青年学生普遍参与要求实现全员全程全方位的参与，让每一位青年学生普遍参与是充分发挥学生主体地位的必然要求。

首先，青年学生普遍参与体现在主体的全员性。纵到底、横到边、全覆盖，使每一个学生都积极参与进来。学生不是被动的聆听者，而是主动的参与者，这是素质教育的基本要求。必须让每一个学生、每一个小组、每一个群体、每一个班级、每一所学校活起来，真正做到学生主体的全覆盖。学生的普遍参与有利于每一位学生都积极主动地去发现探索，去获取真知，去充

---

[1] 习近平在全国高校思想政治工作会议上强调　把思想政治工作贯穿教育教学全过程　开创我国高等教育事业发展新局面［N］．人民日报，2016-12-09（1）．

分促进学生的个性发展和全面发展。其次青年学生普遍参与体现在过程的完整性，这要求全体学生全面参与教学过程的各个环节，如学生参与备课环节、讲课环节、评课环节、命题环节，参与实践活动课程环节，参与专题研究环节等。全过程的参与有利于增强对学生的感染力、提高学生的实践能力和创新能力。青年学生普遍参与还体现在方式的多样性。通过"读""讲""诵""演""辩""练"等多种方式，丰富教学方式，激发学生兴趣，提升课程魅力，使学生充分利用课上话语权，勇于发言，阐述观点。通过多种方式营造学生在学习中享受乐趣，在享受乐趣中获得知识的氛围。

3. 选好经典著作

当前，关于马克思主义理论的相关资料浩如烟海，面对多样化、多元化的信息环境，必须学会信息节食，提高媒介素养，要阅读和学习那些经典的、符合时代特征的、契合当代中国特色社会主义建设的马克思主义经典著作。

首先，选好经典著作体现在要阅读经典原著。恩格斯曾指出："对于那些希望真正理解它的人来说，最重要的却正好是原著本身。"① 任何作品的产生、内容、观点以及发展，都立足经典著作本身。马克思主义相关理论渊源和基础所立足的正是马克思主义经典原著。只有选择经典著作，才能从中体会马克思主义的根本立场、观点和方法，领略其中的精髓和思想。习近平总书记强调："马克思主义经典著作包含着经典作家所汲取的人类探索真理的丰富思想成果，体现着经典作家攀登人类理论高峰的不懈追求和艰辛历程。阅读经典著作，本身就是增长知识、开阔眼界、增加思想深度和训练思维方式的过程，就是培养高瞻远瞩的战略洞察力和脚踏实地繁荣工作作风的过程，会使我们在潜移默化中受到他们崇高风范和人格力量的熏陶，从而实现自己思想境界和道德情操的升华。"② 经典著作中的精华、精髓和灵魂都附着于原著的字里行间，只有原原本本地认真研读，用心反复体味，才能得其要领，取到"真经"。阅读经典著作的过程，便是穿越时空与大作家对话的过程。聆听先哲们的故事，领悟其中的道理，从而丰富理论，坚定信念。阅读经典著作还

---

① 马克思恩格斯选集：第4卷［M］．北京：人民出版社，1995：697．
② 习近平．领导干部要重视学习马克思主义经典著作：在中央党校举行春季期第二批入学学员开学典礼的讲话．见《人民日报》2011-05-14（1）．

是我们做科学理论研究的第一手宝贵资料，二手资料往往失去了经典著作"原汁原味"的特性。只有用心研读经典著作，才能正确树立正确的世界观及方法论，才能感受思想的力量，领略经典的理论特征、逻辑论证等。

其次，选好经典著作体现在马克思主义经典著作中的经典篇目。比如，在科学社会主义方面可以阅读《共产党宣言》，文中第一次全面系统地阐述了科学社会主义理论，指出共产主义运动将成为不可抗拒的历史潮流。俄国的十月革命给我们提供了新的借鉴和方向，一声炮响送来的马克思主义是黑暗中的一缕光明与希望，给在迷茫中探索的中国人以崭新的思考与启发。从此，我们有了新的科学理论作支撑，新的奋斗目标和前进方向为动力。马克思主义是引导我们走向"站起来"的科学指南，是党的一大纲领核心思想的理论基础，更是中国共产党人初心和使命的理论来源。除此之外，在科学社会主义方面还有《社会主义从空想到科学的发展》《中国社会各阶级的分析》《关于正确处理人民内部矛盾的问题》等经典篇目；马克思主义政治经济学研究的是在一定生产力状况基础上的社会生产关系及其发展规律的理论，如《1844年经济学哲学手稿》《资本论》《反杜林论》等经典篇目；在马克思主义哲学方面有《唯物主义和经验批判主义》《关于费尔巴哈的提纲》《实践论》《矛盾论》等经典篇目。若不读经典篇目，或浅尝辄止，就无法深刻领会其精神实质。因此，必须逐字逐句反反复复阅读，才能达到理论指导实践的效果。

4. 分组阅读相互探讨

一千个读者的心中有一千个哈姆雷特。马克思主义经典著作内容博大精深，仅靠个人能力很难深刻领悟其中的理论精髓，这无疑给阅读经典著作增加了难度，因此需要在学生中通过分组阅读、相互探讨的方法来悟原理、求真理、明事理。

分组阅读、相互探讨的方法改变了传统的教师阅读与灌输，学生被动听取与接受的局面，学生之间、小组之间互相交流看法和心得，取长补短，共同进步。这样的方法丰富了阅读模式，激发了学生阅读的积极性、主动性，在潜移默化中提高了阅读效率，拓宽了学识视野，形成了有利于学生全面发展的浓厚读书氛围，这种新型的阅读模式值得采用。例如，在学习和研读马克思主义经典著作过程中建立研究性学习小组，以组为单位，可以采用"沙龙式"、"圆桌会议式"、提问式和辩论式等方式，通过组内交流来实现对著作的深层理解，充分挖掘著作资源，尽情交流学术观点，相互启发、取长补短。分组阅读并相互探讨的过程，也就是加深思考、发现问题、解决问题的过程，既锻炼了学生的创新能力、实践能力，又培养了合作精神。

5. 写出阅读感想与收获

"好记性不如烂笔头"，这个家喻户晓的道理说明了在学习过程中，勤于动手，写出所想所悟是一个良好的习惯，有利于整理思维，帮助学习和记忆。把研读过程中的思考和感受及时用文字的形式记录下来，可以使注意力更加集中到学习的内容上。写出阅读感想与收获的过程也是一个积累思考的过程，充分地调动脑、手一起活动，促进对所学知识的理解。研读马克思主义经典著作，要想知其然又知其所以然，必须多思多想多写，形成自己的心得体会，这样才能深入领会经典著作的理论意义、实践意义、世界意义以及时代意义。马克思主义经典著作是一座精神"富矿"，在挖掘过程中，把经典著作中的真理、启迪等内容分别加以整理、归纳和总结，有哪些收获、哪些不足以及以后需要注意的事项，写出自己的心得体会，这是研读马克思主义经典著作形成的宝贵成果。这些所思所悟不仅有助于学生进行及时复习并进一步思考，而且可以培养独特的见解，发现思考的漏洞，从而摆正认识，形成连贯严密的逻辑思考，从而在整体上把握著作中的理论思想，在潜移默化中提高阅读经典文献的能力和辩证的思维能力。

6. 理论联系实际

学习马克思主义经典著作，并不等于遵从教条主义和本本主义，而是必须结合中国实际和时代特征加以灵活思辨和运用，做到学思用贯通，知信行合一。毛泽东强调："我不认为中国背叛了马列主义。中国的党一贯遵守马列主义的原则，因为它是普遍的真理。这是普遍真理与中国具体情况的统一的问题。"[①] 真正的马克思主义者，不是把马克思主义经典著作当成机械的教条，更不是寄希望于从马克思主义中找到解决一切问题的"标准答案"，这是无的

---

① 毛泽东文集：第8卷［M］．北京：人民出版社，1999：5-6．

放矢、毫无意义的，而是要将马克思主义基本原理同时代特征结合起来，结合中国实际对其进行创造性转化和创新性发展。毛泽东同志曾经反复强调，任何国家的共产党，任何国家的思想家，都要创造新的理论，写出新的著作，产生自己的理论家，来为当前的政治服务，单靠老祖宗是不行的。因此，我们学习马克思主义经典著作，要紧密结合自身实际，要坚持以实际问题为中心，坚持一切从实际出发，实事求是，着眼于马克思主义理论的运用，着眼于对实际问题的理论思考，着眼于新的实践和新的发展。运用马克思主义经典原著中阐述的基本原理来正确分析和解答现实生活和学习工作的问题。进入新时代，我们面临着复杂的国际环境，机遇与挑战并存，这更需要我们从经典著作中寻找立场、观点和方法，从中汲取智慧和力量，紧跟时代步伐，把握时代脉搏，回应时代课题，提高运用辩证唯物主义观察和分析问题的能力，不断把中国特色社会主义伟大事业推向新发展。

坚定马克思主义信仰，坚持中国共产党的领导，坚定不移地走中国特色社会主义道路，需要青年学生深入研读马克思主义的经典著作，将阅读升华为"悦读"，夯实理论基础，用理论指导实践，不断提高马克思主义理论水平，为走向新征程打好理论基础。

7. 阅读经典的完成情况

通过几个学期学生上交的文本和课堂展示的情况，可以说基本达到了预期效果。

作业进度基本完成。通过对作业完成情况的统计，绝大部分同学都按时完成了作业，上交了读书笔记，并在课上展示了读书成果。尽管个别同学推迟了上交作业和课堂展示的时间，但整体上完成了教学进度。笔者通过对作业的批改并旁听部分同学的课上展示，初步判断大部分同学在课下都对原著进行了研读和预习，并且根据自己的理解整理了自己对原著的感受，为接下来的学习和课堂互动奠定了基础，达到了课前预习的预期效果。

提高了课堂互动性。通过课上的读书感受的展示，每个同学都参与了教学活动，提高了课堂上的互动性。这改变了以往的单纯教师授课的常态，一定程度上调动了同学们的学习积极性和主动性，同时也进一步提高了教学效果。与此同时，也显现出一些问题和不足。

学生查找文献的能力普遍，但是部分同学仍显不足。通过统计和分析可知，大部分同学是通过图书馆查找原著进行研读的，一定程度上提高了同学们查找文献的能力，达到了本次作业的预期效果。但是也有相当一部分的同学通过互联网搜索文献来进行研读，而互联网中所转载的二手资料的可靠性和真实性是要受到严重质疑的，所以这部分同学在查找文献中的严谨态度还有待锻炼和提高。

对原著的内容基本掌握，但是个人感受不到位。通过对各个教学班上交作业的统计来看，绝大部分同学都能够把原著的主要内容或者是大体的框架描述出来，其中部分同学还会联系自己的生活或者是当下现实表述个人的观点。但是绝大部分同学都只是对原著的简单性的描述，缺少或没有自己的观点和感受。这与笔者的预期存在一定的差距。

个人感想部分，雷同现象比较多。雷同现象在不同的教学班中有差异，但是都存在。在读书感受中出现部分雷同或者是全部雷同的现象，一定程度上也反映出了这些同学至少在读书感受上没有达到预期要求，或完成作业的态度不积极不认真。

学生在整个阅读的过程中，缺乏深入思考，这在一定程度上限制了学生的知识创新性。究其原因，可能是长久以来学习和实践相分离的阅读习惯，使他们在阅读时与当前社会状况和个人生活经历的结合较少，因此缺乏发现问题的能力。因此，在进一步推进经典阅读的过程中，还应培养学生的兴趣性和思考性，引导学生把理论和实践联系起来，将知识、兴趣、反思三个方面结合起来。

8. 阅读经典的意义

（1）经典阅读是把握民族文化的有效路径。人类文明的成果，常常是通过经典的阅读而代代相传的。要用人类、国家、民族文明中最美好的精神食粮来滋养我们的下一代，使他们成为健康、健全发展的人。如果今天我们口里喊着经典阅读，年轻一代或者大众却都不读原著，只读二手资料，这就会误事，甚至造成严重的后果。为什么要如此强调经典阅读？因为"经典"是时代、民族文化的结晶。作为民族精神源泉的经典，当这个民族在现实中遇到问题的时候往往可以从经典那里汲取精神的养分。

今天是过去的延伸，也是未来的起点。要把握今天、把握未来，应从史镜之中获得宝贵的借鉴，方才不失为智慧的民族。对一个国家的发展来讲，其兴也有因，其衰也有故，所以学习中国历史，重读经典，温故而知新，对于我们抓住机遇，推进改革，实现"三步走"的宏伟战略目标而言，是极有助益的。

（2）经典阅读是增强文化自信的内在要求。当前，我国正处在改革开放不断深化和社会主义市场经济不断完善的大转型时期，国际局势也在发生着深刻的变化，世界多极化和经济全球化的趋势在曲折中发展，科技进步日新月异，综合国力竞争日趋激烈。处于这样特殊时期的当代大学生，受国际社会政治、经济和文化发展趋势的影响，加之正处于人生观、价值观和世界观重塑的关键阶段，西方价值观对其的影响越来越大。因此，学生的价值重建和坚定信仰显得尤为重要。信仰、价值理想，都不是凭空建立起来，而是要有丰厚的文化基础。这就要趁年轻、在校学习时间充分、精神集中的有利条件，大量读书，特别是古今中外的经典，以吸取最广泛的精神资源。吸收得愈多愈广，精神底气愈足，就愈能在独立的选择、消化、融会、创造中建立自己的信念和理想。同时，信仰、理想不是在书斋里苦思冥想所能构建起来的，这就必须有社会实践。因此，在校期间，在以主要精力读书的同时，应适当参加一些社会实践活动，特别是到中国社会基层去，以了解真实的中国，了解脚下的这块土地、土地上的人民、土地上的文化并与之建立某种血肉联系，这能为自己确立基本的人生理想、目标奠定一个坚实的基础。换言之，就是不要为读而读，而是要以促进自己的精神成长为目的，为了"立人"而阅读经典。

（3）经典阅读是学习马克思主义的必然要求。经典著作是民族文化和知识的结晶，是哺育一个民族的精神源泉，是人安身立命的所在。已有无数前人从中汲取精神营养，它也必将对当代大学生产生深远的影响。马克思主义经典著作是以马克思主义发展史为主线，较为完整地体现马克思主义、列宁主义、毛泽东思想和中国特色社会主义理论体系一脉相承的思想体系和各自独创性的发展。"马克思主义经典著作蕴含和集中体现着马克思主义基本原理，是马克思主义理论的本源和基础"，"马克思主义经典著作包含着经典作家所汲取的人类探索真理的丰富思想成果，体现着经典作家攀登科学理论高峰的不懈追求和艰辛历程"。通过学习，大学生对马克思主义基本理论将有进一步的理解和掌握，能够加深对马克思主义理论科学性和先进性的认识，增强对马克思主义的坚定信仰和致力于社会主义建设的决心与信心。

马克思主义是科学的世界观和方法论，是关于自然、社会和思维发展的普遍规律的学说，为人类认识和改造世界指明了道路。因此，它对我们在生活中正确处理国家、集体和个人的关系，正确选择人生目标和发展道路，树立坚定正确的政治方向，具有极重要的导向作用。当前，我国经济社会和人们的实际生活发生了深刻变化，这有利于人们树立自强意识、创新意识、成才意识、创业意识，但同时也会引起人们价值观念和行为方式的多样性、多变性和矛盾性，容易诱发自由主义，滋生拜金主义、享乐主义、极端个人主义等腐朽思想。因此，学习马克思主义可以帮我们树立科学的世界观、人生观和价值观，找到符合社会发展方向的个人定位。

（4）经典阅读是提高思想理论水平的必由之路。下得苦功夫，求得真学问。青年学子要迈稳步子，夯实根基。求学的根基就是阅读经典原著，马克思主义经典原著虽然被认为有些难懂，然而"天下事有难易乎？为之，则难者亦易矣；不为，则易者亦难矣"。因此，青年学生之为学，要培养坚韧的毅力、吃苦耐劳的精神。费尔巴哈说："科学是非常爱嫉妒的，科学只把最好的恩典赐给专心致志地献身于科学的人。"东汉哲学家王充说："不学自知，不问自晓，古今行事，未之有也。"当代大学生对学习新知识和新技能要有孜孜不倦的热爱与执着追求。有了这样的毅力，自然就会阅读经典、吃透经典，形成马克思主义理性思维。

大学生阅读马克思主义经典是获得马克思主义理论的知识，吸取思想精华的快捷路径；阅读马克思主义经典是陶冶情操，塑造高尚人格的重要方式。经典是大师的著作，阅读经典就像是与大师对话，可以学习用大师的思想和思维方式来观察世界。阅读经典是增进智慧、寻求人生启迪的有效方法。牛顿说："我之所以比别人看得远些，是因为我站在巨人的肩膀上。"阅读一定数量的经典著作，不仅有利于学生个人的健康成长，而且对培养社会主义现代化的合格建设者和可靠接班人都具有重大的现实意义。

三、坚持知识竞赛

2020年6月，习近平总书记在给复旦大学青年师生党员回信中指出："希望广大党员特别是青年党员认真学习马克思主义理论，结合学习党史、新中国史、改革开放史、社会主义发展史，在学思践悟中坚定理想信念，在奋发有为中践行初心使命，努力为实现'两个一百年'奋斗目标、实现中华民族伟大复兴的中国梦贡献智慧和力量。"历史是最好的教科书。学习"四史"是共产党人的必修课，也是习近平总书记对广大党员及广大青年提出的殷切期望，为我们不断把"四史"学习教育引向深入提供了根本遵循。培养高素质全面发展的创新人才已成为全社会的共识，思政课实践教学对大学生的全面发展起着重要作用。通过国史国情知识竞赛，使学生深入了解历史和当前的现实国情，既是思政课实践教学的重要内容，也是培育大学生社会主义核心价值观和对他们进行思想道德教育的重要内容。国史励志，要充分运用国史、国情资源对大学生进行教育，引导他们了解中国近代史、党史、新中国史、改革开放史、社会主义发展史，以及党的奋斗历程和建设中国特色社会主义的伟大创举，明确中国共产党和中国未来的发展方向，增强学生对中国特色社会主义的道路自信、理论自信、制度自信、文化自信，立志肩负起民族复兴的时代重任。

大学生通过国史国情知识竞赛，深入学习和了解国史、党史、新中国史和改革开放史，更加坚定中国特色社会主义的"四个自信"，弘扬爱国主义精神。通过国史国情知识竞赛教育引导学生热爱和拥护中国共产党，立志听党话、跟党走，立志扎根人民、奉献国家。

（一）知识竞赛方案

1. 知识竞赛活动流程

（1）安排知识竞赛活动，发竞赛试题（见附件2）。试题由实践教学中心提供。学生做题并按时提交试卷。

（2）提交试卷后，由教师评阅试卷，择优选拔参加全校知识竞赛预赛的同学，预赛后进行决赛。

（3）学生提交不少于1 000字的参加知识竞赛的收获、体会。

（4）评阅参加知识竞赛的收获、体会。

2. 考核评价

考评以答卷和收获、体会成绩为依据，分优秀、良好、中等、及格、不及格五个等级。

（1）优秀评定标准。答卷90分以上，收获、体会分析深入，行文语言流畅，格式规范。

（2）良好评定标准。答卷80~90分，收获、体会分析较深入，语言较流畅，格式较规范。

（3）中等评定标准：答卷70~80分，收获、体会分析不太深入，文章逻辑性不强，行文语言欠流畅，格式欠规范。

（4）及格评定标准：答卷60~70分，收获、体会一般。

（5）不及格评定标准：学生没有参加竞赛活动或没有提交收获、体会。不及格者不能获得学分。

3. 知识竞赛试卷评分标准

答错10题以下为90分；答错11~20题为80分；答错21~30题为70分；答错31~40题为60分；答错超过41题为不及格。

（二）知识竞赛活动的组织与实施

每个自然班推选3名同学组成一个代表队，每个代表队推选一位同学负责联系参加全校知识竞赛预赛和决赛的相关事宜。

1. 预赛

（1）比赛基本规则：①每支代表队由3名选手上场，代表队员编号分别为一号选手、二号选手、三号选手。②比赛采用分组淘汰制。③每组的第一名代表队进入决赛。④比赛分个人必答，每人2题；集体必答，每队2题；共20道抢答题。⑤加试比赛规定：小组预赛的前三名如果分数相同，则应加试比赛；加试比赛采用加试题目，先由每队加试一题，胜者名次排前；如果分数还相同，则每队再加试一题，胜者名次排前；分数仍相同，则加试一道抢答题，胜者名次排前。加试题所获得的分数不记入总分，只做排名次用。如：第一名有两个（分数相同），经加试比赛后，名次分别是第一名、第二名，原第二名则顺延为第三名，依此类推。⑥记分办法：各队底分200分，分个人必答、集体必答题，回答正确加10分，回答错误不得分也不扣分；抢答题，回答正确加10分，回答错误扣10分，违规抢答（主持人说"开始"后，队员才能开始抢答）和没有按时答题以及答题超时都将被扣10分。⑦计时规定：个人必答题、集体必答题和抢答题答题总时间均是60秒；回答问题的队员必须在30秒内开始答题。答题结束应该回答"答题完毕"。⑧各队的台号由抽签决定，各队员的编号由各队自己决定，就座后不得改变位置。

（2）比赛程序：①第一阶段：个人必答题（每人2题，一次答完，即每个队员一次性回答2题；每队6题，分三个循环答完）。宣布个人必答题各队分数；比赛规则：从一号选手开始答题，一人答题，其他人不能提示，30秒内开始答题，60秒内答题完毕，答题结束时应回答"答题完毕"。答题正确加10分，答题错误不得分，也不扣分。②第二阶段：集体必答题（每队2题，分七个循环完成）。宣布集体必答题各队分数；主持人宣布比赛规则：任意一人答题，其他队员可以提示、补充，30秒内开始答题，60秒内答题完毕，答题结束时应回答"答题完毕"。答题正确加10分，答题错误不得分，也不扣分。③第三阶段：抢答题（共20题）。主持人宣布比赛规则：主持人念题完毕，说"开始"后各队才能"抢答"，答题队员应在30秒内开始答题，60秒内答题完毕。答题正确加10分，答题错误扣10分；抢答犯规（提前或在答题中又按抢答器）扣10分。④第四阶段，比赛结束，主持人宣布各队得分情况。⑤第五阶段：加试题（存在前三名分值相同的队时才启用）。主持人宣布比赛规则：相同分值的队先加试一题，胜者名次排前；如果分数还相同，则再加试一题，同样胜者名次排前；分数仍相同，则加试一道抢答题，同样胜者名次排前。加试题所获得的分数不记入总分，只供排名次用。⑥第六阶段：主持人宣布预赛结果，每组决出的第一名代表队参加决赛。

2. 决赛

（1）比赛基本规则：①每支代表队由3名选手上场，代表队员编号分别为：一号选手、二号选手、三号选手。②各队成绩的排列：以进入决赛的

6支代表队为例，名次按分数分别是1~6名（前三名分数相同的通过加试比赛决定名次，后三名可以并列）。如果进入决赛的代表队超过6支，可参照此办法排列。③加试比赛规定：决赛中，前三名如果分数相同，则应该加试比赛，加试比赛采用加试题目，先加试一题，胜者名次排前；如果分数还相同，则再加试一题，胜者名次排前；分数仍相同，则加试一道抢答题，胜者名次排前。加试题所获得的分数不记入总分，只做排名次用，如第一名有两个（分数相同），经加试比赛后，名次分别是第一名、第二名，原第二名则顺延为第三名、第四名、第五名等，依此类推。④比赛分个人必答，每人两题；集体必答，每组两题；抢答题共24题；风险题有三个分值：20分、30分、40分，每个代表队只有一次选题机会，即只能选择某一分值后抽签确定一个题目，六支代表队同时选择分值、同时抽签确定题目，将抽签确定的题目统一放在桌子的右前方，由主持人按1~6号台的顺序逐一答题，逐一评分。⑤记分办法：各队底分200分，个人必答、集体必答题，回答正确加10分，回答错误不得分也不扣分；抢答题，回答正确加10分，回答错误扣10分，违规抢答（主持人说"开始"后，队员才能开始抢答）和没有按时答题以及答题超时都将被扣10分；风险题回答正确得相应的分值，回答错误扣相应的分值。⑥计时规定：个人必答题、集体必答题和抢答题答题总时间均是60秒；回答问题的队员必须在30秒内开始答题。答题结束应该回答"答题完毕"。⑦各队的台号由抽签决定，各队员的编号由各队自己决定，坐好后就不得改变位置。

（2）比赛程序：①第一阶段：个人必答题（每人2题，一次答完，即每个队员一次性回答2题；每队6题，分三个循环答完）。比赛规则：从一号选手开始答题，一人答题，其他人不能提示，30秒内开始答题，60秒内答题完毕，答题结束时应回答"答题完毕"。答题正确加10分，答题错误不得分，也不扣分。②第二阶段：集体必答题（每组2题，分两个循环完成）。比赛规则：任意一人答题，其他队员可以提示、补充，30秒内开始答题，60秒内答题完毕，答题结束时应回答"答题完毕"。答题正确加10分，答题错误不得分，也不扣分。③第三阶段：抢答题（共24题）。比赛规则：主持人念题完毕，说"开始"后各队才能"抢答"，答题队员应在30秒内开始答题，60秒内答题完毕。答题正确加 10 分，答题错误扣 10 分；抢答犯规（提前或在答题中又按抢答器）扣 10 分。抢答结束后，主持人宣布各队得分情况。④第四阶段：风险题（分值为 20、30、40）。比赛规则：每队只有一次选择分值的机会，各队同时选择分值，抽签后将题目放在桌子的右前方，按 1~6 号台顺序答题。任意一个队员答题，其他队员可以提示、补充，60 秒内开始答题，120 秒内答题完毕，在规定时间内回答正确得相应的分值，超时和回答错误扣相应的分值。各队答题结束后，主持人宣布各队得分情况。⑤第五阶段：加试题（存在前三名分值相同的队时才启用）。比赛规则：相同分值的队首先加试一题，胜者名次排前；如果分数还相同，则再加试一题，同样胜者名次排前；分数仍相同，则加试一道抢答题，同样胜者名次排前。加试题所获得的分数不记入总分，只供排名次用。⑥第六阶段：宣布比赛结果、颁奖。

四、大学生社会实践的重要意义

习近平总书记在全国高校思想政治工作会议上指出："社会是个大课堂。青年要成长为国家栋梁之材，既要读万卷书，又要行万里路。社会实践、社会活动以及校内各类学生社团活动是学生的第二课堂，对拓展学生眼界和能力、充实学生社会体验和丰富学生生活十分有益。"习近平总书记在《思政课是落实立德树人根本任务的关键课程》一文中强调，推动思政课改革创新，要坚持理论性和实践性相统一，用科学理论培养人，重视思政课的实践性，把思政小课堂同社会大课堂结合起来，教育引导学生立鸿鹄志，做奋斗者。习近平总书记关于教育的一系列重要论述深刻阐明了思想政治理论课实践教学的重要意义。

首先，社会实践有利于大学生成长成才。培养什么人、怎样培养人、为谁培养人是教育的根本问题。改革开放以来，党从国家发展战略需求出发，坚持优先发展教育，全面进行教育体制改革和教学改革，培养了一大批高素质专门人才。党的十八大以来，以习近平同志为核心的党中央高度重视教育工作，提出了一系列富有创见的新理念新思想新观点，强调我国社会主义教育就是要培养社会主义建设者和接班人。习近平总书记提出"培养担当民族复兴大任的时代新人"的战略任务,这是我们党在新时代育人目标的凝练。全面贯彻党的教育方针、落实立德树人根本任务,高校思政课实践教学担负着培养担当民族复兴大任的时代新人的重任,坚持社会实践有利于大学生成长成才。

其次,社会实践有利于促进大学生进一步了解社会,融入社会主义现代化建设的伟大实践中,为实现"两个一百年"目标而奋斗。我国社会主义教育就是要培养社会主义建设者和接班人,而培养社会主义建设者和接班人,必须立足我国国情,走中国特色社会主义教育发展道路。在抓好马克思主义基本理论教育的同时,广泛开展中国特色社会主义理论体系学习教育,让学生深刻感悟马克思主义的真理力量,让学生了解马克思主义中国化的最新成果源于新时代中国特色社会主义的伟大实践。通过社会实践活动,大学生可以进一步了解社会,融入社会,为实现"两个一百年"目标而奋斗。

最后,社会实践可以使大学生了解国史国情,加深对中国特色社会主义理论体系这一马克思主义中国化最新理论成果的理解,树立共产主义的远大理想和建设中国特色社会主义的共同理想。通过社会实践了解我国改革发展的伟大成就,通过阅读经典和知识竞赛学习党史、新中国史、改革开放史、社会主义发展史,强化学生的国家认同,增强民族自豪感和自信心。社会实践可以培养学生的创新意识和创新思维,提升创新能力,使大学生不仅有爱国之志,更具有报国之才。可见,社会实践使学生拓宽视野、丰富知识,在实践中学到真学问、增长真才干。

附件1：阅读参考书目推荐（因处于疫情防控特殊时期，为了方便学生，本学期对经典阅读书目不作版本要求）

马克思、恩格斯：《共产党宣言》

马克思：《青年在选择职业时的考虑》

毛泽东：《人的正确思想是从哪里来的?》，《毛泽东著作选读》（下）

毛泽东：《青年运动的方向》，《毛泽东选集》第二卷

周恩来：《我的修养要则》（1943.3.18），《周恩来选集》（上卷）

刘少奇：《论共产党员的修养》

邓小平：《在武昌、深圳、珠海、上海等地的谈话要点》

习近平：《青年要自觉践行社会主义核心价值观》

习近平：《习近平关于全面建成小康社会论述摘编》

中央党校采访实录编辑室：《习近平的七年知青岁月》

习近平：《习近平谈治国理政》第一卷、第二卷、第三卷

中共中央宣传部：《习近平新时代中国特色社会主义思想三十讲》

人民日报评论部：《习近平用典》第一辑、第二辑

中共中央宣传部理论局：《六个为什么——对几个重大问题的回答》

钱其琛：《外交十记》

《中华人民共和国宪法》

爱因斯坦：《我的世界观》、《社会和个人》、《爱因斯坦译文集》和《爱因斯坦文集》

麦克莱伦：《马克思传》

逄先知、金冲及：《毛泽东传（1949—1976）》

傅高义：《邓小平时代》

孔子：《论语》

老子：《道德经》

柏拉图：《理想国》

卢梭：《爱弥儿》

孟德斯鸠：《论法的精神》

斯密：《道德情操论》

罗尔斯：《正义论》

罗素：《西方哲学史》

费孝通：《乡土中国》

冯友兰：《中国哲学简史》

钱穆：《人生十论》

叶圣陶：《叶圣陶教育文集》

季羡林：《季羡林谈人生》

季羡林：《讲真话——人生箴言录》

林语堂：《中国人》

辜鸿铭：《中国人的精神》

南怀瑾：《论语别裁》（上、下）

吕思勉：《中国文化史》

罗广斌：《红岩》

张曼菱：《西南联大行思录》

陈先达：《哲学与人生》

陈平原：《大学何为》

苏力：《法治及其本土资源》

李开复：《做最好的自己》

周国平：《人生哲思录》

刘建军：《信仰书简：与当代大学生谈理想信念》

龚鹏程：《中国传统文化十五讲》

牟钟鉴：《中国文化的当下精神》

瞿同祖：《中国法律与中国社会》

徐汉林：《一次读完15部成功经典》

丁晓平，等：《邓小平印象》

王东：《中华腾飞论——毛泽东、邓小平、江泽民三代领导集体的理论创新》

于光远：《1978：我亲历的那次历史大转折》

沈宝祥：《真理标准问题讨论始末》

薄一波：《重大问题的决策与回顾》（上、下）

中央电视台国情备忘录项目组:《国情备忘录》

刘国光:《中国经济体制改革的模式研究》

吴晓波:《吴敬琏传》

吴晓波:《激荡三十年》(上、下)

吴晓波:《激荡十年,水大鱼大》

吴敬琏:《当代中国经济改革战略与实施》

吴敬琏:《呼唤法治的市场经济》

赵振华:《当代中国社会各阶层收入分析》

梅多斯、兰德斯,等著;李涛、王智勇,译:《增长的极限》

魏特林:《和谐与自由的保证》

国务院台湾事务办公室:《台湾问题与中国统一》

高尚全,刘世锦:《40年改变中国》(上、下)

附件2：

思想政治理论课实践教学知识竞赛（年度国史国情知识竞赛）试题

1. 近代中国第一个不平等条约是（　　）。

    A.《南京条约》　　　　　　B.《马关条约》

    C.《黄埔条约》　　　　　　D.《辛丑条约》

2. 日本发动"九一八"事变的根本原因是（　　）。

    A. 经济危机对日本的冲击　　B. 中国的内战给其提供了可乘之机

    C. 分步侵略中国的既定国策　D. 英美等国忙于应付危机无暇东顾

3.《南京条约》规定的通商口岸不包括（　　）。

    A. 广州　　　　　　　　　　B. 上海

    C. 天津　　　　　　　　　　D. 宁波

4. "此日漫挥天下泪，有公足壮海军威。"此挽联所表达的思想感情是（　　）。

    A. 泪哭林永升的壮烈殉国　　B. 颂扬中国海军的强大

    C. 歌颂邓世昌的爱国精神　　D. 展示中国海军的军威

5. 最早在中国取得办厂特权的资本主义国家是（　　）。

    A. 英国　　　　　　　　　　B. 法国

    C. 日本　　　　　　　　　　D. 美国

6. 1949年10月1日，中华人民共和国成立。当时一些报刊评论说："中国人民站起来了。"这句话的含义之一是（　　）。

    A. 新民主主义革命已经完成　B. 国民党在大陆的势力被彻底消除

    C. 人民掌握了国家权力　　　D. 人民代表大会制度确立

7. 1919年爆发的（　　），标志着一场新的伟大的反帝反封建斗争的开始，并由此引起了一场广泛的深层次的马克思主义传播运动。

    A. 新文化运动　　　　　　　B. 五四运动

    C. 五卅运动

8. 1921年（　　），党的第一次全国代表大会在上海开幕，最后一天的会议转移到浙江嘉兴南湖举行。

    A. 6月20日　　　　　　　　B. 7月1日

C. 7月23日

9. （　　）的签订使清政府完全成为帝国主义统治中国的工具。

　　A. 《南京条约》　　　　　　B. 《北京条约》

　　C. 《马关条约》　　　　　　D. 《辛丑条约》

10. 1895—1898年，康有为多次上书光绪帝，主张（　　）。

　　A. 师夷长技，自强求富　　　B. 救国图存，变法自强

　　C. 驱除鞑虏，恢复中华　　　D. 外争国权，内惩国贼

11. 党的（　　）通过的《中国共产党章程》，是党成立后制定的第一部党章。

　　A. 一大　　　　　　　　　　B. 二大

　　C. 三大

12. 第一次国共合作正式形成的标志是（　　）。

　　A. 国民党一大的召开　　　　B. 中共三大的召开

　　C. 北伐战争的开始

13. 1925年，中国人民以上海工人为主体，在中国共产党的领导下爆发的（　　），标志着大革命高潮的到来。

　　A. 安源路矿工人大罢工　　　B. 京汉铁路工人大罢工

　　C. 五卅运动

14. （　　）打响了武装反抗国民党反动派的第一枪，标志着中国共产党独立地领导革命战争、创建人民军队和武装夺取政权的开始。

　　A. 南昌起义　　　　　　　　B. 秋收起义

　　C. 广州起义

15. 1927年8月7日，中共中央在（　　）召开紧急会议。会议总结大革命失败的经验教训，着重批评了大革命后期以陈独秀为代表的右倾机会主义错误，确立了实行土地革命和武装起义的方针。

　　A. 福建古田　　　　　　　　B. 江西瑞金

　　C. 湖北汉口

16. 毛泽东率领秋收起义部队创立的（　　），是党领导下的第一个农村革命根据地。

A. 赣南、闽西革命根据地　　　　　B. 井冈山革命根据地

C. 湘赣革命根据地

17. 中日甲午战争发生于（　　）。

A. 1894 年　　　　　　　　　　　B. 1895 年

C. 1897 年　　　　　　　　　　　D. 1898 年

18. 写下"我自横刀向天笑，去留肝胆两昆仑"诗句的维新派代表人物是（　　）。

A. 康有为　　　　　　　　　　　B. 梁启超

C. 谭嗣同　　　　　　　　　　　D. 康广仁

19. 提出"驱除鞑虏，恢复中华，创立民国，平均地权"政治纲领的革命团体是（　　）。

A. 兴中会　　　　　　　　　　　B. 华兴会

C. 光复会　　　　　　　　　　　D. 同盟会

20. 新文化运动中，最先提出"民主"和"科学"口号的是（　　）。

A. 陈独秀　　　　　　　　　　　B. 蔡元培

C. 李大钊　　　　　　　　　　　D. 胡适

21. 新文化运动中，激进的民主主义者高举"科学"大旗，其直接目的是（　　）。

A. 反对专制　　　　　　　　　　B. 反对迷信

C. 反对旧道德　　　　　　　　　D. 反对旧文学

22. 在《新青年》上发表《文学改良刍议》，主张用白话文代替文言文的是（　　）。

A. 李大钊　　　　　　　　　　　B. 鲁迅

C. 胡适　　　　　　　　　　　　D. 陈独秀

23. 革除"大人""老爷"等官场称呼是在（　　）之后。

A. 洋务运动　　　　　　　　　　B. 百日维新

C. 辛亥革命

24. 中国共产党成立时，全国党员共有（　　）。

A. 1 000 多名　　　　　　　　　B. 100 多名

C. 70 多名　　　　　　　　　　D. 50 多名

25. 1927年12月11日，（　　）等领导发动了广州起义。

　　A. 张太雷、叶挺、叶剑英　　B. 周恩来、叶挺、叶剑英

　　C. 朱德、贺龙、陈毅

26. 1928年4月底，朱德、陈毅率领南昌起义保存下来的部队和湘南农军到达井冈山，同毛泽东领导的工农革命军会师。会师后，成立（　　），不久，改称红军第四军。

　　A. 工农革命军第四军　　　　B. 中国工农红军第四军

　　C. 国民革命军第四军

27. 1931年11月在瑞金举行的中华苏维埃第一次全国代表大会，宣告成立中华苏维埃共和国临时中央政府。（　　）被选为中央执行委员会主席。

　　A. 林伯渠　　　　　　　　　B. 瞿秋白

　　C. 毛泽东

28. 1931年（　　）后的4个多月内，整个东北沦为日本的占领地。

　　A. 皇姑屯事件　　　　　　　B. 东北事变

　　C. 九一八事变

29. （　　），中央红军从江西瑞金一带出发，开始长征。1935年10月，中央红军到达陕北吴起镇，实现了战略大转移。

　　A. 1934年10月　　　　　　　B. 1934年11月

　　C. 1934年12月

30. 1935年1月召开的（　　），实际上确立了毛泽东在中共中央和红军中的领导地位，在极端危急的关头挽救了党、挽救了红军、挽救了中国革命，是党的历史上一个生死攸关的转折点。

　　A. 古田会议　　　　　　　　B. 遵义会议

　　C. 通道会议

31. 1971年毛泽东、周恩来邀请美国一球队的队员访华，展开了著名的（　　）。

　　A. 篮球外交　　　　　　　　B. 足球外交

　　C. 乒乓外交　　　　　　　　D. 网球外交

32. 1935年12月9日，在中国共产党领导下，（　　）首先爆发了大规模的学生抗日救亡爱国运动，这次运动史称"一二·九"运动。

　　A. 北平　　　　　　　　B. 上海

　　C. 南京

33. 1935年12月，中共中央在陕西安定县（今子长市）瓦窑堡召开政治局会议。会议确立了（　　）的新策略。

　　A. 武装割据　　　　　　B. 战略转移

　　C. 建立抗日民族统一战线

34. 1936年12月12日，张学良、杨虎城实施兵谏，扣留蒋介石，并向全国发出停止内战、一致抗日的通电，史称（　　）。

　　A. 西安事变　　　　　　B. 华北事变

　　C. 两广事变

35. （　　）的发生，标志着日本全面侵华战争的爆发和中国全国性抗日战争的开始。

　　A. 九一八事变　　　　　B. 一·二八事变

　　C. 七七事变

36. 1937年8月，中共中央在陕北洛川冯家村召开政治局扩大会议。会议通过了（　　）。

　　A.《中国共产党抗日救国十大纲领》

　　B.《中共中央为公布国共合作宣言》

　　C.《抗日救国告全体同胞书》

37. （　　）是华北战场上中国军队主动寻歼日军的第一个大胜仗。

　　A. 平型关战斗　　　　　B. 太原会战

　　C. 徐州会战

38. "中国共产党领导中国人民经过28年的浴血奋战，推翻了封建主义、帝国主义和官僚资本主义的统治，终于迎来了新中国的成立……"你认为材料中的"28年"应该是指（　　）。

　　A. 1915—1943年　　　　B. 1919—1947年

　　C. 1921—1949年　　　　D. 1927—1955年

39. 中国人民志愿军第一任司令员是（   ）。

　　A. 彭德怀　　　　　　　　B. 廖汉生

　　C. 杨勇　　　　　　　　　D. 杨得志

40. 1938年5月，毛泽东集中全党智慧写的（   ），科学地预见了抗日战争将经过战略防御、战略相持和战略反攻三个阶段。

　　A.《新民主主义论》　　　　B.《论人民民主专政》

　　C.《论持久战》

41. 1940年，八路军在华北敌后发动（   ），取得毙伤日伪军2.5万余人的辉煌战果，是抗战时期八路军发动的规模最大、参战人数最多的一次战役。

　　A. 百团大战　　　　　　　B. 华北战役

　　C. 反"扫荡"斗争

42. 1972年，访问我国的美国总统是（   ）。

　　A. 尼克松　　　　　　　　B. 福特

　　C. 布什　　　　　　　　　D. 卡特

43. 提出"政权是由枪杆子中取得的"思想的是（   ）。

　　A. 瞿秋白　　　　　　　　B. 李维汉

　　C. 毛泽东　　　　　　　　D. 周恩来

44. 延安整风运动的基本方针是（   ）。

　　A. 反对宗派主义以整顿党风　　B. "惩前毖后，治病救人"

　　C. 团结—批评—团结

45. 1945年4月23日至6月11日，党的七大在延安举行。大会制定了党的政治路线，确立（   ）为党的指导思想并写入党章。

　　A. 马列主义　　　　　　　　B. 毛泽东思想

　　C. 实事求是原则

46. 抗日战争时期，中国共产党领导的第一个省级政府是（   ）。

　　A. 山东省政府　　　　　　　B. 陕西省政府

　　C. 河北省政府

47. 1945年（   ），日本在投降书上签字，中国抗日战争胜利结束。9月3日被确定为中国抗日战争胜利纪念日。

A. 8月15日   B. 8月16日

C. 9月2日

48. 1946年6月26日，国民党军队以围攻（　　）为起点，向解放区展开大规模的进攻，全面内战由此爆发。

    A. 山东解放区   B. 中原解放区

    C. 陕北解放区

49. （　　）是人民解放军攻克敌人重点设防大城市的开始，揭开了人民解放战争战略决战的序幕。

    A. 济南战役   B. 孟良崮战役

    C. 平津战役

50. 解放战争时期，人民解放军进行战略决战的三大战役是（　　）。

    A. 辽沈、淮海、渡江战役   B. 上党、淮海、渡江战役

    C. 辽沈、淮海、平津战役

51. 1949年3月，党的七届二中全会在河北西柏坡召开。会议着重讨论了党的工作重心的战略转移，即（　　）的问题。

    A. 从乡村转移到城市   B. 从农业国转变为工业国

    C. 从新民主主义社会转变到社会主义社会

52. 1950年4月13日，中央人民政府委员会第七次会议通过（　　），并于5月1日颁布实施，这是中华人民共和国颁布的第一部法律。

    A.《中国土地法大纲》   B.《中华人民共和国婚姻法》

    C.《中华人民共和国土地改革法》

53. 1950年（　　），中国人民志愿军跨过鸭绿江，开始了抗美援朝战争。

    A. 6月25日   B. 7月27日

    C. 10月19日

54. 1951年12月至1952年10月在党政机关工作人员中开展了（　　）的运动。

    A. 反对违法乱纪   B. 反对贪污、反对浪费、反对官僚主义

    C. 整党建党

55. 1952年1月，中共中央发出《关于首先在大中城市开展"五反"斗

争的指示》。"五反"是指反对行贿、偷税漏税、盗骗国家财产、偷工减料、（　　）。

A. 弄虚作假　　　　　　　　B. 假冒伪劣

C. 盗窃国家经济情报

56. 民族区域自治制度，是我国的一项基本政治制度。1952年8月，中央人民政府颁布（　　），是民族区域自治走向法律化、制度化的第一步。

A.《中国人民政治协商会议共同纲领》

B.《中华人民共和国民族区域自治实施纲要》

C.《中华人民共和国宪法》

57. 1953年12月31日，（　　）在北京接见印度谈判代表团时，首次提出互相尊重主权和领土完整、互不侵犯、互不干涉内政、平等互利、和平共处五项原则。

A. 毛泽东　　　　　　　　　B. 周恩来

C. 邓小平

58.（　　）是我国人民民主专政的政权组织形式，是我国的根本政治制度。

A. 民主集中制　　　　　　　B. 人民代表大会制度

C. 共产党领导的多党合作和政治协商制度

59. 过渡时期总路线的主题是（　　）。

A. 实现现代化　　　　　　　B. 实现国有化

C. 实现社会主义工业化

60. "领导我们事业的核心力量是中国共产党，指导我们思想的理论基础是马克思列宁主义。"这一论断是毛泽东在（　　）中提出来的。

A.《在中国共产党第七届中央委员会第二次全体会议上的报告》

B.《中华人民共和国第一届全国人民代表大会第一次会议开幕词》

C.《关于正确处理人民内部矛盾的问题》

61. 中华人民共和国成立后，根据过渡时期总路线的精神，我国对农业、手工业和资本主义工商业进行有系统的社会主义改造。到（　　），社会主义基本经济制度在我国建立起来。

A. 1949 年 B. 1956 年

C. 1978 年

62.（　　），是我国发展国民经济的第一个五年计划时期。

A. 1949 年到 1954 年 B. 1953 年到 1957 年

C. 1953 年到 1958 年

63. 1954 年 9 月，第一届全国人民代表大会第一次会议通过《中华人民共和国宪法》，标志着（　　）作为中华人民共和国的根本政治制度正式确立。

A. 共产党领导的多党合作和政治协商制度

B. 民族区域自治制度

C. 人民代表大会制度

64. 1956 年，在中央政治局扩大会议上，毛泽东提出与民主党派实行（　　）的方针。

A. "长期共存，互相监督" B. "长期合作，共同发展"

C. "肝胆相照，荣辱与共"

65. 1956 年 4 月，毛泽东发表（　　）的讲话，是中国共产党比较系统地探索中国自己建设社会主义道路的开始。

A.《论十大关系》

B.《关于正确处理人民内部矛盾的问题》

C.《论人民民主专政》

66.（　　）9 月 15 日至 27 日，党的第八次全国代表大会在北京召开。大会明确指出：国内的主要矛盾已经是人民对于建立先进的工业国的要求同落后的农业国的现实之间的矛盾，已经是人民对于经济文化迅速发展的需要同当前经济文化不能满足人民需要的状况之间的矛盾。

A. 1955 年 B. 1956 年

C. 1957 年

67. 1957 年 2 月，毛泽东发表（　　）的讲话，系统阐述了严格区分两类不同性质矛盾以及正确处理人民内部矛盾的问题。

A.《加快手工业的社会主义改造》

B.《关于正确处理人民内部矛盾的问题》

C. 《坚持艰苦奋斗，密切联系群众》

68. 以自己的实际行动，践行了自己的豪迈誓言："我要一不怕苦，二不怕死，做一个大无畏的人！"毛泽东、周恩来、邓小平等对"两不怕"精神给予高度赞扬。他是（　　）。

　　A. 雷锋　　　　　　　　　B. 焦裕禄

　　C. 王杰

69. 1964 年，毛泽东发出了（　　）的号召。1990 年，江泽民把这一精神高度概括为"爱国、创业、求实、奉献"。

　　A. "工业学大庆"　　　　　B. "农业学大寨"

　　C. "向雷锋同志学习"

70. 1971 年 10 月 25 日，（　　）联合国大会通过决议，恢复中华人民共和国在联合国的合法席位。

　　A. 第 25 届　　　　　　　 B. 第 26 届

　　C. 第 27 届

71. （　　）年 2 月，美国总统尼克松访问中国，中美双方在上海发表《联合公报》，标志着中美关系正常化进程的开始。

　　A. 1971　　　　　　　　　B. 1972

　　C. 1973

72. （　　）国家恢复高考制度，全国高校重新通过统一考试招收新生。

　　A. 1977 年　　　　　　　　B. 1978 年

　　C. 1979 年

73. 1978 年 5 月 11 日，《光明日报》发表了（　　）一文。由此，一场关于真理标准问题的大讨论在全国展开。

　　A. 《实践是检验真理的唯一标准》　B. 《标准只有一个》

　　C. 《关于真理的标准问题》

74. 1978 年 12 月，邓小平在（　　）上发表了《解放思想，实事求是，团结一致向前看》的重要讲话，实际上成为随后召开的党的十一届三中全会的主题报告。

　　A. 中央理论务虚会　　　　　B. 国务院务虚会

C. 中央工作会议

75. 1978年12月召开的党的十一届三中全会，确定把党的工作重点转移到（　　）上来。

A. 全面开展拨乱反正　　　　B. 社会主义现代化建设

C. 国民经济调整

76. 1979年7月，中共中央、国务院决定在（　　）试办出口特区。

A. 深圳、汕头　　　　　　　B. 深圳、珠海

C. 汕头、厦门

77. 1981年6月党的（　　）审议通过了《关于建国以来党的若干历史问题的决议》，标志着党在指导思想上拨乱反正任务的胜利完成。

A. 十一届四中全会　　　　　B. 十一届五中全会

C. 十一届六中全会

78. （　　），中英两国政府正式签署了《关于香港问题的联合声明》，确认中国政府于1997年7月1日对香港恢复行使主权。

A. 1984年10月　　　　　　　B. 1984年12月

C. 1985年12月

79. 1992年，邓小平在南方谈话中指出，社会主义的本质，是（　　）。

A. 公有制和按劳分配

B. 消灭资本主义，建立社会主义

C. 解放生产力，发展生产力，消灭剥削，消除两极分化，最终达到共同富裕

80. 2001年11月10日，在（　　）举行的世界贸易组织第四届部长级会议通过中国加入世界贸易组织的决定。12月11日，中国正式成为世贸组织成员国。

A. 巴黎　　　　　　　　　　B. 日内瓦

C. 多哈

81. 2003年10月5日，航天员（　　）乘坐"神舟五号"飞船成功进入太空，我国成为世界上第三个独立掌握载人航天技术的国家。

A. 杨利伟　　　　　　　　　B. 翟志刚

C. 费俊龙

82. 第十届全国人大常委会第十九次会议决定,自（　　）年1月1日起取消农业税。

　　A. 2005　　　　　　　　　　B. 2006

　　C. 2007

83. 2006年3月4日,胡锦涛在参加全国政协十届四次会议民盟、民进联组讨论时发表讲话,强调引导广大干部群众特别是青少年树立以"八荣八耻"为主要内容的社会主义（　　）。

　　A. 荣辱观　　　　　　　　　B. 价值观

　　C. 人生观

84. 2008年8月8日至24日,第（　　）届奥林匹克运动会在北京举行。

　　A. 二十七　　　　　　　　　B. 二十八

　　C. 二十九

85. 1987年召开的党的十三大提出并系统阐述了（　　）。

　　A. 社会主义商品经济理论　　B. 社会主义初级阶段理论

　　C. 经济体制改革理论

86. 第（　　）届全国人民代表大会提出了"四个现代化"的宏伟目标。

　　A. 三　　　　　　　　　　　B. 四

　　C. 五

87. 中国是世界上第一个合成蛋白质的国家,中国首次人工合成结晶牛胰岛素是在（　　）。

　　A. 1960年　　　　　　　　　B. 1964年

　　C. 1965年

88. 1970年4月24日,中国成功发射第一颗人造地球卫星"东方红一号",成为世界上第（　　）个独立研制和发射卫星的国家,从此揭开了中国航天活动的序幕。

　　A. 5　　　　　　　　　　　　B. 3

　　C. 4

89. 第一个与新中国建交的西方大国是（　　）,对中国加强同西欧的关系起到了重要作用。

　　A. 英国　　　　　　　　　B. 德国

　　C. 法国

90. 1956 年 7 月，（　　）试制成功我国第一架喷气式飞机。

　　A. 长春飞机厂　　　　　　B. 吉林飞机厂

　　C. 沈阳飞机厂　　　　　　D. 哈尔滨飞机厂

91. 1985 年 2 月 20 日，中国第一座南极考察站（　　）在乔治王岛举行了隆重的落成典礼。

　　A. 中山站　　　　　　　　B. 北京站

　　C. 长城站　　　　　　　　D. 昆仑站

92. 1954 年召开的重要会议是（　　）。

　　A. 中华人民共和国成立大会

　　B. 中国人民政治协商会议第一届全体会议

　　C. 第一届全国人民代表大会

93. 1957 年建成的（　　），是我国在万里长江上修建的第一座铁路、公路两用桥梁。

　　A. 南京长江大桥　　　　　B. 苏通大桥

　　C. 武汉长江大桥　　　　　D. 枝城长江大桥

94. 中国是世界上少数几个能自行研制核潜艇的国家之一，我国第一艘核潜艇在（　　）正式服役。

　　A. 1973 年 8 月 1 日　　　　B. 1974 年 8 月 1 日

　　C. 1975 年 8 月 1 日　　　　D. 1976 年 8 月 1 日

95. 2000 年度第一届"国家最高科学技术奖"的获得者是（　　）。

　　A. 袁隆平　　　　　　　　B. 邓稼先

　　C. 杨利伟　　　　　　　　D. 钱学森

96. 1984 年，安徽籍运动员（　　）摘得中国奥运首枚金牌。

　　A. 许海峰　　　　　　　　B. 姚健国

　　C. 王文起　　　　　　　　D. 丁梅

97. （　　），我国向（　　）预定海域发射第一枚远程运载火箭，获得圆满成功。

A. 1970 年 5 月，太平洋　　　　B. 1981 年 5 月，印度洋

C. 1980 年 5 月，太平洋

98. "四个全面"战略布局是党坚持和发展中国特色社会主义的新实践新成果。四个全面，即全面建成小康社会、全面深化改革、（　　）、全面从严治党。

A. 全面治理腐败　　　　B. 全面实现现代化

C. 全面依法治国

99. （　　），举世瞩目的青藏铁路全线正式通车，这是世界上海拔最高、线路最长的一条高原铁路。

A. 2005 年 1 月 1 日　　　　B. 2006 年 7 月 1 日

C. 2007 年 7 月 1 日

100. 中国共产党十八届三中全会的中心议题是（　　）。

A. 全面深化改革　　　　B. 全面实现现代化

C. 作出全面建成小康社会的部署　　D. 全面从严治党

101. 中国特色社会主义的总布局是（　　）。

A. "一个中心，两个基本点"

B. "两个文明，两手抓"

C. 经济、政治、文化、社会、生态文明建设"五位一体"

D. 基本理论、基本实践、基本纲领、基本经验、基本制度（"五基本"）

102. "两个一百年"的奋斗目标，是指在中国共产党成立一百年时全面建成小康社会，在新中国成立一百年时建成（　　）。

A. 富强民主文明的国家

B. 富强民主文明和谐的社会主义现代化国家

C. 世界第一强大国家

103. 中国特色社会主义道路是实现途径，中国特色社会主义理论体系是行动指南，中国特色社会主义制度是根本保障，三者统一于（　　）伟大实践。

A. 中国特色社会主义　　　　B. 实现中华民族复兴

C. 建设富强民主文明和谐的社会主义现代化国家

104. 全国各族人民一定要增强对中国特色社会主义的理论自信、道路自信、制度自信和（　　），坚定不移沿着正确的中国道路奋勇前进。

A. 文化自信　　　　　　　　B. 体制自信

C. 经济自信

105. 党的十八大报告提出，到 2020 年要实现国内生产总值和城乡居民人均收入比 2010 年（　　）。

A. 翻一番　　　　　　　　　B. 翻两番

C. 翻三番

106. 加强社会主义核心价值体系建设，要大力倡导富强、民主、文明、和谐，倡导自由、平等、公正、法治，倡导（　　），积极培育和践行社会主义核心价值观。

A. 爱国、敬业、诚信、友善　　B. 爱国、敏行、诚信、厚德

C. 爱国、创新、诚信、友善

107. 党的十八届三中全会指出，到（　　）年，在重要领域和关键环节改革上取得决定性成果，完成提出的改革任务，形成系统完备、科学规范、运行有效的制度体系，使各方面制度更加成熟更加定型。

A. 2021 年　　　　　　　　　B. 2020 年

C. 2049 年　　　　　　　　　D. 2050 年

108. 党的群众路线教育实践活动要集中解决的"四风"问题是（　　）。

A. 形式主义、主观主义、官僚主义、命令主义

B. 形式主义、官僚主义、享乐主义、奢靡之风

C. 形式主义、官僚主义、主观主义、奢靡之风

D. 形式主义、官僚主义、享乐主义、地方保护主义

109. 马克思主义中国化的第一次飞跃，形成了（　　）。

A. 邓小平理论　　　　　　　B. 毛泽东思想

C. "三个代表"重要思想　　　D. 科学发展观

110. 马克思主义中国化的第二次飞跃，形成了（　　）。

A. 邓小平理论

B. 毛泽东思想

C. 中国特色社会主义理论体系

111. 民族精神和时代精神解决的是（　　）的问题。

A. 走什么道路、实现什么目标　　B. 举什么旗

C. 应当具备什么样的精神状态和精神风貌

D. 人们行为规范

112. （　　）领域是西方敌对势力对我国实施西化、分化的前沿。

A. 政治　　　　　　　　　　　B. 经济

C. 意识形态　　　　　　　　　D. 军事

113. 习近平指出，在我们党团结带领人民进行革命、建设、改革各个历史时期，（　　）始终是我国工人阶级中一个闪光的群体，享有崇高声誉，备受人民尊敬。

A. 劳动模范　　　　　　　　　B. 人民英雄

C. 石油工人　　　　　　　　　D. 铁路工人

114. 中国共产党的组织原则是（　　）。

A. 首长负责制　　　　　　　　B. 民主集中制

C. 领导负责制

115. 中国共产党是中国工人阶级的先锋队，同时是中国人民和中华民族的先锋队，是中国特色社会主义事业的（　　）。

A. 领导力量　　　　　　　　　B. 领导集团

C. 领导核心　　　　　　　　　D. 领导层

116. 中国特色社会主义共同理想作为社会主义核心价值体系的主题，解决的是（　　）的问题。

A. 实现什么目标　　　　　　　B. 举什么旗，实现什么目标

C. 走什么道路，实现什么目标　D. 举什么旗，走什么道路

117. 党的十八大明确指出，中国特色社会主义道路，中国特色社会主义理论体系，中国特色社会主义制度，是党和人民（　　）奋斗、创造、积累的根本成就，必须倍加珍惜、始终坚持、不断发展。

A. 九十多年　　　　　　　　　B. 六十多年

C. 三十多年

118. 建设中国特色社会主义的总依据是（　　）。

A. 人口多、底子薄　　　　B. 社会主义初级阶段

C. 最大的发展中国家

119. 近代以来，我国青年不懈追求的美好梦想，始终与（　　）的历史进程紧密相连。

A. 富民强国　　　　B. 民族复兴

C. 振兴中华

120. 我们要坚持党的领导、人民当家作主、（　　）有机统一。

A. 依法治国　　　　B. 以德治国

C. 民主法治

121. 实现中国梦必须凝聚中国力量。这就是（　　）的力量。

A. 全体中国人民　　　　B. 中国各族人民大团结

C. 爱国统一战线

122. 党的十八大报告指出，十年来，我们取得了一系列新的历史性成就，为全面建成小康社会打下了坚实基础。我国经济总量从世界第六位跃升到（　　），社会生产力、经济实力、科技实力迈上一个大台阶。

A. 第二位　　　　B. 第三位

C. 第四位

123. 习近平当选国家主席后第一个出访的国家是（　　）。

A. 朝鲜　　　　B. 南非

C. 俄罗斯　　　　D. 赞比亚

第六章 高校思想政治理论课实践教学改革研究

高校思想政治理论课作为帮助大学生进行意识形态建设，树立正确的世界观、人生观和价值观的重要渠道，一直备受关注。随着改革开放和市场经济的发展，新时代大学生的思想和视野都更加开阔，对思想政治理论课的要求不再满足于单纯的理论灌输，而是更希望在实践中作出自己的判断和选择。对此，中共中央、国务院颁布的《关于进一步加强和改进大学生思想政治教育的意见》中提出了应对措施，指出"把理论武装和实践育人结合起来，切实改革教育教学内容，改进教学方法，改善教育手段……高等学校要把社会实践纳入学校教育教学总体规划和教学大纲，规定学时和学分"。在中宣部、教育部颁发的《关于进一步加强和改进高等学校思想政治理论课的意见》中进一步强调要探索实践育人的长效机制，并要求把实践教学与社会调查、志愿服务、公益活动、专业课实习等结合起来。在教育部等颁发的《关于进一步加强高校实践育人工作的若干意见》中，又提出了加强实践育人基地建设的要求。在上述精神的指引下，各高校普遍重视思想政治理论课的实践教学，关注在实践课程教学形式、实施方法等多方面的建设，并取得了长足的进步。但我们必须清醒地认识到，我国高校思想政治理论课实践教学尚处于初步发展阶段，其实际成效有待考证，大学生对高校的实践教学方法是否满意还有待确定，目前的实践教学模式是否可持续等一系列问题也需要进一步明确。

为了解我国高校现阶段思想政治理论课实践教学的真实现状，了解大学生对实践教学的态度及建议，笔者采用问卷调查、随机访谈和人物专访等方式对京津冀地区 18 所高等院校的大学生和教师进行了实地调研。其中包括北京 6 所高校，分别是清华大学、中国人民大学、北京邮电大学、中央财经大学、对外经济贸易大学和首都经济贸易大学；天津 6 所高校，分别是天津大学、南开大学、天津中医药大学、天津科技大学、天津财经大学和天津理工大学；河北 6 所高校，分别是河北大学、华北电力大学、河北师范大学、河北财经大学、河北理工大学和张家口学院。本次调研共发出问卷 620 份、收回问卷 615 份、有效问卷 595 份，其中学生填写的问卷 564 份，教师填写的问卷 31 份。调查表的份数和回收率符合社会调查的基本要求。

一、高校思想政治理论课实践教学的现状及成因分析

(一) 实践教学实施状况参差不齐

通过调查笔者了解到,受访的 18 所高校均已将大学生思想政治理论课的实践教学列入了教学计划,但实施状况与成效在这些高校中相去甚远。

1. 综合类、文法类和师范类大学普遍比理工类和医学类等大学实施得更到位

在 18 所大学中,清华大学、天津大学、南开大学、河北大学等高校有 85% 以上的学生表示学校针对大学生思想政治理论课有专门的实践教学方案,并且定期会组织学生参加演讲、观影等活动。当问到"在目前这几门思想政治课中(思想道德与法治、中国近现代史纲要、形势与政策、毛泽东思想和中国特色社会主义理论体系概论),你们学校哪些课程实施了实践教学"时,天津中医药大学选择三门以上的学生只有 30%;67% 的学生表示只有一门,并且所谓的实践教学也只是课后完成一篇论文;还有 3% 的学生认为,根本没有严格意义上的实践教学。天津科技大学则只有 21.8% 的学生认为以上所有课程都设有实践教学环节,并有超过一半的学生表示专业课的实践已经占用太多时间,基本没有针对思想政治理论课的实践。天津大学则有 29% 的学生表示四门政治理论课均有实践教学部分;还有 35% 的学生表示除了形势与政策课程之外,其他三门课都有实践教学的计划;其余 36% 的学生表示目前所修的思想政治理论课均有实践教学环节。

以上数据表明,思想政治理论课的实践教学在不同类别的高校中具有不同程度的渗透力,对于传统综合类、文法类和师范类院校而言,思想政治理论教育本身就是强项,其扎实深厚的学科基础为思想政治理论课实践教学的开展提供了有力保障。然而对理工类或医学类高校来说,或许因为一直忙于专业学科的建设,无论是教师还是学生对思想政治理论课的教学工作都不像对专业课那样重视,学校缺少思想政治理论研究的先决条件,因而其实践教学也不免沦为纸上谈兵。可以说,高校的历史沿革和整体的学术氛围对现今思想政治理论课实践教学的开展产生了不同程度的影响。

2. 北京高校比其他地方高校实施得更有力

在受访的 18 所院校中，北京地区 6 所高校都已经投入思想政治理论课实践教学的浪潮中，在四门思想政治理论课程中均设有实践教学环节，有专门的实践教学方案和实践教学学分，并在教师考核中专门设计了实践教学部分的考核。调查中笔者发现，北京地区 6 所高校的思想政治理论课教师在实践教学环节设计方面会定期组织学生参加社会实践项目，建立实践基地，请知名人士作报告，观看爱国主义电影，以及组织学生对某一课题进行微电影制作比赛等活动，实践教学取得了较为明显的成效。然而在天津、河北的受访高校中，只有 5 所高校的学生认为学校针对思想政治理论课进行了实践教学；42%的学生表示学校的实践活动只限于班干部或党员，普通学生有时都不知道有相关活动。

通过现场采访和资料分析可知，造成当前北京高校比地方高校思想政治理论课的实践教学实施更有力的因素，主要是北京高校可支配资源明显优于地方高校。开展思想政治理论课实践教学工作，不仅需要充足的资金支持，而且需要相当规模的教师资源、实践教学基地以及实践教学设备等。北京作为我国的首都和政治中心、文化中心，拥有得天独厚的资源优势，国家的有关拨款能及时到位，校外教学实践基地也经费充足，甚至有高校已经建立了固定的校外基地。可见，北京高校各项实践教学活动都有条件先行一步。当然，虽然北京高校和其他地方高校在思想政治理论课的实践教学领域处于不同发展阶段，但是受访各高校在实践教学课程中均已有多次尝试，也积累了一些经验，对今后更好地开展实践教学活动有借鉴和指导作用。

3. 不同科目的实施情况相差很大

当问到"在目前这几门思想政治理论课中，你们学校哪门课程较好地实施了实践教学"时，选择思想道德与法治课程的学生有 265 人，约占受调查学生人数的 46.99%；选择中国近现代史纲要课程的学生有 102 人，约占受调查学生人数的 18.09%；选择形势与政策课程的学生有 79 人，约占受调查学生人数的 14.01%；选择毛泽东思想和中国特色社会主义理论体系概论课程的学生有 126 人，约占受调查学生人数的 22.34%（见图 6-1）；另有 23 人表示以上课程均无实质意义上的实践教学过程，约占受调查学生人数的 4.08%。

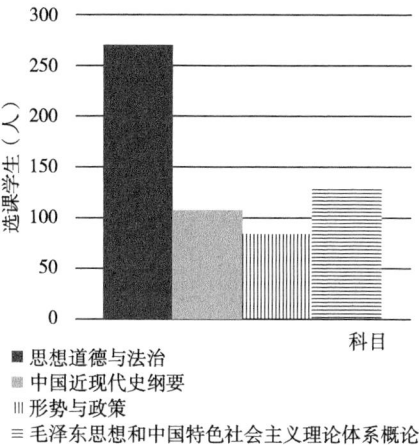

图 6-1　学生对哪门课程较好地实施了实践教学的看法

这组数据表明，在思想政治理论课的不同科目之间，实施情况存在显著差异，思想道德与法治课程获得的支持率远远高于其他三门课程。但是，思想政治理论课的每门课程所传授的知识各有侧重，课程之间没有相互替代作用，它们是一个整体，缺一不可。只有全部课程均衡发展，才能达到思想政治理论课的整体教学目的。调查中笔者发现，课程本身的性质和内容会对实践教学产生一定影响。中国近现代史纲要与毛泽东思想和中国特色社会主义理论体系概论这两门课程，在大学生的初中、高中学习阶段已经有过深入学习，容易使学生产生排斥心理。很多受访学生表示原本很期待教师能够传授一些关于此课程更高层次的知识或希望教师给予不同视角的多维度解释。但从现实课堂教学来看，大学教师的授课仍以知识灌输为主，就算配合影视教学、课外参观和课堂讨论，也很难满足学生的期望值。形势与政策课程在目前调查中，其实践教学方式是各门课程中形式最少和频次最少的。65%以上的受访学生表示，自己对这门课非常感兴趣，只是限于这门课本身的内容，可开展的实践教学形式有限。思想道德与法治课程兼具道德和法律两部分，很多学生表示教师在课堂上结合道德或法律方面的相关案例来讲解，非常引人入胜；并且无论是有关道德还是法律方面的案例，都可以用贴近学生生活的现实来举例，容易吸引学生的注意力。

通过对23位认为学校无实践教学活动的学生进行采访后发现：一是学生

认为学校没有严格意义上的实践教学环节，因为目前各种形式的实践活动在触动学生心灵、端正学生行为方面的作用十分有限，很多学生只是为拿到学分而参与；二是有些学生尚不知道思想政治理论课实践教学的含义。沟通中笔者了解到，有些参加过主题党日、红色旅游等活动的学生，竟然不知道他们参加的正是思想政治理论课的实践教学活动。

（二）实践教学体系有待完善

根据《关于进一步加强和改进高等学校思想政治理论课的意见》精神，"要建立和完善实践教学保障机制，探索实践育人的长效机制"，"加强组织和管理，把实践教学与社会调查、志愿服务、公益活动、专业课实习等结合起来，引导大学生走出校门，到基层去，到工农群众中去。要通过形式多样的实践教学活动，提高学生思想政治素质和观察分析社会现象的能力，深化教育教学的效果"。此外，该意见还强调了建设校外实习基地的重要性。但笔者在实践调研过程中发现，各高校的实践教学体系均有待完善。

1. 实践教学缺乏权威、统一的教材

高质量教材是提升高校思想政治理论课教学成效的重要前提。国务院等的发函均提到高校要根据自身的实际以及每个学院的不同情况自行制定实践教学规划，目的是给高校、学生自由发挥的空间，避免因教条式管理而给学生的创造力带来束缚，但是这样做的消极后果也十分明显。一是虽然各高校的发展进程及状况不尽相同，但是就思想政治理论课而言存在很多共性，所以在课程教学形式方面完全可以统一安排，而且越详细越具有指导意义，高校可以在教材的指导下灵活变通，从而增强实践教学的针对性和实效性。二是我国思想政治理论课的实践教学尚没有发展到非常成熟的阶段，高校没有教学的可参考变量，自行设定必然造成教学资源的浪费以及教师和学生精力的浪费。因此笔者认为，实践教学的教材必不可少。

2. 实践教学的校外实习基地功能受限

校外实习基地作为大学生参与高校思想政治理论课实践教学的主要载体，在整个实践过程中举足轻重。推行实践型教学模式要广泛建立实习基地，使学生真正到社会大课堂中锻炼能力。这就要求各高校把产学研结合落到实处，

而在这方面各高校的投入力度还不够。高校思想政治理论课实践教学是一项涉及面广的系统工程。它需要社会、学校的重视和各部门的配合，需要人、财、物的投入和社会多方面支持，需要创造各种有利的条件。但笔者在调查中发现，实习基地每学期接待的学生非常有限。一是由于高校要充分保证学生安全，因而不能一次带领很多学生进入基地。二是很多基地的基础建设没有做到位，远远没有达到国家规定的标准。

3. 实践教学师资缺乏，普遍采用大班教学

高校思想政治理论课为全校必修课，承担该领域教学工作的一般都是学校的马克思主义学院。庞大的学生人数和寥寥无几的教师数量形成鲜明对比，故而高校多采用大班教学的形式。此次调查中发现，除对外经济贸易大学为30人的小班教学模式，其余各校的思想政治理论课的教学规模都在100到120人左右，每位教师至少要负责三个这样的大班。这就使得教师有限的注意力和精力无法顾及全体学生，所以在课上的热点讨论、情景模拟、上台演讲等实践教学中，教师都只能顾及那些愿意主动表现的学生，而其他学生都成了"沉默的大多数"。而且大多数思想政治理论课教师因教学任务比较繁重，也无暇进行富有新意、激发创意、塑造德行的实践教学课程，即使组织一些课外实践，也只能采取"放羊"的做法，很难对学生的实践活动进行全面跟踪，从而影响了思想政治理论课实践教学的效果。同时，大学生迈入大学校园后，没有了课业上的压力，脱离了父母师长的监督，有些人也很容易产生懈怠心理，在思想政治理论课的实践教学环节中不愿积极参与，这类学生必然为实践教育所忽略，不能实现实践教育应有的效果。

4. 实践教学考试结构不合理，管理松散

实践教学虽然是一种灵活的教学方式，但是作为高校思想政治理论课教学的一个重要环节，应该同理论教学一样有学时学分的规定、详细的教学计划和教学大纲、完备的考评体系和保障制度。然而，目前许多高校的实践教学活动管理都比较松散。即使规定了学时和学分，在具体的教学过程中仍是按照理论教学来进行的。课外的实践活动缺乏整体规划，不能作为教学内容的有效补充。考评上更没有形成科学的考核体系。课上实践主要采用任课老师给每个学生的课下作业打分的方式，随意性较大。课下实践也只要求学生

上交社会实践调查报告,而对实践报告的完成质量没有具体的要求。调研中,当问到"您认为当前思想政治理论课实践期末成绩是否能够反映学生思想素质的实际情况"时,只有 15 位学生认为"完全可以",约占受调查学生人数的 2.66%;而认为"完全不能"的学生却有 80 个,约占受调查学生人数的 14.18%;认为"应该可以"的学生有 111 位,约占受调查学生人数的 19.68%;认为"有一定局限性"的学生有 389 位,约占受调查学生人数的 68.97%。以上统计数据表明,至少有 83.15% 的学生认为期末考试成绩并不能客观反映学生的思想政治素养。无论是思想政治理论课本身还是针对课程设置的实践教学环节,最终目的都是帮助学生提高思想政治综合素养,如果考核标准存在偏差,势必不能客观呈现课程的教学效果,也不能激发学生的创造热情。

(三) 学生满意度有待提高

调查中,当问到"您认为是否应当加强思想政治理论课实践教学环节"时,赞成学生为 119 人,约占受调查学生人数的 21.1%;回答"可以接受,但是应改善方式方法"的学生有 385 人,约占受调查学生人数的 68.26%;有 82 人表示"没有太大必要",约占受调查学生人数的 14.54%;还有 9 人认为"无所谓",约占受调查学生人数的 1.6%(见图 6-2)。

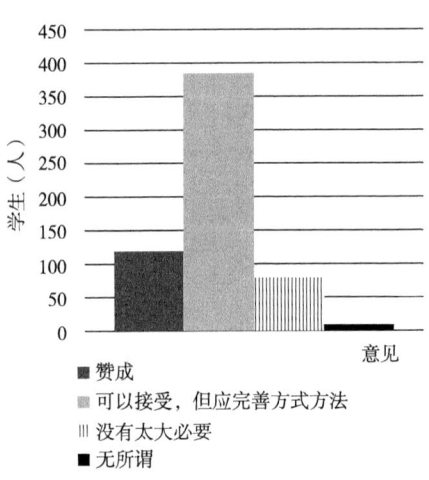

图 6-2 学生对加强实践教学的看法

分析数据表明，无论是哪类高校，学生对将实践教学融入思想政治理论课教学的做法总体上持肯定态度。但是对于已经开展的实践活动，学生满意度偏低。为了全面了解学生的意愿，笔者专门对持有"没有太大必要"和"无所谓"这两类态度的学生进行了现场采访。其中有34名学生表示不是对实践教学本身持否定态度，而是认为是否加强实践教学对于提高学生的思想政治理论水平，提升人格修养，提高解决问题的能力和综合素养并无必然联系。造成学生这种心理的原因主要有以下两个方面。

1. 忽视了学生的主体性地位

《关于进一步加强和改进高等学校思想政治理论课的意见》指出，在思想政治理论实践教学过程中，要"充分发挥学生学习的主体作用，激发学生学习的积极性和主动性"，"教学方式和方法要努力贴近学生实际，符合教育教学规律和学生学习特点"。可见，实践教学的具体实践主体是高校学生，因而了解学生的思想现状、行为特点、实践需求及其对实践活动的态度等是开展实践教学的先决条件。但现实中却是教师往往只根据自身的整体教学任务和进度安排学生的实践教学计划，而忽略了和学生的沟通了解工作，势必造成学生的厌烦情绪，使学生参与思想政治理论课程实践活动的热情大打折扣。在调研过程中笔者还发现，很多学生希望学校和教师针对男女生的不同心理特点、行为方式、擅长领域等制定相应的实践教学方案。然而目前的实践教学工作大都是针对学生整体进行的设计考量，存在差异化培养不足等缺陷，需要予以重视并进行改进。

2. 教学过程与提高学生思想政治素养相脱节

《关于进一步加强和改进高等学校思想政治理论课的意见》规定，高校思想政治理论课的实践教学应该"指导学生运用马克思主义世界观和方法论去认识和分析问题"，"引导学生树立高尚的理想情操和养成良好的道德品质"，"帮助学生了解国史、国情"，所以实践教学的落脚点要放在全面提高学生的综合素养上。但在实际执行过程中，存在为实践而实践的现象。在受访的学生中，有一半以上的人表示，在实践任务完成后，学校的验收标准就是提交论文或实践感受。教师基本不会根据活动的开展情况和学生进行沟通交流，也不会听取学生对活动形式、成果的反馈意见。

综上所述，高校在思想政治理论课实践教学过程中，由于缺乏对学生的全面深入了解，往往陷入一厢情愿的尴尬境地。

(四) 实施效果堪忧

调查中，在问到"您对学校开展的公益活动、社团活动、文体活动、德育主题活动、技能大赛等活动感受如何"时，有24%的学生认为活动比较多，形式丰富，肯定了实践教学活动的价值；42%的学生认为活动比较多，但是吸引力不足；30%的学生认为活动较少，影响不大；还有4%的学生认为这些活动对自己没有太大影响（见图6-3）。从调查数据中可以看到，积极肯定现阶段开展的实践教学活动的学生人数不到三成，大多数学生对实践教学活动的教学效果持怀疑态度。

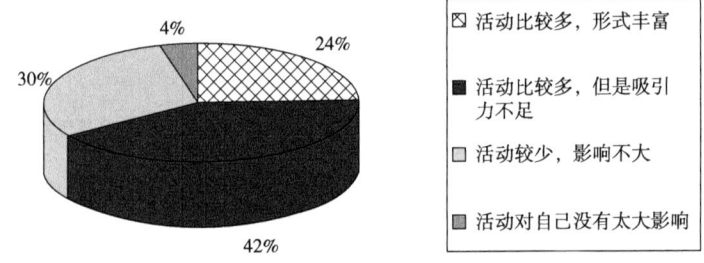

图6-3 学生对实践教学的总体感受

调查中，当问到"您认为学校思想政治理论课的实践教学开展状况如何"时，表示教学效果很好的学生占受调查学生人数的12%，表示教学效果一般的学生占受调查学生人数的68%，表示效果不明显或没效果的占到了受调查学生人数的19%，其他占1%（见图6-4）。

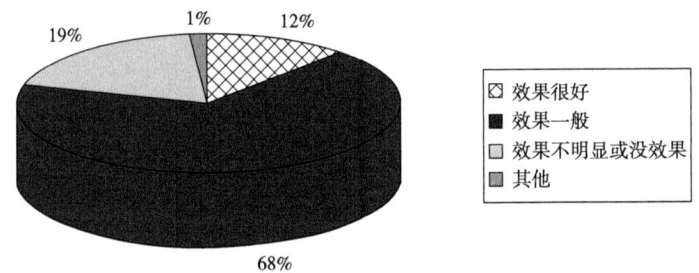

图6-4 学生对实践教学效果的评价

从数据中可以看出，调研中的几所高校均设置了思想政治理论课的实践教学活动。但是认为"效果很好"的学生为数不多。大部分学生感觉教学效果一般、不明显甚至没有。从中不难发现，如今的实践教学模式存在很多问题，大部分学生对实践教学活动的价值和效果表示质疑。实践教学活动的质量不高，没能做到把教学内容带到大学生的实践活动中去，没能达到知行合一的教学目的。

究其原因：一是现在普遍存在就业压力大的情形，高校也将学生就业率放在显著的位置，因而造成很多学生十分重视对就业有切实帮助的专业科目，而忽视提升其内在修养和综合素质的思想政治理论课；二是当前很多高校思想政治理论课教师的授课方式依然与初高中教师的授课形式雷同，注重填鸭式的灌输，缺少创新性的启发和引导，从而使得思想政治理论课实践环节形同虚设。

二、国外德育教育对高校思想政治理论课实践教学的启迪

（一）美国

美国高校的德育教育主要采取课堂教学、课外活动、社会实践、校园文化、心理咨询、大众传媒等多种手段展开，具有政治性、多样性、广泛性和实践性的特点。在实践教学方面，美国高校不仅积极引导学生参加反对战争、维护和平、保护环境等社会政治活动和社区服务、志愿者活动等社会服务类活动，还为学生参加此类型的活动提供了制度上的保障。以俄亥俄州立大学为例，学校和周围社区没有围墙的阻隔，学生可以走出校门服务社区，学校和社区形成了一个连接体。学校还将学生在本科生期间的社会服务活动纳入培养方案，以保证大部分学生都能通过此类活动得到锻炼。还有的州通过专门的法案来支持学生的社会服务性活动，或规定必须参加此类活动才能毕业。有些州甚至建立了大学的跨区域联盟，以指导和协调各学校在全国范围内的社会服务活动。美国政府推行的为社会服务的"城市年"计划，也得到了美国许多高校的积极响应。在制度的保障下，美国高校学生大都对社会服务活动抱有积极态度，学生中约有一半都参加过各种类型的社会服务活动。

(二) 英国

英国高校的宗教课和道德课是其主要的德育课堂，但是在教学过程中，老师被要求必须以"中立"的方式来讲授课程内容，鼓励学生去自我反省，探求正确的道德和价值观念。除了专门的德育课堂外，英国高校的德育教育广泛渗透于文学、历史、艺术、体育等课程中。例如，通过音乐课发展学生的自信心和责任感，在体育课上培养学生的公平感和协作精神，在历史课上激发学生的爱国热情。英国大学对校园的布置也十分讲究，非常注重校园环境对学生的熏陶，著名的牛津大学就以其优雅的校园文化引发无数学子的向往。教师的个人品质和修养也是英国大学非常重视的，强调教师要以自己的政治态度、道德品质和行为方式来影响学生个人品格的养成。作为导师制发源地的牛津大学规定，每名导师负责20名学生，导师要求学生不但学习成绩好，还必须有良好的品德和社交能力。

(三) 日本

日本德育教育的突出特点是其建立的大德育体系，即以学校教育为核心，在家庭和社会的密切配合下，通过学校、家庭、社会的道德合力形成的三位一体的德育体系。日本高校非常重视体验性的德育教育，包括自然体验、例行活动、家庭劳务体验和耐苦生活体验。这些活动让学生置身于自然环境或艰苦生活条件中，进行真实的生活体验，不仅培养了学生的独立意识、吃苦耐劳精神，也增强了学生的组织能力和应变能力。日本高校不仅为学生的德育教育准备了丰富的课内课外活动，对老师的要求也非常严格。例如，日本大学的教授还会面临来自用人单位的压力：大公司会将毕业生的导师情况录入计算机，如果毕业生在工作过程中出现道德问题，公司就会减少对其教授的资助，甚至拒绝录用该教授培养的学生。在家庭方面，父母不仅通过自身的言传身教来影响孩子的道德发展，还会通过记录家庭德育情况的教育手册和家庭教育笔记本同学校保持密切的联系。各社会团体、社区和企业也紧密配合学校的德育工作。

（四）韩国

韩国非常注重从小培养国民良好的道德规范。韩国高校一直强调道德教育的"自律性"原则，所以实践活动不仅包括学校实践活动，还包括以自律活动为重点的学生实践活动。这些自律活动包括培养学生自我生存能力的自我教育，培养学生思维能力的创新教育，培养学生个人品德修养的环保教育等。在这些活动中，学生通过自我判断、自我思考和自我行动，主动地接受德育教育。"明星"教育法也是韩国德育教育的一大特色。娱乐业发达的韩国，产生了众多的歌星、影星，这些明星在高校学生中的影响巨大，其语言、行为和穿着都会引发频频效仿。"明星"教育法正是利用了这种明星效应，通过邀请明星来校演出或演讲的形式，对学生进行道德教育。被邀请演出的明星会在现场互动中对学生提出一些中肯的意见，鼓励学生坚持自己的梦想，努力学习等。明星还会通过演讲的方式，讲述自己成功的历程，以此来激励学生。韩国德育课的考核也力求多样化和全方面，不仅要通过传统的笔试形式来考核学生的道德认识，还要考核学生的道德信念和态度、道德思考能力、道德实践能力。这样的考核要求也促进了教师素质的提高，韩国的德育教师都需要经过专业系统的训练，取得专门的德育课教学执照。

三、高校思想政治理论课实践中教学受众的思想行为特征分析

（一）受众的思想动态

科学分析受众的思想动态是高校思想政治理论课实践教学创新与变革的起点。就目前而言，高校思想政治理论课实践教学受众的思想动态主要体现在以下三个方面。

首先，当今大学生是伴随着经济全球化和改革开放的深化而成长起来的一代人。市场经济的发展和社会信息的逐步开放和透明，使得大学生对社会的认知更加丰富和趋于理性。从主流来看，大学生有着鲜明的爱国意识和民族情感。他们关心国家前途和命运，维护祖国的尊严与荣誉，关注社会现实问题的解决。他们思想活跃、朝气蓬勃，对生活和未来充满信心，对社会公

益活动有很强的参与意识。如在北京冬奥会期间，他们踊跃担任志愿者工作；新冠肺炎疫情等发生后，他们积极响应号召，支援灾区。与此同时，市场竞争的压力和利益关系的复杂多变，也让大学生更加务实，并以个人利益和个性发展作为追求和崇尚的目标，这使得大学生的政治理想和价值观存在一定的功利化倾向。比如不少大学生把入党作为实现个人发展的一种手段；把担任学生干部参加社会活动，作为锻炼自己和提高就业竞争力的一种途径；把学习的目的定位于将来找一份收入丰厚的工作；把物质或金钱作为个人价值的衡量标准，在生活中追求享受、攀比消费、赶潮流消费等。这就迫切要求我们在思想政治理论课实践教学改革中对大学生进行正确的价值观教育和理想信念教育。

其次，随着网络的普及和教育民主程度的提高，传统的教育模式和学习模式发生了根本改变，当今大学生获取信息更加快捷、渠道更加宽广。知识量的极大丰富和创造力的提高，使得他们见多识广，心智发展超前，对事物有自己的独立见解，许多人较早拥有了明确的个人成长计划。大学生很少对某种价值观盲目认同，崇尚创新和探索，更习惯于经过亲身实践来接受理论和经验，而不是被动接受单向的知识和观念灌输。他们喜欢自我定义生活的各种元素，奉行"个性至上"和"自由平等"，敢于追求自己的合理利益，重视自身能力的培养和竞争意识的树立。但他们过于关注自我的意识，追求个性的张扬，这容易造成他们在团队活动中一味追求自我表现，不易接受他人意见，在自我控制、沟通协调、忍耐包容、团队协作能力等方面还存在明显不足。同时，大学生也呈现出心理承受能力和受挫能力弱的特点。他们的成长道路大多较为平坦和顺利，虽然看起来外表坚强，但实则内心脆弱，依赖性强。当他们面临学业、生活、感情等方面的挫折时，有些人就会感到焦躁不安，不知所措，很容易造成心理失衡，导致各种不健康的心理问题发生，这些都是我们在思想政治理论课实践教学改革中需要关注和引导的。

最后，大学生出生、成长于网络时代，互联网信息的丰富性和开放性迎合了他们对知识、信息的迫切需求。各种信息通过音像、图文和其他网络语言，在网络上的多样化展现，符合大学生快节奏的生活方式，符合他们追求个性、紧跟潮流、表现自我的强烈诉求。同时，大学生中间普遍存在一种"浅阅读"

的文化现象，即以简单轻松甚至娱乐性为最高追求，阅读形式快餐化、跳跃化、碎片化，来满足自己对获取信息效率的需求。互联网上的信息良莠不齐，各种不同的观点、文化、价值观，甚至消极的、不健康的或反动的思想观点随时可能出现，这无疑对大学生辨别真伪、善恶的能力提出了极大的挑战；而且在网络的虚拟世界中，容易使人丧失现实感，混淆虚拟世界和现实世界，逃避现实、迷失方向、丧失目标。当然大学生尚未真正走入社会生活，对社会事件尚未形成成熟稳定的价值体系，因而其受众的性格呈现可塑的一面，这使得高校思想政治理论课实践教学有机会对他们进行人格的培养和塑造。

(二) 受众行为的影响因素

受众所表现出来的行为特征是社会各个方面综合作用的结果。科学剖析受众行为的影响因素是系统构建高校思想政治理论课实践教学体系的重要依据。总体而言，青年受众的行为特征主要受到社会环境、教育环境、家庭环境等因素的共同影响。

1. 社会环境的影响

时代的发展变化对青年的价值观和行为方式有着重要影响。在全球化的客观趋势下，互联网技术迅速崛起，并渗透于人们社会生活的方方面面。网络的透明、快捷和交互性、平等性，使处在成长的关键期的大学生有更多机会发表自己的见解，其民主意识、权利意识、参与意识大为提高。同时，网络信息内容的开放、不可控，网络沟通的虚拟性，使他们在享受网络海量信息的同时，人生观、价值观、世界观也受到了多元文化的影响。同时，这一代大学生的成长期恰逢中国特色社会主义市场经济不断完善的重要时期，竞争机制的引入带来经济的快速发展，人们的利益观念不断深化，就业、生活压力也与日俱增，转型社会中的利益关系调整、收入差距扩大、公平与效率失衡、市场主体的逐利行为等问题不可避免地对大学生的思想价值观念造成影响。

2. 教育环境的影响

这一代大学生从出生起便享受了经济发展和社会进步带来的丰厚成果，尤其是教育体制的一系列改革，使中国教育逐渐脱离了死记硬背、思维定向的模式，迈向注重个性素质和创新能力的学校教育。在先进的教育理念和宽松自由的教育氛围中，大学生个性鲜明，思维开阔灵活，善于独立思考、不会轻信盲从，渴望探索，富于创造力。他们在学习之余发掘自身潜力，兴趣爱好广泛，拥有更多特长，这也使他们更加自信。同时，随着改革开放的不断深入，中国在经济全球化潮流中与世界的全面频繁交流，大学生从小就有机会接触西方的政治经济文化，接受中西合璧的新型教育模式。他们的思想更为开放，追捧由西方主导的现代流行文化，易于接受新鲜事物；他们崇尚创新与探索，反对因循守旧。在东西方思想文化碰撞中，大学生的审美观和消费观与前几代人有很大不同，其思想行为方式、精神状态甚至人生选择更明显地带有西方色彩。

3. 家庭环境的影响

当前这一代大学生称得上是改革开放成果惠及最广的一代，是思想开放、知识丰富、视野开阔的一代。这一代大学生的家庭突破了很多的传统，他们父母的生活态度有了很大改变，主张独立与开放，追求的是成功的事业与高质量的生活；也比较开明，更能与孩子沟通，支持孩子的一些探索行动。对这一代大学生来说，由于和父母沟通更多，他们世界观、人生观和价值观都成熟较早，在心理上和精神上也显得更加独立和自信。生活在知识经济时代，面临方方面面的竞争与选择，大学生有着强烈的求知欲与对成功的渴求，同时也产生了巨大的精神压力，这种压力既来自社会、家庭对他们的期许，也来自其过高的自我定位。然而，独生子女的特殊身份使他们自小就受到了过多的关爱，生活条件和家庭环境相对优越，使多数大学生没有经受过生活的磨砺。生活经验的缺失、社会阅历的浅薄，导致他们思想的深度、能力的强度不足，抗压能力和抗挫折能力较弱。从某种意义上来说，这一代大学生成了矛盾综合体。他们的成长需要社会、学校、家庭的继续指导和帮助，以使他们走向真正的成熟。

（三）高校思想政治理论课实践教学在面对受众时的困境

1. 话语体系与受众文化不协调

思想政治理论课实践教学话语内容依然保持着一贯的规范性、严肃性和稳定性。一方面，这与青年受众追求"新"与"奇"所形成的猎奇文化严重不同，其所宣传的核心思想与传播内容不仅从内容上打动不了青年受众的学习热情，而且缺乏对青年受众的现实指导，以至于不被青年受众接受。另一方面，当前思想政治理论课实践教学中的话语表达虽然在表现形式上有所改进，但依旧遵循着传统话语体系的说教式和灌输性，既忽略了青年受众的主体性的特点，也未对思想政治教育话语表达进行根本创新，因而其在话语表达方面依然显得单调和晦涩，不能引起青年受众对思想政治理论课实践教学的兴趣。总之，思想政治理论课实践教学话语体系与这一代受众文化的格格不入，是思想政治理论课实践教学话语缺乏感召力的重要原因。

2. 角色定位与受众主体不平等

新时代的开放性与去中心化为青年受众提供了自由交流的场所和自我发声的平台，青年受众不再局限于"一言堂"的小格局而成为自由表达的主体。然而，思想政治理论课实践教学主体的角色定位却始终未能突破传统的局限来实现教育者与受教育者的主体间性。思想政治理论课实践教学的教育者由于受到传统观念的影响，始终未能做到自身的角色转变，教育者依然以知识权威者的身份自居，采用单向的信息灌输模式，并未考虑青年受众的角色地位。这就使得受众对教育者说教式信息传播及话语霸权产生反感，直接导致高校思想政治理论课的实效性受到挑战，阻碍了实践教学的创新发展。

3. 价值理念与受众诉求不匹配

现实生活中，思想政治理论课实践教学作为一种新的教育形式与方法，其价值理念却存在着与受众诉求不匹配的现状。尽管思想政治理论课实践教学为青年受众提供了一个全新的平台，但由于教育内容的滞后性以及教育资源不能推陈出新，思想政治理论课实践教学陷入一种"表里不一"的尴尬境地。受众一旦对其产生怀疑或反感，思想政治理论课实践教学的价值就很难得以实现。并且，思想政治理论课实践教学由于受到传统思想政治教育理念的规制与约束，依然伴有枯燥、乏味感并带有浓重说教式的教育气息，因而使得青年受众对现有思想政治理论课实践教学产生排斥和反感，导致其感召力和实效性不太理想。

四、高校思想政治教育理论课实践教学改革研究

(一) 建构高校思想政治理论课实践教学模式

理论联系实际是高校思想政治教育理论课的基本要求,也是思想政治教育人才培养的基本方向。思想政治教育担负着传播马克思主义理论和社会主义主流价值观的重要使命。马克思主义最本质的特点就是实践性。因此,马克思主义理论的传播就不能是单纯的理论教育模式,它内在地要求与实践相结合,在实践中深化理论的传播,这也要求高校思想政治教育理论课必须创新教育教学理念,科学构建实践教学模式,培养满足社会需求的高端人才。

1. 实践教学的目标定位

(1) 知识目标。知识目标是高校思想政治教育理论课实践教学的基本目标。通过开展实践教学,实现大学生"知"与"行"的统一,升华对马克思主义理论和社会主义主流价值观的理解。同时,实践教学可以让大学生接触和体验复杂多样的社会现象,随着对现象的认知、问题论证来理解理论、验证理论,从而提高其理论水平和实践能力。

(2) 能力目标。能力目标是高校思想政治教育理论课实践教学的核心目标。通过让大学生开展对爱国主义教育基地的参观访问或社会问题的调查研究,可以培养大学生观察、分析、解决复杂问题的能力和开拓进取的精神;通过让大学生全程参与实践教学的策划和组织活动,可以锻炼大学生的创新能力和领导能力;通过让大学生实施各种社会公益活动或社区服务,可以使大学生在切身体验和感受中增强把道德法律认知转化为道德法律行为的能力。

(3) 素质目标。素质目标是高校思想政治教育理论课实践教学的终极目标。实践教学可以帮助大学生在参与实践活动的过程中了解社会,认识自我,坚定理想,明辨是非,树立科学的人生观、价值观和积极的人生态度,树立奉献精神和社会责任感,培养团队意识和协作精神,增强实际操作能力和人际交往能力。实践教学活动搭建的各类教育实践平台,还可以引导大学生深入思考和探究现实生活中的道德和法律问题,提出解决问题的办法,提升内在的道德和法律素养。

2. 实践教学的功能作用

（1）促进学生道德提升。加强思想道德修养的过程，是从道德理论中学习、实践、提高，再学习、再实践、再提高，循环往复、不断深化与发展的过程。大学生马克思主义道德观和法治观的确立，实质上是大学生在实践的过程中，把马克思主义理论和社会主义主流价值观的内容内化为信仰、外化为行动的过程。因此，只有让大学生将书本知识与社会实践相结合，才能促使大学生实现从道德意识到道德行为的飞跃，真正实现知行合一。

（2）磨炼学生坚强意志。大学生此前的成长道路大多较为平坦和顺利，缺乏社会历练和社会经验，由此呈现出心理承受能力和受挫能力弱的特点。开展实践活动，正是磨炼大学生意志力的好时机。同时，大学生在对实践行为进行反思时学会做人做事，诸如人际交往、团队协作等能力都会得到锻炼和提升。实践中，大学生还能体验工作的艰辛和生活的不易，从而使他们更能理性地辨别是非，辩证地看待问题，树立克服困难的信心，增强承受挫折、战胜困难、适应环境的综合能力。

（3）增强课程教学实效。高校思想政治教育理论课的教学内容从根本上说是对社会实践活动的抽象和概括，具有鲜明的实践性特征。因此，教师在教学过程中既要把理论讲清楚，把道理讲明白，又要结合社会新形势、新问题，有针对性地对大学生进行主题教育和专题教育。通过实践教学，让大学生能在内心深处形成对马克思主义理论和社会主义主流价值观的认同，确立明确的是非评判标准，树立正确的价值观和人生观，实现自我教育和自我约束。

3. 实践教学的设计思路

（1）实践教学与课堂教学相结合。高校思想政治教育理论课实践教学应注重课堂教学，为课堂教学服务。课堂教学应紧密结合理论与实际，多组织学术论坛、案例讨论、问题研读等形式，将课程学习和实践活动有机结合，通过开放式教学开拓大学生的学术视野，多层面培养大学生认识问题、分析问题和解决问题的能力。通过实践体验引导大学生深刻体会马克思主义理论的强大生命力，使大学生对马克思主义理论和社会主义主流价值观做到真学、真懂、真用。

(2) 实践教学与人才定位相结合。高校思想政治教育理论课实践教学的方案设计要根据专业的人才培养方案来制定，实践教学的主题也要根据大学生的不同认知发展水平阶段而设计。在实践教学过程中，要因材施教，根据大学生不同生源地、不同的兴趣爱好及特长、不同专业方向等进行差异化的实践分组，以培养优秀人才为导向，采用合适的实践活动形式，以增强实践教学活动的成效。

(3) 实践教学与学生实际相结合。高校思想政治教育理论课实践教学应结合人才培养目标与社会需求来确定实践教学的主题，突出活动的实践性主旨，让大学生开展实践与交流。在实践教学过程中，要突出学生的主体地位，尊重学生的个性和创新思维。在确定具体实践教学方案之前，要做好对大学生心理、行为现状等的调查工作，了解大学生对活动的期待，在设计实践方案过程中应充分听取学生的意见，实时听取反馈。总之，目的是使大学生在社会实践中学会自我约束、自我锻炼、自我评价，在实践活动中成长成才。

4. 实践教学的组织实施

(1) 做好前期准备。高校思想政治教育理论课实践教学准备阶段的主要任务，包括确定选题、制定实施方案、提前动员等。开学前，教研室要集体讨论，确定本学期实践教学的主要选题，制定实践教学的指导大纲，设计周密的实践教学实施方案；学期初，教师要进行社会实践目的、意义的广泛宣传，将课程概况和实践教学计划要求向学生进行介绍并征求学生的意见，把教学目标、任务提前告知学生；实践教学活动开展前，还要有针对性地对学生进行文献搜集、调研报告和论文写作等方面的培训，提出具体的要求并及时征求学生的意见。

(2) 认真组织实施。在实施思想政治教育理论课实践教学过程中，首先要选择实践内容，根据学生不同生源地、不同的兴趣爱好及特长、不同专业方向等进行差异化的实践分组，制定合适的实践活动形式，帮助大学生自由选择参观访问、专题研究、主题调研等方式。其次要根据具体的实践内容采用切实可行的实施方式，比如在专题调研中根据选题既可以采用集中组织的形式，也可以分散进行；社会调研既可以分小组独立进行，也可以与专业实践活动结合起来进行；参观访问既可以邀请相关专家、典型人物到学校作报告，也可以让大学生到红色爱国主义教育基地进行参观学习。

（3）进行评价总结。高校思想政治教育理论课实践教学的评价总结工作，主要包括对实际成果如学术论文或调研报告的评价，组织各种形式的实践总结活动等。教师要认真对大学生写作的调研报告或论文进行批改，综合学生日常思想、行为素养和他们在社会调研过程中的组织、实施、评价及成效等诸多环节的考察情况来客观评定成绩；此外还可以组织大学生举办研讨会、报告交流等形式对实践成果进行总结，从而激发大学生参与社会实践的自觉性、主动性和积极性。同时，教师还要善于总结分析历次实践教学中积累的经验和存在的问题，从而科学构建实践教学模式，拓展实践教学范围空间，提高实践教学层次。

（二）创新高校思想政治理论课实践教学人才培养模式

高校思想政治理论课实践教学是把理论知识贯穿实践活动的教学方式，也是培养大学生综合素质和能力、提高大学生在就业市场的竞争力和增加发展机会的有效途径。因此，增强实践能力是大学生人才培养过程中贯穿始终、不可缺少的重要组成部分，是培养大学生理论联系实际、学以致用的重要手段。同时，实践性是思想政治教育学科的显著特征。马克思主义突出的科学性和实践性决定了高校思想政治理论课实践教学的育人属性，不仅要解决大学生知与不知的问题，而且要解决大学生行与不行的问题。开展高校思想政治理论课实践教学要以实践性问题为主要内容，以研究性学习为主导形式。因此，如何把理论学习与实践活动结合起来，把高校思想政治理论课实践教学人才培养目标与社会需求紧密结合起来的研究就显得十分必要。

1. 实践教学人才培养的思路导向

（1）坚持以教育观念的转变为先导。观念是行动的先导，任何教育行为都是不可能离开教育观念的，不管能否被意识到，它都是实实在在存在的，并顽强地渗透在教育行为中。因此，高校思想政治理论课实践教学人才培养应以社会需求为导向，以教育观念的转变为突破口，逐步形成以提高人才培养质量为核心，融知识、能力、素质教育于一体的教育观念。在人才培养的过程中，要充分尊重大学生的主体地位，发挥大学生的探索精神和合作意识，激发大学生的学习兴趣、好奇心和求知欲望，培养大学生的开拓思维和创新能力。

（2）坚持以培养质量的提升为核心。当前社会发展对高端人才的能力结构提出了新的要求，用人单位欢迎的是综合素质高、实际动手能力强、具有创新精神的优秀毕业生。因此，高校思想政治理论课实践教学的人才培养要充分体现其专业能力和创新能力的训练，建立面向学生综合能力和学术素养培养的实践教学模式和管理机制，坚持走实践育人特色之路，既保证人才培养质量，又适应社会发展所需，真正实现学以致用的应用型人才培养目标和办学理念。

（3）坚持以实践资源的整合为目标。整合的目的是最大限度地利用人力、信息、技术等各类资源，优化组合、取长补短，形成合力。高校思想政治理论课实践教学人才培养必须充分调动和利用校内外人力资源、物质资源、文化资源、活动资源和信息资源等，对实践教学的各个环节进行整体设计，构建完整、科学合理的实践教学体系。要制定科学的实践培养方案，确保充足的实践教学时间，拓展实践教学范畴，提高实践教学层次，加大实践经费的投入，实现实践基地的共享，并注重加强实践教学环节的质量监控。

2. 实践教学人才培养的模式设计

（1）课程实践。课程实践立足改变高校思想政治理论课大学生的学习方式，强调主动探究式的学习。在课程设置方面，应增加实践性课程所占比例，多组织主旨报告、学术研讨、热点对话等形式，以开阔大学生的学术视野，增强大学生的学术意识；在教学模式方面，增加"问题教学"，将课程学习和实践活动有机结合，形成一体，从多方位、多层面、多角度引导大学生实践能力的提升。课程实践的特点在于以"问题"为中心。陶行知先生说过，"问题是思维的起点，发明千千万，起点在一问"。问题能使大学生产生困惑，"疑"是激发创新思维的线索。在研究性学习过程中，大学生在教师的指导下，基于自身兴趣，结合理论知识与现实的联系，选择和确定研究专题，自由结合小组，制订实施计划、设计方案，通过独立思考、分析，创造性地解决问题。从研究问题的提出、资料的获得，到研究结果的得出，都呈现开放性态势。教师在教学中的地位和作用，由单一的知识传授者转变为建构知识的参与者、研究问题的发现者和解决问题的合作者。课堂实践是大学生主动地获取知识、应用知识、解决问题的学习活动，突出的是实践性、开放性、自主性和过程性，注重的是大学生实践能力和创新能力的培养质量和水平。

（2）项目实践。高校大学生要注重培养学术的实践能力。在教师的指导下，大学生应准确把握经济社会发展面临的重大理论和现实问题，积极进行社会调研项目申报。在项目实施过程中，教师应对大学生社会调查的选题、途径、过程加强管理和指导，帮助其掌握科学研究方法，正确认识社会现象，同时要重视培养大学生用马克思主义立场、观点、方法，从社会实践中发现问题、研究问题、解决问题的能力。社会调查不仅能促进大学生深入社会，还能帮助其树立积极向上的世界观、人生观和价值观，树立为实现中华民族伟大复兴而奋斗的责任感和使命感。并且，从对课题的可行性进行分析论证、查找资料，到课题立项、调研、全面总结研究成果，以及撰写研究报告等步骤的进行，大学生在项目实践中不仅学到了科研的方法与技能，而且提高了自身的理论水平和个人素养。通过实践，大学生耳闻目睹、触摸社会大课堂的深刻变化，真正领会理论的精髓，在实践中出真知，在实践中长才干。

（3）行业实践。提升专业角色认同和提高职业技能是高校思想政治理论课实践教学行业实践的关键所在。职业技能训练一般采用情景模拟、见习活动、教育实习、专业实习等形式。因而，高校要大力倡导产学研结合，广泛、主动地加强校企之间、高校之间、高校与科研单位之间的联系，并建立稳定的合作关系，积极争取优质社会资源参与人才培养；要重视对实践教学资源的投入，通过专项资金的形式支持以见习、实习、实训等为主的各种实践基地建设，为行业实践服务。大学生也要充分发挥自身的专业优势，进入政府机构、科研单位、高等院校、各类基层和企事业单位开展"临床性"实践活动，在"观摩—参与—研究"的经历与体验中将行业实践与专业学习有机结合，在真实的职业情境中检验自身的实践能力，形成"专业学习—行业实践—专业学习"的良性循环，提高自身专业适应能力及就业技能。同时，大学生通过行业实践走向社会，接触本专业工作，培养锻炼将所学知识应用于实践，提高创新素质和就业竞争力，实现自身知识目标向能力目标的转化。

（4）社会实践。大学生教育是培养拔尖创新人才的重要阵地。在当今社会转型的特殊时期，大学生群体面对的压力越来越大，来自学业、就业、经济、婚恋等的实际问题对大学生的思想观念、价值判断、政治意识、伦理道德、心理健康等方面产生多重影响。因此，高校思想政治理论课实践教学也应鼓励大学生走出校园，利用假期通过各种途径参加"三下乡"社会调查、志愿者服务、社会公益活动、创业设计大赛和"挑战杯"科技作品大赛等社会实践活动，在实践中认识国情、了解社会，提高自身理论联系实际的能力和专业知识综合运用的能力，为今后工作打下良好的基础。此外，社会实践多是群体性的活动，非常强调团结和协作，有利于大学生团队精神和良好人际关系的建立。同时，社会实践活动又是社会性的活动，可以帮助大学生广泛地接触社会、了解社会，学会为人处世的方式、与人沟通的技巧，并适应各种社会环境和节奏，掌握对不同事物的处理原则和方式，从而客观地认识自我、评价自我，增强人际交往和心理承受能力。

（三）构建高校思想政治理论课实践教学复杂系统

1. 实践教学体系的特质

（1）整体性。整体性原则是系统论的基本出发点，它要求人们以更高的站位、更宽的视野思考问题、解决问题。在处理整体事物或事件中某要素、某局部的时候，也必须把它们放到所在的系统中去，处理好局部与整体的关系。在思想政治理论课实践教学体系构建过程中融入系统的整体性原则，一方面能够理顺系统内的纵向结构，即权力垂直运行中各层级之间的关系，并明晰横向结构各部门之间的职责边界；另一方面能够加强部门合作，构建协调统一的工作机制，发挥思想政治教育"合力"作用，增强体系整体所具有的功能。

（2）结构性。系统论的结构性原则是对构成系统内部的多个要素进行合理的排列组合。每一个系统都有其特定的结构和存在的方式。系统的结构控制并决定了各个要素在系统中的地位与作用。在思想政治理论课实践教学体系构建过程中以系统论结构性原则为指导，可以理清学校行政职能部门和教学部门之间、教育者与受教育者之间以及校内与校外之间的关系、地位等，针对不同思想政治理论课的对象、目标、内容和方法，选择思想政治理论课实践教学系统最优结构，从而获得最佳系统功能。

（3）开放性。系统科学思想认为系统本身是一个动态平衡与稳定的有机整体。系统在通过不断调整内部结构以达到最佳功能状态的同时，也与外界环境不断地进行着能量、物质和信息的交流。因此，思想政治理论课实践教学体系作为一个开放的系统，要求关联体系的工作机制也应是灵活、即时、动态跟进的，通过加强体系内外环境的交流，提高系统的自身调节能力。同时，思想政治理论课实践教学体系内部的各要素之间也要相互开放、相互学习、共同提高，使系统实现持续的稳定平衡。

2. 实践教学体系的结构

（1）目标系统。教学目标是目标系统的显性目标，人才培养目标则是目标系统的终极目标。实践是工具性价值与目的性价值的统一。没有工具性取向，思想政治理论课实践教学永远只能是一种"空中楼阁"式的道德理想，不能成为现实；而没有价值理性取向，思想政治理论课实践教学就会陷入实用主义和功利主义。工具性价值离不开目的性价值的指引与统率，而目的性价值又必须把工具性价值作为现实的手段与实现方式。因此，思想政治理论课实践教学要落实立德树人根本任务，实现人才培养的最终目标，应不断根据时代发展的需要对既有价值取向进行理性调整，以满足受教育者成长发展的需求和期待。

（2）主体系统。思想政治理论课实践教学主体系统由教育者和受教育者两个要素共同组成，互为依存、相互影响。在思想政治理论课实践教学中，教育者是实践活动的组织者和引导者，负责制订教学计划，安排教学内容，控制教学节奏，充分调动受教育者的积极性和创造性，激发受教育者的探索精神和合作意识，激活受教育者的学习兴趣、好奇心和求知欲望，培养受教育者的开拓思维和创新能力。受教育者则既是实践活动的对象，又是平等的实践主体，在教育者的指导下，从实践教学中主动地获取知识、应用知识、解决问题，使教学过程朝着价值目标的方向发展。

（3）平台系统。平台系统是由校内实践教学平台和校外实践教学平台两个子系统有机结合起来的统一体。校内实践教学平台主要包括以思想政治理论课堂以及高校宣传部、组织部、学生处、团委等有关职能部门组织的校园文化建设活动，是开展思想政治理论课实践教学的主阵地。校外实践平台是协同部分，主要包括以大学生见习、实习、实训等为主的各种实践基地、科技产业园和其他的社会实践场所，是受教育者认识国情，了解社会，提高自身知行统一能力的重要场所。只有实现这两方的有序协调与合作，才能广泛调动各方面的积极性和主动性，集中各方面的智慧，确保思想政治理论课实践教学目标如期实现。

（4）保障系统。思想政治理论课实践教学系统是开放、动态、多层次的，要以最佳的效果实现思想政治理论课实践教学的人才培养目标，就必须从组织管理、信息反馈、绩效评估、综合保障等方面建立相应的保障系统。组织管理是按照目标系统的要求安排实践活动，对实践过程的各要素加以统筹，使之有序运行、提高效能。信息反馈包括反馈信息的获取、传递和控制的实施，信息反馈是否有效，取决于信息沟通渠道是否畅通。绩效评估是制定相应的实践教学质量评估指标体系，对实践教学实施的效果加以量化考评。综合保障主要是针对实践基地存在的问题，协调各有关部门，形成内部合力，加大经费投入，加强师资队伍建设等。

3. 实践教学体系的审视

（1）系统内部结构功能。思想政治理论课实践教学体系，是教育者与受教育者围绕实践教学的培养目标，以有效的平台为保证，以充分的保障为支撑的一个有机联系的整体。在思想政治理论课实践教学体系中，目标系统是出发点，在整个体系中发挥驱动的作用，没有目标就没有系统。在这之中，主体系统是核心，开展实践教学过程中应充分发挥教育者与被教育者的主体作用；平台系统是载体，目标系统和主体系统通过具体的平台系统来实现相互关联和约束；保障系统是关键，是思想政治理论课实践教学系统能否按照目标如期运行的重要保证。每个子系统的正常运转，不仅要受到子系统本身条件的限制和制约，还要受到其他子系统的影响和制约，任何一个环节出了问题，都会影响其他部分或整个系统的正常工作，形成"蝴蝶效应"。因此，在思想政治理论课实践教学体系运行中，各子系统既要发挥各自的作用，又要相互衔接配合，形成联动，以实现思想政治理论课实践教学体系的整体优化。

(2) 系统内外环境交流。不仅系统内部结构决定系统功能，外部环境变化也会对系统功能产生影响。外部环境制约着内部环境的性质、目的和内容，因而内部环境要努力适应不断发展变化的外部环境。映射到思想政治理论课实践教学系统中，就要求工作机制也应是实时跟进的，要与国家的经济、社会和文化环境相一致，与人才的培养目标相一致。同时，系统只有与外部环境持续地进行物质、能量与信息的交换，并从外部环境吸收新的技术和资源，才能保证系统的存在和功能的发挥，并反作用于外部环境。因此，思想政治理论课实践教学体系需要在系统论的指导下，主动搭建促进内外环境交流的物质交流平台和信息网络平台的桥梁，通过制定科学的实践培养方案，确保充足的实践教学时间，拓展实践教学范畴，提高实践教学层次，加大实践经费的投入，充分调动和利用好系统内外的人力资源、物质资源、文化资源、活动资源和信息资源等，对实践教学的各个子系统进行整体设计，共同构建科学的实践教学体系。

4. 实践教学体系的优化

（1）强化顶层设计的统筹性。加强统筹协调和顶层设计，是系统化建构思想政治理论课实践教学体系的前提。推进思想政治理论课实践教学体系的协调和整体优化，首先要有全局性的眼光，克服各门思想政治理论课实践教学条块分割和内容重叠的弊端，在遵循科学性、针对性和现实性原则的基础上，进行科学整合和规范设计，确定各门思想政治理论课别具一格的实践教学模式。其次，思想政治理论课实践教学体系的建设需要汇聚学校、院（系）等多个部门的智慧与力量。因此，要克服思想政治理论课教学部门和职能部门各自为政的体制障碍，共同围绕提高思想政治理论课实践教学质量这一主线，加强部门之间的合作与协同，凝心聚力、集思广益，真正体现合力育人的工作规律导向，形成建设合力。再次，思想政治理论课实践教学系统需要构筑多样化的实践教学平台，合理配置和有效利用实践教学资源。因此，要促进思想政治理论课实践教学与学校的党、团组织活动、校园环境建设、学生的专业实习等相融合，把思想政治理论课实践教学的安排置于更大的系统中，统筹力量，共同打造产学研合作平台，并在平台基础上探索多元化实践教学的路径，实现实践教学体系的优化设计。最后，要有长远规划，明确思想政治理论课实践教学的终极目标是人才培养。因此,思想政治理论课实践教学要追溯到源头上,把理想信念、育人意识等贯穿实践教学全过程,并且实现各个要素的良性互动、各级结构的严密衔接和各个过程的有机配合。

(2) 实现过程管理的可控性。对思想政治理论课实践教学现有的系统进行整合集成和优化,顶层设计是前提,运行控制是关键。系统要安全、稳定和有序地运转,离不开控制系统的有效干预。同时,内部控制的实施也是提高过程管理效率和效果的重要保障。思想政治理论课实践教学系统的控制功能是建立在控制论反馈理论的基础上,通过对实践教学运行全过程进行科学设计、合理实施、全面监控和及时改进,增强思想政治理论课实践教学的实效性,实现育人目标。因此,高校应制定切实可行的具体政策,在高校发展规划、经费投入、公共资源使用中优先对思想政治理论课实践教学给予保障,促进实践教学在人、财、物等环节的规范性,扭转实践教学各环节信息不对称的情况,推动实践教学质量沿着人流、物流、信息流的正反馈路径良性提升。同时,过程控制还要求在思想政治理论课实践教学中坚持以人为本,一方面把人当作管理的目的,另一方面把人也当作手段和依靠对象,推动受教育者主动学、主动实践,充分调动教育者与受教育者双方的积极性和主动性,形成从上到下、从下到上的双向控制系统。在对思想政治理论课实践教学的各个环节实施监督与控制时,教育者不仅要全程参与,对受教育者给予有效指导,而且更要统筹整个系统的运行状态,及时、果断处理运行过程中出现的问题,以保证思想政治理论课实践教学按计划完成,人才培养目标得以正确实施,从而实现思想政治理论课实践教学系统的有序运转。

(3) 坚持评价制度的科学性。从结构上讲,评价环节是整个系统运行必不可少的组成部分。构建科学、合理、高效的综合评价制度对提高思想政治理论课实践教学质量,推进教学改革具有重要意义。因此,要着力更新评价理念,评价导向也要由过去偏重对实践教学本身的评价向注重对受教育者发展的评价转变。同时,强调评价的系统性和可持续性,从专注学习结果的评价转向面向学习过程的、可持续性以及发展性评价。并且,这个系统本身又是它从属的一个更大系统的组成部分,因而评价要从关注系统内部要素向更大系统要素转变,坚持实践育人的评价标准,找准实践道路,既保证人才培养质量，又适应社会发展所需。在思想政治理论课实践教学评价制度优化中，首先要确定评价项目。受教育者的实践能力、综合素质和创新精神，实践教学条件保障以及实践教学体系的有效运行应是评价的主要方面，应重点评价受教育者对知识的驾驭、实践活动的设计和实施、课程和实践资源的开发和利用等。其次要细化评价标准。根据实践教学活动确立专项评估和综合评估的细则和方法，采用"客观评价与主观评价相结合、以客观评价为主"的指标体系，通过评价的量化，避免主观因素对评价工作的影响。最后是开放性评价。评价主体实现多元化，在评价依据明确的前提下，将专家测评与学生互评相结合，将动态评价与目标测评相结合，将技能测评与综合测评相结合，多维度的实践教学评价向度可以确保思想政治理论课实践教学评价更具有公平性和合理性。

（4）提升信息反馈的针对性。保障和调节整个控制系统协调运转，要以健全的信息反馈为基础。控制过程是信息转换与反馈的过程。要使思想政治理论课实践教学系统的决策内容、方式、方法对外界环境和内部结构作出有效的回应，必须加强评价后的反馈和调节作用，通过信息采集结果与实践教学目标和标准的比较，建立奖罚分明的激励与制约机制，针对达到目标的实践教学活动经验进行总结和推广；针对未达到目标的实践教学情况进行调整，或排除干扰，或调节各子系统之间的关系，或修正系统出现的偏差。信息反馈中要准确了解思想政治理论课实践教学中存在的问题，特别是从受教育者的反馈信息中发现问题，及时整改、提高和完善，不仅使实践教学系统的运行符合受教育者的需要，而且使施教者能够在实践教学实施过程中随时纠正偏离目标的行为。因此，没有客观、全面、真实的信息反馈，对思想政治理论课实践教学系统就难以做到有效调节。要构建高效科学运行的思想政治理论课实践教学系统，就要建立相应的制度来确保系统信息畅通，同时广泛地开拓信息渠道，做好信息的收集、加工、传递和处理。在此基础上，要梳理和总结思想政治理论课实践教学活动，并及时反馈给人才培养目标系统，以适时地调整和改革人才培养思维与理念，从而进一步健全系统自身结构，不断增强系统自我革新、自我调节、自我提高的能力，实现思想政治理论课实践教学系统的流程管理，促进其良性发展。

(四) 高校思想政治理论课实践教学改革实施方案

1. 加大宣传力度，转变教学理念

（1）加大宣传力度。思想政治理论课的实践教学同课堂理论教学一样，是为培养学生运用所学理论分析问题和解决问题的能力，促进学生综合素质和实践能力的提高而设置的教学环节。它对学生将理论知识转化为切身感受、外化为日常行为有着不可替代的作用。但笔者在调查中发现，有的学生虽然参加了相关活动，却不知道该活动就是思想政治理论课的实践教学部分，这说明高校思想政治理论课实践教学计划并没有完全和学生对接，存在很多盲区。这就需要各高校及教师在开学之初就将教学计划告知学生；在讲课过程中，把教学目标、任务及时告知学生，这样才能保证学生课后实践的积极成效。此外，实践教学的各项活动要保证惠及全员。如果条件允许，尽量保证让所有学习本课程的学生有机会参与相关的实践活动；如果条件有限，只能派代表，也应尽量让学生轮流参加，并且请参加的学生积极地向其他同学传达实践活动的主要目的、内容和受到的启发等。

（2）转变教学理念。思想政治理论课的特别之处在于它关系大学生世界观、人生观、价值观的形成和转变，可以说，没有思想政治素质的教育，任何专业的教育都将是失败的。考察思想政治教育成功与否，主要看学生是否能够践行他所学到的相关知识。所以，思想理论课的考试是对学生行为的考试。但是长期以来，我国高校思想政治理论课依然同其他课程一样，注重卷面成绩。此次调查的京津冀地区18所大学，也无一例外地使用这种模式。随着思想政治理论课实践教学的深入开展，高校的教学理念需要相应地作出调整。一是摒弃教学只为完成课时的想法，而是将注意力集中于如何影响、提高学生的内在认同、品德塑造上。这就要求高校以更加开放的心态办学，真正以学生为本，以培养人才为己任。二是摒弃填鸭式灌输知识的理念，避免对知识的重复宣讲，而应结合时代特征，带领学生自主思考，发挥学生的主观能动性，激发学生的创造力。三是摒弃以固有标准评价学生优劣的方式，转而寻求适合不同学生的独特教学方式，因材施教。

2. 均衡资金投入，增强实践教学的趣味性

（1）均衡资金投入。充足的资金支持是保证思想政治理论课实践教学效

果的前提。笔者在调查走访中了解到，国家、地方对重点院校如"985""211"高校的支持力度明显大于其他普通高校，北京地区的普通高校收到的资金支持也远远高于其他地方普通高校。这种资金的倾斜严重打破了高校之间教学效果的平衡。一木难成林，一花不是春。只有支持力度相对均衡，才能保证各高校思想政治理论课教学效果的稳步提高，才能保证大学生队伍素质的整体提高。因此，笔者建议国家及地方资金应该适当分散投资，以确保各高校思想政治理论课实践教学的均衡发展。

（2）增强实践教学的趣味性。实践教学不同于课堂教学，也不同于教师指导下的实习，它主要是通过学生能动地参与实践而发挥教育作用。思想政治理论课实践教学能否更好地普及和提高质量，关键在于能否吸引学生的注意，让他们自觉自动地喜欢上这门课。增强课程的趣味性，可以提高学生的参与热情。比如组织学生外出进行社会考察、市场调研，利用寒暑假、节假日组织学生进行参观访问，甚至还可以组织一些学生们喜欢的野营、烧烤活动等。调研数据表明，将近半数的学生希望自行参与假期社会实践，还有学生认为可以在教师的带领下做一些社会调查课题，但是要求教师制定大体的框架，给学生自由发挥的空间。这样可以有效地消除学生的逆反心理，激发参与意识，将教育内容及要求融入学生生活的广阔空间，从而提高思想政治理论教育的影响力。

实践教学形式的多样化和内容的丰富性，具有不可替代的优势。例如教师在课堂上组织案例讨论，学生课后制作电子课件并在课堂上讲解等形式，可以实现教师与学生、学生与学生之间不同观点的碰撞。此外学生还可以在教师的带领下，走出教室，走向社会，通过参观爱国主义教育基地或者进行社会调查等方式，调动大学生的多种感觉体验，切身感受课堂上讲授的马克思主义理论的实际作用。

3. 整编权威参考教材，培训专业教师队伍

（1）组织编写实践教学通行教材。当前中央针对思想政治理论课实践教学的发文，站在统领全局、统筹规划的维度，规定了实践教学的大体框架，但并没有对具体实践过程的各个环节加以详细说明。所以，组织编写实践教学通行教材非常必要。首先，应组织有一线教学经验的教师进行材料的初步编写，详细规划思想政治理论课中不同章节对应的实践内容，如可开展的形式、可选择的地点、每种形式需要的预算、举例说明其中的利弊等。其次，根据实践结果及时对教材进行修订，以适应不断变化着的实践课题。最后，教材应该是多维度、分层次的，可以为不同年级、不同性别、不同地区、不同爱好的学生提供选择，从而增强实践教学的针对性。

（2）提高教师队伍的实践教学素养。在分析了思想政治理论课实践教学的诸多现状之后再回到实践教学的主导者——教师队伍的教学水平这一层面时，首先我们要看到，教师队伍的实践教学水平依然有待提高。调查中，当问到"您认为影响高校思想政治课教学效果的主要因素是什么"时，有33%的学生认为实践教学的教师队伍必须具备更加开放的心态和理念。教师作为实践教学的指导者，必须摒弃落后的教育观念，以开放、包容的姿态激发学生的创新激情。教师只有树立正确的实践观念，才能推陈出新，指导实践教学，达到活动目的。其次，教师要亲身参与实践教学的整个过程。教师队伍中的许多教师都是从校园毕业后直接到校园工作的，他们之前长期处在被教育的地位，自身参加的实践教学活动就比较少，而且缺乏思想政治教育的实际工作经验。因此所组织的实践教学活动也就往往因为缺少实践经验而流于形式。我们必须明确和加强实践教学中教师队伍的实践观念，准确把握实践教学中的实践性内涵。只有明确了实践性在实践教学中的重要性，才能把握实践教学的精髓，才能在接下来的实践活动中从实践出发，最后落脚于实践。

4. 完善实践教学体系，制定合理的考核标准

（1）完善实践教学体系。高校思想政治理论课实践教学的开展需要社会、学校和师生的共同支持。目前，实践教学活动的教学体系还不够完善，保障机制还不够健全，各高校采用的模式和收到的效果也不尽相同。完善思想政治理论课的实践教学体系势在必行。首先，由于思想政治理论课的教师数量有限，可以联合学生处、团委、后勤保障部门等，共同承担实践教学任务。调研中发现，北京已有高校做过类似的尝试，成效不错，学生反响良好。主要模式是由马克思主义学院提供实践选题，团委牵头，各个学院派学生参加，在实践调研后，每个学院或小组将调研成果以视频、论文或者ppt等形式予以呈现。其次，多渠道开拓实践教学基地。由于我国现有的企事业单位、科研

院所、政法机关的数量相比高校庞大的学生群体而言微乎其微，远远不能满足学生的实践需求。所以，高校需要开拓多样化的渠道，寻求可供学生实践的基地。一是积极寻求传统意义上的校外实践基地，加强和附近或下属地市的企事业单位、科研院所、政法机关的联系，争取尽可能多的实践机会。二是就地取材。高校本身就是一个非常典型的具有实践功能的基地，比如学校的餐厅，就可以为学生提供社会实践的机会，让他们真切地体会劳动的意义、粮食的珍贵以及父母日复一日养育子女的艰辛等。高校利用学校自身资源不仅可以节约外出成本，也可以提高资源的利用率。与此同时，要对基地建设做好综合规划，尽量建设具有综合功能的实践基地，比如文科类基地、理科类基地、工科类基地等不同类型的基地都要统筹安排，既避免重复建设节约成本，又保证学生思想政治理论课实践的连续性。

（2）制定合理的考核标准。笔者通过现场采访和问卷调查，发现当前高校对学生思想政治素养的考核主要由三部分组成：期末试卷考试成绩，约占总成绩的60%；平时表现（主要是上课出勤率），约占总成绩的10%；论文成绩，约占总成绩的30%。此处的论文成绩即为社会实践的评价成绩。为了准确反映学生的诉求，笔者在问卷中设计了"您认为思想政治理论课期末成绩应该注意哪方面的考核"这个问题，对此没有一个学生选择单纯的试卷考试，有359位学生认为应该综合考虑"试卷考试"、"日常思想行为表现"和"社会实践"，约占受调查学生人数的63.65%。还有部分学生认为应该增加对学生课堂表现的衡量；同时，选择"日常思想行为表现"和"社会实践"的人数达到371人，约占受调查学生人数的65.78%。在期末考试成绩中，加大实践学分和日常行为的考核比例是十分必要的，因为思想政治理论课的教学本身就是为了帮助大学生树立正确的世界观、人生观、价值观，充分了解我国国情、社情、民情，提高学生的思想政治素养，培养合格的社会主义接班人。但试卷考试只能反映学生对课堂知识的接收程度，并不能呈现其思想道德水准，因而建立合理、立体的考核体系是实践教学的题中之义。高校应把大学生的实践能力成长看成一个动态的过程，建立大学生能力成长档案袋，通过观察、记录、描述大学生不同阶段能力状况作为成长性评价依据，把过程性评价与终结性评价结合起来，以保证评价的公正性。同时，高校还应将大学生的实践能力分项评价。大学生在能力评价中既是评价的对象,又是评价的主体,重点考核大学生对学科知识的驾驭能力、实践活动的设计和实施能力、课程和实践资源的开发和利用能力、现代信息技术的应用能力等,并采用多种方式评价,将专家测评与学生互评相结合,将动态评价与目标测评相结合,将技能测评与综合测评相结合,以保证评价的科学性。

5. 坚持学生主体地位,重构人才培养目标和保障体系

(1) 尊重学生在实践教学中的主体地位。思想政治理论课的理论和方法来源于实践,最终也落脚于实践。因此,只有在思想政治理论课的实践活动中,大学生才能切身实地理解和领悟这些理论、方法的深刻含义。在高校思想政治理论课的各种实践活动中,必须突出活动的实践性主旨,明确大学生的主体性地位。组织的活动要根据不同群体的大学生设计不同的实践内容。一是实践教学方案设计要以大学生为本。在思想政治理论课实践教学方案确定之前,高校和教师要做好学生心理、行为现状的调查工作,了解大学生对活动的期待,统筹考量高校的教学任务和学生实际。在制定过程中也应当充分听取大学生的意见,实时听取反馈。二是实践教学过程要做到因材施教。可以对大学生进行差异化的实践分组,根据不同专业方向、不同生源地、不同的兴趣爱好和特长,对大学生进行交叉式或互补式的编组,再根据具体情况采用合适的实践活动形式。这样才能充分调动大学生在实践活动中的主体性和积极性,保证实践教学活动的质量。三是在具体的执行过程中,应该让大学生自主选择处理问题的方案和途径。教师负责实时答疑及点评。在总结实践经验时,教师要充分给予学生之间分享经验教训的空间。毕竟,学生之于学生,更容易产生认同感和亲近感,采用这种方式,往往有事半功倍的效果。

(2) 重构实践教学人才培养目标和保障体系。在专业培养方案中,增加实践课程的种类和实践类课程在课程体系中的比重,开设专门的实践教学环节;在教学方法上,把传统教学中注重系统知识传授与落实自主学习、合作学习与探究学习有机结合起来;在教学内容上,全面梳理实践教学的内容,根据其能力指向和实施途径分类构建课题研究、实地调研、论文写作等实践教学的课程体系,安排实施要贯穿大学生学习全程。实践教学要以大学生能力培养作为核心目标，不仅要培养大学生对思想政治专业知识的理解和探究能力，还要具备运用学科理论和科学方法去研究实际问题的能力，为将来创造性地开展研究工作并向更高的专业目标发展奠定基础。此外，思想政治理论课实践教学在过程上应包括实践教学设计、示范和引导、效果总结与反思等环节；在情境上应包括校内实践和校外实践。因此，要从师资队伍建设、实践基地建设和教学组织管理等方面做好实践育人的综合安排。高校可在相关职能部门设立专门机构，建立面向学生综合能力和素养培养的实践管理和保障机制，一是便于充分利用、开发和整合校内外实践资源，相互配合，形成合力，提升实践工作的实效性；二是可以多渠道、多途径筹措实践育人经费，积极争取社会力量支持，广泛吸纳社会资源，为大学生提供实践岗位，以保证实践育人的可持续性。

五、高校思想政治教育理论课实践教学改革实例

英国学者弥尔顿说过："书籍并不是绝对死的东西。它包藏着一种生命的潜力，和作者一样活跃。"大学是读书的最佳时光，当下，碎片化的网络阅读作为一种排解生活压力的消遣方式，使得高校里的读书活动多了几分浮躁，少了几分宁静致远的心态。大学生要想真正体验王国维的人生三重境界，还是要多读经典。为此，思想道德与法治课在大学新生的实践课堂上一直坚持开展以"与经典为友，与博览同行"为主题的"经典进课堂"活动。

（一）活动目标与工作思路

1. 活动目标

在"经典进课堂"实践活动实施过程中，要求大学生根据自身专业、兴趣、个性特点、阅读的不同阶段，确立三个相互关联、层层递进的目标，使经典阅读的活动有序开展。一是知识目标，这是"经典进课堂"实践活动的基础目标。王国维在《人间词话》中说："古今之成大事业、大学问者，必经过三种之境界：'昨夜西风凋碧树。独上高楼，望尽天涯路。'此第一境也。'衣带渐宽终不悔，为伊消得人憔悴。'此第二境也。'众里寻他千百度，蓦然

回首，那人却在，灯火阑珊处.'此第三境也。"要求大学生通过阅读经典书籍体验王国维所指出的人生三境界，启迪智慧。二是能力目标，这是"经典进课堂"实践活动的核心目标。包括：①通过实践活动的广泛参与，锻炼大学生的组织能力和团结协作能力；②通过实践活动的体验，培养大学生的爱国精神和进取精神；③在实践活动中增强大学生"知化于行"的能力。三是素质目标，这是"经典进课堂"实践活动的终极目标。在阅读经典的过程中，陶冶高尚情操，增强大学生的审美意识，提升大学生的文学修养、人文素养和道德修养。

2. 工作思路

（1）以优选书目为基石，打开阅读的通道。世界著名文学评论家别林斯基曾经尖锐地指出："阅读一本不适合自己的书，比不阅读还要坏。我们必须学会一种本领，选择最有价值，最适合自己需要的读物。"古今中外图书浩如烟海，我们必须有选择地去读。因此，当启动经典阅读活动后，笔者先对大学生开展经典图书推荐，让大学生"拿到图书宝藏的钥匙"。如世界政治法律学说史上最重要著作之一——卢梭的《社会契约论》，法国启蒙运动时期的代表性著作——孟德斯鸠的《论法的精神》，西方最早的哲学著作之一——柏拉图的《理想国》，儒家文化的代表作品《论语》，道家学说的理论渊源《道德经》，影响了千百万人的思想和行动的《共产党宣言》等经典著作，都是我们推荐的阅读书目。推荐阅读清单的目的是引导大学生多读书，读好书，好读书，让书香渗入大学生的言谈举止，让书籍成为大学生的良师益友，让广大大学生在潜移默化中接受中外文化的熏陶，净化心灵，陶冶情操，拓展知识，升华精神境界。

（2）以思想情感为纽带，搭建阅读交流的平台。待学生选择好经典阅读书目后，笔者利用微博、微信、公众号、抖音等新兴媒介围绕经典阅读的主题提出对大学生的阅读要求，同时在给学生的公共邮箱中附上与推荐的经典文本相关的名家评论、作者自我评价、背景知识等辅助材料，或者附上针对核心文本设计的问题，为学生提供最大的思想空间，激发他们的阅读兴趣，完成从"要我读"向"我要读"的转变。教学班通常先由教师阅读，然后联系实际分析和意义。教学过程中着眼"熏陶"，注重"感悟"，激发"兴趣"。

（3）以教师引领为突破，提升阅读的实效。润物细无声式的经典著作阅读，给人以智慧和力量，改变着现代人的思想和行为。因此，在大学阶段的经典阅读中，必须要重视经典著作对大学生价值观的塑造、意志品质的培养和精神家园的建设。必须先道（精神层面）后技（技能层面），由道悟技，以道御技，即由"形而上"至"形而下"。要让缺乏人生经历和磨难的大学生在短时间内成为一个有修养、有见地、有创造力的个体，就必须选择"专题探究"学习。当大学生对某一个人物、一部著作、一段历史、一个话题的资料不断积累，认识逐步加深时，体验和思想就会凝结成对社会的客观认识和对人生的体验。因此，在"经典进课堂"实践活动的指导中，要不断激发大学生自身的问题意识和质疑精神，在课堂外要求大学生结合研究论著对当下某些新的社会现象进行批判性思考。

（二）实施方法与过程

思想道德与法治实践课堂中"经典进课堂"的工作按照"精选书目—推荐阅读—宣传组织—活动评价"的过程来实施，在内容上分成经典书目阅读与交流共享两个板块，倡导"悦读"理念，打造书香校园。

活动之初，为让更多大学生了解"经典进课堂"实践活动的详情，扩大"经典进课堂"实践活动的影响力，笔者精心设计了经典书目的宣传海报和ppt，在课堂上进行宣讲，在学生微信群里发布通知，利用教师个人微信和微博进行宣传。同时，借助学工处、团委的感召力和影响力，在大学生之中积极宣传。通过以上的努力，让大学新生对"经典进课堂"实践活动的目的、日程和活动有了详细的了解。课堂上，为了让大学生深刻理解经典阅读活动的意义，笔者还专门举办了一个小小的经典阅读启动仪式，向学生们介绍经典书籍的意义。经典书籍之所以成为经典，首先是因为它记录和保存了人类最优秀的思想，是当下人类精神的直接载体。其次，经典书籍是人们在一定时期内对事物的本质、特征和规律的认识，具有时空的跨越性，经得起不同时代、不同人群、不同角度的诠释。最后，经典书籍是读不完的，总是与时代同在，可以常读常新，百读不厌。阅读经典书籍，一方面可以帮助大学生打通古今，兼顾中外，开阔视野，增长知识；另一方面也有助于大学生寻求心灵的充实与安宁，塑造健全的人格。

在实践活动过程中，笔者立足经典，精选书目，倡导"悦读"经典、传播经典、弘扬经典。开展"经典进课堂"实践活动的目的是让学生开启智慧、提高分析问题的能力，并在阅读中陶冶情操，培养学术志趣。经典书目的精选荐读包括《道德经》《诗经》《论语》等国学经典和《理想国》《论法的精神》《社会契约论》等外国名著，还包括《中国哲学简史》《乡土中国生育制度》《法治及其本土资源》等现当代名著。读书会的主题涉及哲学、文学、历史、心理学等多个领域，内容丰富，形式多样。活动进行中，笔者始终强调留给学生充足的时间和空间，充分发挥大学生的主体作用，把读书的自主权还给学生，培养学生自主学习能力和积极探索精神，拓宽思维，发挥潜能和创造力。为了激发大学生的求知欲与阅读兴趣，传承优秀文化，笔者利用上课时间，专门开展涉及经典书籍的知识竞赛或知识抢答。经过紧张激烈的比赛，产生进入最后决赛的优胜者。通过组织知识竞赛这一活动，提高了学生参与阅读活动的积极性，增强了教师组织阅读活动的启迪性和亲和力。为了系统提升学生的逻辑判断能力、思维分析能力和语言表达能力，笔者请大学生在阅读经典后，根据自己关注的热点设计问题并进行分组讨论、开展小型辩论会。小组讨论后，每组还要选出一位代表在课堂上发言，汇报小组交流讨论的结果。在讨论过程中，鼓励学生分享健康、积极的阅读体验，在"阅"中感受快乐，在"读"中收获知识、收获成长。

（三）活动成效与启示

1. 持续点拨激发了学生的阅读期待，让阅读引领学生成长

古典政治哲学家黑格尔说过，所谓常识，往往不过是时代的偏见。要超越这个时代的偏见，唯一的办法就是阅读，阅读人类历史上最伟大的经典著作。近年来，在所在学院的支持之下，笔者紧抓"新生入学季"，开展针对大学一年级新生的经典导读活动，使得越来越多的大学生认识到阅读的重要性，了解了阅读的方法，并积极参与阅读的推广。阅读经典是和先贤进行深度的心灵沟通，可以学习到不同人的内心对不同事物的看法，从而加速成长。当逐渐体验阅读成长的快乐之后，人就会在内心形成明确的学习动机和自我激励。因此，"经典阅读"实践活动可解决大学新生迷茫期的心理问题，带来思考方式的转变,提高他们的思维深度和缜密度,打开文化视野,完善自我人格,提升人生境界。

2. 持续开展营造良好读书氛围,让阅读成为学生习惯

当前已进入网络化和大数据时代,知识的碎片化、信息的无序和混乱,造成人们浮躁、肤浅的心态。在"经典进课堂"实践活动过程中,笔者引导学生对经典理论著作进行分析阅读、主题阅读,这些有效精读的方式激发了大学生对专业学习的兴趣,挖掘了大学生自主研究和创新的能力,使得大学生从"不求甚解"的"浅阅读"到学有所专、术有专攻的"深思考"。同时,大学"经典进课堂"实践活动的持续开展,不仅给大学生带来了愉悦的阅读体验,解决了他们内心的烦恼和苦闷,使大家获得心灵的指引和精神的放松,而且使得阅读逐步成为属于每个人自己的一种人生习惯或自觉行为,浓郁的书香也由此溢满校园。

3. 持续创新形成持久影响力,让阅读打造校园文化

李克强总理在政府工作报告中指出:"深化群众性精神文明创建活动,倡导全民阅读,普及科学知识,提高国民素质和社会文明程度。"全民阅读无论是对个人的成长、社会的繁荣,还是对国家、民族的强盛都有着重要意义。全民阅读需要社会的关注,需要发挥高校在全民阅读中的推广作用。多样化和品牌化的"经典进课堂"实践活动能满足大学生多样化、个性化的阅读需求。笔者在"经典进课堂"实践活动中建立了"悦读"的渗透机制,用精、专阅读搭建起的引导机制,用"知识竞赛"、"悦读沙龙"、"专题讲座"、"读书会"和"一周一书"等多种形式的阅读推广活动吸引了越来越多的学生参与其中。同时,"经典进课堂"实践活动的持续开展保持了大学生的活跃度和黏性,培养和强化了大学生的阅读习惯,取得了较好的成效。

4. 及时总结、谋划未来

自2012年始,笔者和同事举办的"经典进课堂"系列实践活动至今已有十年,随着时间的推移,主题鲜明独特、内容丰富立体的"经典进课堂"活动越来越受到大学生欢迎。为了让大学校园成为散发浓厚书香韵味的阅读基地和知识传递场所,让"经典进课堂"实践活动更好地扎根各届学子心中,将这一活动打造成校园文化品牌,在此建议各学院、学工处、图书馆整合资源，对"经典进课堂"实践活动进行系统的规划和安排。

第一，有计划、有组织地开展"经典阅读活动月"、经典阅读征文比赛、经典阅读读书沙龙、经典阅读协会等吸引广大学生积极参与经典阅读活动，提高大学生对经典阅读重要性的认识，让经典阅读由最开始的自发行为转变为一种自觉行为习惯。学校可将"经典进课堂"实践活动纳入学生培养方案中，帮助学生制订合理的阅读计划，引导学生正确选择阅读内容、加强阅读深度，并开展以阅读经典为核心的通识教育。

第二，制作"经典阅读"的专业网站，利用图片、声音、动画、视频等多媒体元素推荐经典著作，使大学生对经典著作和活动流程的了解更形象直观。同时，还可以在线上设计互动、互助等活动，作为"经典进课堂"实践活动成效评价的一部分，经由网络打破时间和地点的限制，吸纳更多学生的关注和参与，这样会更有助于阅读的推广。

第三，加大宣传力度，寻求新的宣传手段。积极采取措施为"经典进课堂"开展实践活动搭建舞台、拓展空间，与周边高校和社会组织团体合作举办有影响力的读书活动，吸引更多大学生参与。同时，联合校园公众号、校报、校广播站、校电视台以及社会媒体等进行全方位宣传，使更多的同学了解活动，参与活动，扩大"经典进课堂"实践活动在校内外的影响力。

总之，经典荟萃了人类文化的精华，历经岁月，大浪淘沙，具有最强盛的生命力。阅读经典能改变大学生对生命的认识和态度，并对他们的人生之路产生深远的影响。今后，笔者会在全校进一步推广"经典进课堂"实践活动，倡导阅读求知、读书成才的新风尚。让我们的学生在读书的过程中不断完善自己的人格，让我们的"经典进课堂"实践活动真正实现"内化于心、外见于行"的教学目的，让我们的学校在书香的浸润中不断提升品位。

第七章
用革命精神和民族精神培养青年学生

中国共产党是一个富有优良革命传统的马克思主义政党，在它走过的100多年中，既有浴血奋战的英雄史诗，也有艰苦创业的光辉历程，中国共产党的伟大革命精神，正是在这样一种背景下形成的。党的十八大以来，以习近平同志为核心的党中央提出"四个自信"，其中文化自信是更为广泛、更为基础、更为深厚的自信。在文化自信之中，凝练了中华民族的优秀传统文化，汇聚了党和人民在伟大斗争中孕育的革命文化和社会主义先进文化，因此中国共产党的革命精神彰显了文化自信的本质内涵。可以看出，正确把握，树立凝练中国共产党革命精神，对正确认识党的历史，正确认识党在各个时期所秉持的优良品质以及革命精神，并在党的领导下实现中华民族伟大复兴的中国梦具有重要意义。

一、中国共产党的革命精神及其现实价值

（一）中国共产党革命精神的形成及内涵

中国共产党的革命精神是党的性质与宗旨的最本质、最深刻的体现，是党赖以生存和发展的文化品格和精神支撑，是中国共产党人在思想情感、精神境界、信仰追求、品德意志、先进行为等方面的综合反映，是中国共产党的党魂。它是中国共产党人在历经100余年革命、建设和改革的实践基础上逐渐形成、发展和完善的宝贵精神财富，其形成和发展经历了三个历史时期，即新民主主义革命时期、社会主义建设时期和改革开放时期。其中，中国共产党在新民主主义革命时期所凝练的革命精神是中国共产党革命精神之基本内容，是中国共产党革命精神的奠基之作。在新民主主义革命时期，早期的中国共产党人将马克思列宁主义与中国的革命实践相结合，演绎了中国革命乃至世界革命史上最为灿烂的篇章之一，形成了以建党精神、井冈山精神、长征精神、延安精神、抗战精神和西柏坡精神等为标志的革命精神。

1921年，中国共产党在上海的红楼和浙江嘉兴南湖的红船上诞生。中国共产党的先驱们创建了中国共产党，形成了"坚持真理、坚守理想，践行初

心、担当使命，不怕牺牲、英勇斗争，对党忠诚、不负人民的伟大建党精神"①，这是中国共产党的精神之源。100多年来，中国共产党弘扬伟大建党精神，在长期奋斗中构建中国共产党人的精神谱系，锤炼鲜明的政治品格。历史川流不息，精神代代相传。我们要继续弘扬光荣传统、赓续红色血脉，永远把伟大的建党精神继承下去，并在继承和弘扬建党精神中保持党的先进性，增强党的战斗力。

井冈山精神是中国共产党领导中国革命在最早的战略基地上形成的，是无数革命先驱用鲜血和生命熔铸的丰碑。井冈山精神从诞生之日起就有着强大的生命力，并创造性地解决了中国革命中的一系列重大历史问题。井冈山精神的内涵可概括为"坚定信念，艰苦奋斗，实事求是，敢创新路，依靠群众，勇于胜利"②。伟大的事业需要伟大的精神支撑，实现中华民族的伟大复兴号召我们必须弘扬和实践井冈山精神。井冈山精神的精髓已经并将永远融入中国历史文化的渊源中，成为推动我国社会发展前进的巨大力量和重要的精神支柱。在中国特色社会主义迈入新时代的今天，无论是取得决胜全面建设小康社会的胜利，开启全面建设社会主义现代化国家新征程，还是在国际社会上高高举起中国特色社会主义的伟大旗帜，这些目标的实现仍需井冈山精神的支撑，二者是辩证统一的。

长征精神是中国共产党人流血牺牲凝聚而成的宝贵精神财富，是中国共产党人精神风貌的集中展现，传承和弘扬长征精神在今天具有十分重要的现实意义。长征精神是一种超越时空的革命精神。毛泽东说："长征是宣言书，长征是宣传队，长征是播种机。"短短十几个字，指明了长征精神的深刻意义。长征精神，就是把全国人民和中华民族的根本利益看得高于一切，坚定革命的理想和信念，坚信正义事业必然胜利的精神；就是为了救国救民，不怕任何艰难险阻，不惜付出一切牺牲的精神；就是坚持独立自主，实事求是，一切从实际出发的精神；就是顾全大局、严守纪律、紧密团结的精神；就是紧紧依靠人民群众，同人民群众生死相依、患难与共、艰苦奋斗的精神。长征精神最显著的特点是"一不怕苦，二不怕死"的革命英雄主义精神。长征

---

① 习近平. 在庆祝中国共产党成立100周年大会上的讲话［M］. 北京：人民出版社，2021：8.
② 张颢. 论井冈山精神的当代价值［J］. 山西师大学报（社会科学版），2007（1）：93-96.

精神是中华民族百折不挠、自强不息的民族精神的最高表现，是保证我们革命和建设事业走向胜利的强大精神力量。长征精神是一种具有坚定的理想和信念，敢于克服一切困难，敢于牺牲一切的大无畏革命精神。

延安精神是中国共产党领导人民在土地革命后期和抗日战争时期进行革命而产生的一种伟大革命精神。延安精神的主要内容是：坚定正确的政治方向，实事求是的思想路线，全心全意为人民服务的根本宗旨，自力更生、艰苦奋斗的创业精神，坚持真理、修正错误的批评与自我批评的作风。延安精神最核心的内容就是自力更生、艰苦奋斗的革命精神。在物资极其短缺的情况下，我广大军民开展了自己动手、丰衣足食的大生产运动，为夺取革命胜利奠定了物质基础。同时，延安精神发展了毛泽东思想。延安是毛泽东思想从形成、发展到成熟的圣地。毛泽东关于中国革命的政治路线问题、军事问题、党建问题、哲学问题等一系列具有代表性的理论著作大多是在延安撰写的[①]。因此，延安精神也为中国革命胜利奠定了思想基础。延安精神不仅对中国共产党领导中国人民夺取革命胜利具有重大意义，而且对发展中国特色社会主义伟大事业具有重大意义。改革开放以来，我国的现代化建设取得了巨大成就。但是，我们必须清醒地看到，建设中国特色社会主义事业是一项艰巨复杂的系统工程，没有现成的经验可以借鉴，其过程不可避免地会遇到各种困难和挫折，需要我们几代乃至更多代人为之付出艰辛的努力。

抗战精神是抗日战争时期产生的伟大民族精神。在抗日战争中，中国人民前仆后继、不屈不挠地反抗侵略，以爱国主义为核心的民族精神得到最充分、最广泛的展现与弘扬。民族精神是一个民族的精神支柱和灵魂，是本民族赖以生存和发展的精神之源，是推动本民族不断向前发展的强大动力。在抗日战争中，面对艰难困苦，中华民族没有退缩，而是迎难而上，勇往直前，始终保持必胜信念。艰难困苦不仅没有压垮中华民族，反而使中华民族在艰苦磨炼中愈战愈强。在血与火的洗礼中，古老的中国凤凰涅槃、浴火重生，树立了中华民族走向伟大复兴的一座重要里程碑。正如习近平总书记所说，中国人民在抗日战争的壮阔进程中孕育出伟大抗战精神，"向世界展示了天下

---

① 张军. 延安精神对大学生思想政治教育的启示 [J]. 思想政治教育研究，2014，30（2）：82-85.

兴亡、匹夫有责的爱国情怀，视死如归、宁死不屈的民族气节，不畏强暴、血战到底的英雄气概，百折不挠、坚忍不拔的必胜信念。伟大抗战精神，是中国人民弥足珍贵的精神财富，将永远激励中国人民克服一切艰难险阻、为实现中华民族伟大复兴而奋斗"①。抗战精神成为中华民族精神的重要组成部分。民族精神寄托着民族的希望，昭示着国家的未来。我们一定要用民族精神凝聚力量，开创未来，实现梦想。抗日战争时期的中华民族精神进一步凝聚了中华民族的民族力量，增强了中华民族的民族自尊心、自信心和自豪感。

　　西柏坡精神产生于解放战争时期，这是中国革命重要的历史转折关头，是决定中国革命的前途和命运的时期。西柏坡精神的基本内涵是敢于斗争、敢于胜利的开拓进取精神，依靠群众和团结统一的民主精神，戒骄戒躁的谦虚精神，艰苦奋斗的创业精神。西柏坡精神博大精深，内涵丰富。毛泽东同志提出的"两个务必"，即务必使同志们继续地保持谦虚、谨慎、不骄、不躁的作风，务必使同志们继续地保持艰苦奋斗的作风，是这一精神的主题。在长期的革命斗争中形成的"两个务必"，不仅是我们党的优良传统和作风，而且是对党的思想作风建设的基本要求。谦虚谨慎、艰苦奋斗的精神，是对执政党建设规律的深刻揭示，从而成为西柏坡精神最为重要的内涵。当前最具现实意义的是要坚持"两个务必"，保持党的优良传统和优良作风，时刻教育全党要经得起新的历史条件下的执政考验，把中国特色社会主义事业不断推向前进。

　　伟大的时代孕育伟大的精神，伟大的精神引领革命赢得伟大胜利。纵观中国共产党战争年代的革命精神，从建党精神、井冈山精神、长征精神、延安精神再到西柏坡精神，是中国共产党优良传统和作风的集中体现，是党在民主革命的奋斗过程中宝贵的精神财富。这些在不同的时期所表现出的革命精神，不仅反映了中国共产党在整个民主革命过程中的特点，同时也折射出中国共产党之所以能够从小到大、由弱到强的深刻内因；此外，最为重要的是，它也强有力地证明了在中国共产党领导下的新民主主义革命之所以能够取得全国胜利，离不开中国共产党不断发扬和继承的革命精神这一克敌制胜

---

① 习近平. 在纪念中国人民抗日战争暨世界反法西斯战争胜利 75 周年座谈会上的讲话（新华社北京 2020 年 9 月 3 日电）。

的精神武器①。同时,不同精神所相对应的重点也清楚地反映了中国共产党领导的民主革命的曲折性、艰巨性和发展性,说明了党的革命精神形成、发展和完善并不是一朝一夕就能完成的事情。伴随着革命斗争的艰难曲折经历,党的精神必然有一个逐步发展、不断丰富的过程,它的发展成熟和党的发展成熟是基本一致的②。

(二) 中国共产党革命精神在建设和改革中的传承与发展

进入社会主义建设时期和改革开放时期,在中国共产党的坚强领导和引领下,中国人民在各自的工作岗位上自觉传承红色精神,表现出了非凡的创造精神③,涌现出了大批具有革命精神的带头人物,他们用自己的实际行动践行了革命精神的薪火相传。这些精神是中国共产党革命精神的延续和发展,其本质是对中国共产党人革命精神的传承和发展。

在社会主义建设时期,中国共产党形成了以抗美援朝精神、北大荒精神、红旗渠精神、大庆(铁人)精神、"两弹一星"精神、雷锋精神、焦裕禄精神等为标志的爱国主义和艰苦创业精神;在改革开放时期,则形成了以孔繁森、郑培民等为代表的新时代公仆精神,以"九八抗洪"、抗震救灾等为代表的抗震救灾精神,以及"奥运精神""载人航天精神"等。这些革命精神的发扬与传承,记录了那个时代中国共产党人在不同时期所涌现出的形式不同而又内在一致的意志品质。

在这些精神中,抗美援朝战争中所孕育的"抗美援朝精神"是在中华人民共和国成立之初,国家安全遭到威胁的情况下所形成的至高无上的爱国主义精神。习近平总书记在纪念中国人民志愿军抗美援朝出国作战 70 周年大会讲话中阐述了抗美援朝战争胜利的伟大意义,精辟概括了抗美援朝精神,其主要内容为"发扬祖国和人民利益高于一切、为了祖国和民族的尊严而奋不顾身的爱国主义精神,英勇顽强、舍生忘死的革命英雄主义精神,不畏艰难

---

① 张英琦. 从井冈山精神到西柏坡精神:试论中国共产党战争年代的革命精神 [J]. 西安石油学院学报(社会科学版),2003(3):42-46.
② 张英琦. 从井冈山精神到西柏坡精神:试论中国共产党战争年代的革命精神 [J]. 西安石油学院学报(社会科学版),2003(3):42-46.
③ 仝华. 播扬中国共产党革命精神 [N]. 中国教育报,2017-03-23(5).

困苦、始终保持高昂士气的革命乐观主义精神,为完成祖国和人民赋予的使命、慷慨奉献自己一切的革命忠诚精神,为了人类和平与正义事业而奋斗的国际主义精神"[1]。伟大的抗美援朝精神跨越时空、历久弥新,必将永续传承、世代发扬。

在社会主义建设初期,在全国人民投身社会主义建设的浪潮中,又培育和形成北大荒精神和大庆精神等以艰苦奋斗、吃苦耐劳为主题的实干精神。"艰苦奋斗、勇于开拓、顾全大局、无私奉献"的北大荒精神集中体现了那个年代拓荒者高度的政治觉悟、崇高的思想境界、奋发向上的精神风貌,这些精神既是北大荒文化的核心和灵魂,也是社会主义核心价值观的生动体现。北大荒精神的实质体现了中华民族的进取精神和创造精神,是整个中华民族的精神财富。以"铁人"王进喜为代表的大庆精神可以被概括为"爱国""创业""求实""奉献"。大庆精神所展示的最显著特色是持续不断的自主创新;大庆精神所激励的最高理想是人人追求工作中的卓越;大庆精神所昭示的最高尚道德行为是始终如一的勇于奉献。大庆精神就是勇往直前的宝贵精神财富。

在社会主义建设之初,我们国家经历了三年的严重经济困难时期,一批优秀的共产党人在共产党的领导下发扬老一辈艰苦奋斗、为人民服务的精神,涌现出了以焦裕禄精神、雷锋精神等为代表的以为人民服务为中心思想的奋斗精神。在20世纪60年代初,国家经济处在最困难的时期,时任兰考县委书记的焦裕禄同志,带领兰考人民治理风沙、内涝和盐碱地。他的心中装着的都是兰考的老百姓,唯独没有他自己。他深入灾害第一线,寻找改变贫穷面貌的根本途径,终因积劳成疾,牺牲在治沙前线,年仅42岁。焦裕禄同志的行动和精神,感动了中华大地,成为全中国人民学习和尊崇的榜样。习近平总书记到兰考参观焦裕禄纪念园和事迹展时,对焦裕禄精神作过高度评价,他指出,焦裕禄同志用自己的实际行动,塑造了一个优秀共产党员和优秀县委书记的光辉形象,铸就了亲民爱民、艰苦奋斗、科学求实、迎难而上、无私奉献的焦裕禄精神。习近平总书记强调,我们要学习和发扬焦裕禄同志的

---

[1] 习近平. 在纪念中国人民志愿军抗美援朝出国作战70周年大会上的讲话[M]. 北京:人民出版社,2020:7.

公仆情怀，凡事探求就里、"吃别人嚼过的馍没味道"的求实作风，"敢教日月换新天""革命者要在困难面前逞英雄"的奋斗精神，艰苦朴素、廉洁奉公、"任何时候都不搞特殊化"的道德情操。焦裕禄精神将永远成为培育和践行社会主义核心价值观的重要动力。

同样，雷锋精神的内容，也让我们深刻体会到社会主义建设时期中国共产党革命精神的发扬与传承。1963年3月5日，毛泽东同志发出"向雷锋同志学习"的伟大号召，"学习雷锋好榜样"的歌声响彻祖国大地。雷锋同志是一个普通战士，但他在部队工作和生活的短短两年零八个月里，却干出了许多让人称赞的不平凡的事情。雷锋精神的实质和核心是全心全意为人民服务，为了人民的事业无私奉献，它已经成为我们这个时代精神文明的同义语和先进文化的表征。周恩来同志把雷锋精神全面而精辟地概括为"爱憎分明的阶级立场、言行一致的革命精神、公而忘私的共产主义风格、奋不顾身的无产阶级斗志"。这深刻反映了"雷锋精神"之所在，也深刻表明了作为一个优秀的共产党人的操守，作为一个勇于奉献、乐于为人民服务的人的具体表现。无论是群众还是共产党人，作为新时代社会主义建设中的一分子，我们就要像雷锋那样立足本职，忠于职守，在现代化建设事业中做一颗永不生锈的螺丝钉。

在中华人民共和国成立之初，国家正处于经济封锁和核威慑的阴霾之下，为了打破帝国主义对我们的封锁，党中央和毛泽东同志高瞻远瞩、审时度势，果断决定：一定要搞出我们自己的原子弹、导弹、人造卫星。我国于1964年10月16日，成功爆炸了第一颗原子弹；1967年6月17日，我国第一颗氢弹空爆实验成功；1970年4月24日，第一颗人造卫星发射成功，从而打破了美、苏核垄断、核讹诈，使我国成为世界上少数拥有核武器和掌握航天技术的国家之一。在当时极其艰苦的条件下，广大研究人员在戈壁滩上谱写了一曲又一曲拼搏奋斗的故事，他们用自己的青春在祖国的大西北浇筑起新中国科研事业、科技力量的丰碑，凝聚了坚定无畏的"两弹一星"精神。对于"两弹一星"精神的精髓，可主要概括为"热爱祖国、无私奉献，自力更生、艰苦奋斗，大力协同、勇于登攀"。热爱祖国、无私奉献的精神，这是"两弹一星"研制队伍在几十年奋斗拼搏中凝练而成的①。自力更生、艰苦奋斗的精神，是"两弹一星"事业起步和发展的客观条件决定的，是"两弹一星"事业坚定不移的基本方针。大力协同、勇于登攀的精神，是在社会主义制度下集中力量办大事、依靠集体智慧协同攻关，不断创新、不断攀登科技高峰的生动体现。

进入新世纪，"特别能吃苦、特别能战斗、特别能攻关、特别能奉献"的载人航天精神，赢得了亿万人民的共鸣，成为中华民族伟大复兴的强大精神力量。中国载人航天工程所取得的一个又一个突破，其重要的原因在于中国航天人敢于攻坚、勇于创新。从试验室到各生产企业，从大漠深处的航天发射场到浩瀚三大洋上的远望号测量船，到处都留下了航天人攻坚的足迹，洒下了航天人登攀的汗水。他们知难而进，顽强拼搏，在重重困难面前百折不挠，在道道难关面前决不退缩，以惊人的毅力和勇气战胜了各种难以想象的困难，用满腔热血谱写了共和国载人航天事业的壮丽史诗。

(三) 中国共产党革命精神的现实意义

纵观中国共产党在各个时期创造的革命精神，可以看到它们与不同历史时期具体实践的结合符合其所处的时代特征。也正是因为拥有了这种薪火相传、不断传承与发展的革命精神，中国共产党带领人民不仅推翻了旧中国的封建统治，打败了日本侵略者，而且建立了新中国，取得了社会主义建设和改革开放的巨大成就。这充分反映了中国共产党革命精神的历史价值与现实价值。今天，我们要建设新时代中国特色社会主义，实现中华民族伟大复兴的中国梦，仍然需要依靠这些革命精神。

1. 中国共产党革命精神是实现民族独立和维护民族尊严的强大思想武器

党的革命精神深刻体现了崇尚理想和坚定信念，表现为对马克思主义的信仰和对共产主义必将实现的坚定信念。这是党在领导中国人民的解放斗争中，在对历史发展必然性的科学认识基础上所形成的自觉为绝大多数人谋利益的一种坚强决心和意志。在长期革命斗争中，中国共产党人始终保持着艰

---

① 江泽民：《在表彰为研制"两弹一星"作出突出贡献的科技专家大会上的讲话》，见《人民日报》1999年9月18日第1版。

苦奋斗的革命精神。这种革命精神为中国共产党及其所领导的事业在前进的道路上克服各种困难，战胜一切敌人提供了强大的精神动力。中国共产党人胜不骄，败不馁，戒骄戒躁，两袖清风，一尘不染，始终保持了政治本色和先进性本质。坚定的革命理想和信念，坚信正义事业必然胜利的精神，是我们战胜困难，争取革命胜利的精神支柱。我们过去之所以能在非常困难的情况下战胜千难万险取得革命胜利，从而建立中华人民共和国，实现中华民族的独立，就是因为我们有理想，有马克思主义信念，有共产主义信念，血脉中流淌了伟大的革命精神。中国共产党之所以能够经受住艰难困苦的考验，创造出惊天动地的伟业，其原因就是中国共产党革命精神中所蕴含的对革命理想信念的无比坚定。

2. 中国共产党革命精神是推动社会主义建设和改革开放不断前进的重要动力

中国共产党革命精神作为一种经受了历史和时代考验的精神，是推动社会主义建设和改革开放不断前进的宝贵精神资源。社会主义建设和改革的深入，需要今天的共产党人牢记和传承革命精神，对所面对的问题要做到不怕吃苦，敢于钻研，敢于牺牲，用中国共产党革命精神去引领社会发展，凝聚社会共识。中国共产党的革命精神，既是中国共产党人核心价值观，也是社会主义建设和改革历程的生动诠释和折射。中国共产党革命精神中所蕴含的民族精神和时代精神，不仅表现了更高层次的精神追求，而且表明了社会主义建设和改革开放的目的和追求，即通过不断发展最终造福全中国人民，实现每个人的共同富裕。弘扬中国共产党革命精神，可以在更深层次上帮助我们理解社会主义建设和改革开放的内部建构，从而使其转化为向前发展的不竭动力。中国共产党革命精神浓缩了革命时期的优良传统和先进典型，在社会主义建设和改革开放时期所涌现的一批批优秀的中华儿女，都是对革命精神的继承和发扬。

3. 中华民族伟大复兴中国梦的实现，需要中国共产党革命精神所提供的强大动力

中国共产党革命精神是中华民族和中国共产党人在实现中华民族伟大复兴历史进程中，通过实践得来的重要成果。中国共产党革命精神中所包含的对理想信念的不懈追求、对实现美好生活的努力奋斗，以及为人民服务的党的宗旨都展现了对实现中华民族伟大复兴的坚定信心。中国共产党革命精神的政治信仰、理想信念追求、思想根源以及实践的基础，是中国梦思想内涵的本质体现和精神成果的内在表达。中国共产党革命精神中所包含的坚定信念、不畏艰险、不怕牺牲、勇往直前、敢于胜利和善于胜利的内涵是激励我们实现中华民族伟大复兴的思想基础。党的十九大明确指出，在经历了"站起来""富起来""强起来"的社会主义历程之后，已经进入新时代的中国特色社会主义，更需要我们大力弘扬中国共产党的革命精神，弘扬革命精神中艰苦奋斗、务实进取、解放思想、居安思危等优秀元素。将中国共产党的革命精神融入社会主义现代化的事业，推进国家的经济建设、政治建设、法治建设、社会建设、文化建设、生态建设，为实现中华民族伟大复兴的中国梦注入源源不断的精神力量。

二、对中国共产党革命精神的具体阐释

（一）长征精神是实现中华民族伟大复兴中国梦的强大动力

80多年前红军长征的胜利，是人类历史上的伟大壮举。中国共产党领导的英勇红军，以崇高理想铸就坚定信念，不怕牺牲克服千难万险，克敌制胜创造历史奇迹，最终完成了举世闻名的两万五千里长征。长征精神不仅是红军长征取得胜利的强大动力，而且是中国人民实现中华民族伟大复兴中国梦的强大动力。

1. 崇高理想铸就坚定信念

红军能够在极其艰难的条件下胜利完成长征，靠的是什么？一个至关重要的因素就在于红军拥有崇高的理想，坚定的信念。红军是中国共产党缔造和领导的人民军队，他们的理想和目标是战胜内外敌人，解放中国人民，为实现共产主义而奋斗。所谓"革命理想高于天"，指的就是这个远大的共产主义理想。这一崇高的理想铸就了他们坚定的救国救民的爱国主义信念，铸就了他们为革命无所畏惧和一往无前的必胜信念。崇高理想铸就的坚定信念，是红军长征胜利的力量源泉。在长征中，红军面对高山峡谷、大江大河、雪

山草地，缺衣少食、枪弹匮乏，吃的是草根树皮，穿的是破衣烂裤，四周敌军围追堵截，头上敌机狂轰滥炸，就在如此艰难困苦的条件下，他们奇迹般完成了长征。在长征中，红军经常与数倍甚至数十倍于己的敌人进行殊死搏斗。中央红军在四渡赤水河的战斗中，红九军团奉命牵制敌军主力，掩护主力部队西进云南，红九军团的官兵们深知留在后面吸引敌军主力就意味着多了几分牺牲的可能。但是，他们没有怨言，而是怀着坚定的共产主义远大理想，以对党无比坚定的信念，信心百倍地投入战斗，不仅掩护了主力红军西进云南，巧渡金沙江，完成了战略转移的关键一步，而且自己也顺利地跳出了敌人重兵集团的包围圈，并于两个月后与主力红军会师。红25军长征后，仅以3 000之众，硬是横穿湖北、河南、甘肃、陕西四省，突破敌人的一道道防线，最终到达陕北，完成长征。在血与火、生与死的考验中，广大红军官兵创造出惊天动地的英雄业绩。没有崇高理想铸就的坚定信念，没有对革命事业的无限忠诚，没有钢铁般的革命意志，要想完成红军长征胜利的壮举是不可能的。

2. 不怕牺牲克服千难万险

一支军队连死都不怕，还怕什么，还有什么困难不能克服？红军是在极其艰苦的条件下进行长征的，天上每日几十架飞机侦察轰炸，地上几十万敌军围追堵截，一路上遇到了说不尽的艰难险阻，几乎每天都有遭遇战。可谓处处艰难，步步惊心，稍有不慎，随时都可能全军覆没。但是，在以毛泽东为核心的党中央领导下，英勇的红军发扬不怕牺牲的革命精神，子弹打光了，手榴弹投光了，就拼刺刀，石块扔光了，就进行肉搏，血战到底，直至取得最后胜利。为了实现长征的胜利，无数英雄战死沙场。据不完全统计，红军在长征中经历了大约120次战斗，在给予敌人沉重打击的同时，自己也付出了重大代价。红军第一、二、四方面军和红25军在长征出发前，共约20万人，到1936年10月红军三大主力会师时，只剩下三四万人。其中，红一方面军在长征开始时有8.6万人，到达陕北时只剩下7 000多人。在惨烈的湘江战役中，担任后卫的红五军团第34师和红三军团第18团的广大官兵，他们以与阵地共存亡的无比勇气，死死阻击尾追的敌人，掩护主力红军过江，结果大部分壮烈牺牲。毫不夸张地说，红军每前进一步就有同志倒下。十数万英雄牺牲在长征的征途中，漫漫征途洒满了红军将士的鲜血，万水千山掩埋着长征英雄的忠骨。毋庸置疑，两万五千里长征的胜利是广大红军战士不怕牺牲，用鲜血和生命换来的。

在长征中，红军不仅要面对强大敌人的围追堵截，而且要面对大自然的严重挑战。广大红军官兵经常将天当房，将地当床，顶着寒风，冒着雨雪，风餐露宿，忍饥挨饿，野菜充饥，篝火御寒，甚至吃草根树皮，经受了超越常人极限的千辛万苦。红一方面军的长征历时1年，纵横11个省，行程二万五千里；红二方面军的长征历时1年，转战8个省，行程两万里；红四方面军的长征历时19个月，迂回转战4个省；红25军的长征历时10个月，转战4个省，行程近万里。红军以百折不挠和所向无敌的英雄气概，最终完成了长征。"红军不怕远征难，万水千山只等闲"，是红军进行艰苦卓绝的长征的真实写照。"苦不苦，想想红军两万五；累不累，想想革命老前辈。"长征精神一直激励着后人攻坚克难，不断前进。这也充分表明，红军在长征中不怕牺牲克服千难万险的精神，已经融入中华民族的血脉和文化之中，成为中华民族不断前进的强大动力。

3. 克敌制胜创造历史奇迹

长征是向人类生命极限挑战的一次伟大实践。在长征中，英勇的红军创造了战争史上的许多奇迹。红1师1团的17勇士强渡大渡河。红2师4团的官兵攻坚克难，1天之中强行军240里，22名勇士以血战到底和克敌制胜的革命精神飞夺泸定桥。长征中，中央红军一共翻越了18座有名的大山，其中5座终年积雪，渡过了24条有名的江河，穿过了荒无人烟的大草地，最终到达了陕北，完成了战略大转移。中央红军在368天的长征中，行程两万五千里，平均每天行军约70华里。一支没有现代化交通工具，仅靠两条腿走路，又带着辎重的大军在地球上最险峻的地带之一，在漫长的时间中能达到这样的速度，这是人类历史上的第一次。斯诺说："与红军长征相比，汉尼拔越过阿尔卑斯山简直是假日旅行而已。"研究长征的外国人也不得不承认，长征是"在人类活动史上无可比拟的"，"是举世无双的"；20世纪中"没有什么比长征更令人神往和更为深远地影响世界前途的事件了"。长征所创造的奇迹和所表现出来的革命英雄主义精神，已经突破了时代和国度的界限，受到国内外的高度赞扬。

红军具有敢于克服一切困难，能够战胜一切敌人的精神。前有强敌，后有追兵，皑皑白雪，茫茫草地，都不能阻止英勇的红军。在以毛泽东为核心的党中央的领导下，红军一路上克服千难万险。他们声东击西，忽南忽北，避实就虚，纵横穿插在敌人重兵集团之间，在高山河流之间调动敌人，取得了勇渡乌江天险、四渡赤水河、威逼贵阳、兵临昆明、巧渡金沙江、强渡大渡河、飞夺泸定桥、穿越雪山草地等重要胜利，真是克服了千难万险，创造了人间奇迹。正如毛泽东所说："长征是历史记录上的第一次，长征是宣言书，长征是宣传队，长征是播种机。"① 长征的胜利，就是逢山开路、遇水搭桥、攻坚克难和克敌制胜的胜利。"伟大长征精神，是中国共产党人及其领导的人民军队革命风范的生动反映，是中华民族自强不息的民族品格的集中展示，是以爱国主义为核心的民族精神的最高体现。"② 长征精神为中国革命不断从胜利走向胜利提供了强大精神动力。

4. 长征精神是实现中国梦的强大动力

自80多年前红军长征胜利以来，中国共产党团结带领全国各族人民在革命、建设、改革的各个历史时期进行了新的长征，取得了一个又一个举世瞩目的伟大成就。今天，我们进行改革开放和社会主义现代化建设，为把我国建设成为富强民主文明和谐的社会主义现代化国家，为实现中华民族伟大复兴的中国梦而努力奋斗。这是中国共产党团结带领全国各族人民进行的新的伟大长征。在新长征的征途上，长征精神仍然是中国人民攻坚克难的强大动力。

实现中国梦必须凝聚中国力量，依靠全国人民的团结奋斗和攻坚克难，这是实现中国梦的关键所在。长征的胜利，一个极其重要的原因是各路红军信念坚定、不怕困难、不怕牺牲、顾全大局、团结协作。在困难和危险时刻，许多部队为了全局，自愿作出局部牺牲，许多干部、战士为了战友，奋不顾身，英勇冲锋。一匹骡马，谁也不愿骑；一个鸡蛋，你推我让，谁也不愿吃；一锅野菜汤，大家分着喝。正是这种高度的全局观念和团结协作的精神，正

---

① 毛泽东选集：第1卷 [M]．北京：人民出版社，1991：149-150.
② 习近平．在纪念红军长征胜利80周年大会上的讲话 [M]．北京：人民出版社，2016：9.

是这种艰苦奋斗和不怕牺牲的革命精神，才使红军完成了举世闻名的长征。今天在实现中国梦的征途上，仍然特别需要这种精神。长征精神是革命和建设时期党领导人民攻坚克难、一往无前的强大精神动力，也是改革时期党领导人民实现社会主义现代化、实现中华民族伟大复兴中国梦的强大精神动力。毛泽东说，"夺取全国胜利，这只是万里长征走完了第一步"，以后的事业更加伟大。党的十八大以来，以习近平同志为核心的党中央提出了实现中华民族伟大复兴中国梦的奋斗目标，带领全党和全国各族人民进行新的伟大长征。与红军长征时所面临的环境与条件相比，实现中国梦的环境与条件有了根本的不同，但我们仍面临严重的困难，我们实现社会主义现代化，实现中国梦的目标仍然面临千难万险。西方发达国家在政治、经济、军事和科技等方面给我们很大的压力；我们工作中还存在许多不足，前进道路上还有很多困难和问题。克服这些困难和问题也要像当年红军那样，具有崇高理想、坚定信念、不怕困难、不怕牺牲、顾全大局、团结协作。因此，在实现中华民族伟大复兴中国梦的新长征中，我们必须大力倡导与弘扬长征精神，让长征精神成为实现中国梦的强大动力。

长征永远在路上。我们今天纪念长征，缅怀先烈，就是要不忘初心，走好我们这一代人的长征路。对中国共产党人来说，中国革命历史是最好的营养剂。我们必须把理想信念的火种、红色传统的基因一代代传下去，让革命事业薪火相传、血脉永续，永远保持红军本色。只要我们发扬长征精神，继续保持革命战争时期的那么一股劲、那么一股革命热情、那么一种拼搏精神，在实现中国梦的伟大征程中，就没有克服不了的困难，就没有战胜不了的敌人，中华民族伟大复兴的中国梦就一定能够实现。红军长征创造了中外历史的奇迹。革命理想高于天，不怕牺牲、排除万难去争取胜利，面对形形色色的敌人决一死战、克敌制胜，这些都是长征精神的内涵。"伟大长征精神，作为中国共产党人红色基因和精神族谱的重要组成部分，已经深深融入中华民族的血脉和灵魂，成为社会主义核心价值观的丰富滋养，成为鼓舞和激励中国人民不断攻坚克难、从胜利走向胜利的强大精神动力。"① "长征永远在路

---

① 习近平. 在纪念红军长征胜利80周年大会上的讲话［M］. 北京：人民出版社，2016：9.

上。一个不记得来路的民族,是没有出路的民族。不论我们的事业发展到哪一步,不论我们取得了多大成就,我们都要大力弘扬伟大长征精神,在新的长征路上继续奋勇前进。"①我们要继承和弘扬好伟大的长征精神。有了这样的精神,就没有克服不了的困难。我们完全有信心有决心有恒心实现中华民族伟大复兴的中国梦。

(二) 民族精神是中国人民取得抗战胜利的强大动力

中国人民抗日战争是中华民族近代以来反对外敌入侵第一次取得完全胜利的伟大民族解放战争。抗日战争的胜利极大地增强了中华民族的民族自尊心、自信心和自豪感。在抗日战争中,以爱国主义为核心的伟大民族精神,促进了中华民族的大团结,凝聚了中华民族的力量,为取得抗战胜利发挥了重大作用,成为中国人民取得抗战胜利的强大动力。

1. 爱国情怀汇聚抗日洪流

自1840年鸦片战争以来,百年间西方列强一次又一次侵略中国,中国人在自己的国土上屡战屡败,从未赢得过一场完全胜利的战争。百年中国,百年惨败。曾经创造了世界文明的中国,沦落到了积贫积弱、任人宰割的地步。1937年7月,日本帝国主义再次发动全面侵华战争,目的是从根本上摧毁中华民族,使中国亡国灭种。日本帝国主义与中华民族的矛盾上升为中国社会的主要矛盾,中华民族面临生死存亡的严重危机。"平津危急!华北危急!中华民族危急!"中华民族到了最危险的时候!在生死存亡之际,中华民族空前觉醒,中国的各种社会力量呈现出空前团结的局面。"天下兴亡,匹夫有责"成为中国人民共同的爱国情怀,全国民众有钱的出钱,有力的出力。前线战士浴血奋战,英勇杀敌。工人、农民参军参战、支援前线,开展各种形式的抗日救国斗争。知识分子和爱国青年英勇地站在了时代前列,他们以笔代枪,或投笔从戎投身抗战。全国各地的大中学生纷纷走上街头,集会游行,声讨日寇的侵略罪行。更有万千青年,跋山涉水,历尽艰难奔赴延安。全国各界爱国人士也以不同方式参加抗日活动。正如毛泽东同志所说:"这个战争促进

---

① 习近平. 在纪念红军长征胜利80周年大会上的讲话 [M]. 北京:人民出版社,2016:11.

中国人民的觉悟和团结的程度，是近百年来中国人民的一切伟大的斗争没有一次比得上的。"①

中国国内各民族和广大海外侨胞都投入抗日的洪流中。全国各少数民族与汉族人民一起积极抗日，著名的东北抗日联军里就有很多少数民族指战员，如周保中（白族）和赵尚志（满族）等。在河北，马本斋领导的冀中回民支队，也给日本侵略者以沉重打击。抗战期间，广大海外侨胞怀着对中华民族解放的热切期望，成立了各种救亡组织649个，仅抗战头三年就有4万多热血青年毅然回国奔赴抗日战场。著名华侨领袖陈嘉庚成立了"南洋华侨筹赈祖国难民总会"，为动员和组织华侨参加抗战发挥了重要作用。

面对日本帝国主义的野蛮侵略，中国人民以为祖国和民族而战的爱国情怀奔赴抗日战场，全国各民族、各阶级、各党派、各社会团体、各界爱国人士、港澳台同胞和海外侨胞团结一心，投入抗日的洪流之中。

2. 血战到底展现英雄气概

在抗战初期，日本帝国主义自恃军事实力大大超过中国，认为中国不堪一击。日本军部多次扬言，一个月或两个月、顶多三个月打败中国。他们完全没有想到，空前的民族危机唤起了中国人民空前的民族觉醒。面对亚洲头号强国日本，中华民族不畏强敌、不怕牺牲，不论是敌后战场还是正面战场，在抗战中都表现出了与日军血战到底的英雄气概。中国人民英勇抗战，给日本帝国主义沉重打击，粉碎了日本"不可战胜"的神话，挫败了其"迅速灭亡中国"的战略企图。日本帝国主义原本以为，中国无非是"一盘散沙"的国家，妄图在短时间内灭亡中国，没有想到自己陷入了人民战争的汪洋大海之中。

中国共产党领导的解放区军民，在极端艰难困苦的条件下，不畏强敌，不怕牺牲，以"小米加步枪"的劣势装备，与侵略者血战到底。八路军115师在平型关伏击日军，取得了全民族抗战以来中国军队对日作战中的第一个胜利。八路军120师在雁门关伏击日军，129师奇袭阳明堡机场，1940年进行的百团大战，新四军在江南江北的作战，东北抗日联军在东北的作战……都给日军以沉重打击。解放区军民广泛开展各种伏击战、破袭战、地道战、地雷战、

---

① 毛泽东选集：第3卷［M］．北京：人民出版社，1991：1032.

麻雀战,使日军寝食不安。东北抗日联军第一军军长杨靖宇,多天没有饭吃,只吃树皮、草根和棉絮,仍然坚持抗战,与日军血战到底,英勇牺牲。八路军副参谋长左权、新四军第四师师长兼政委彭雪枫,他们英勇抗日,为国捐躯,牺牲时都只有37岁。狼牙山五壮士为掩护主力撤退,与日军血战到底,最后毅然跳下悬崖。东北抗联的8位女战士被敌军包围,弹尽粮绝,集体投江,壮烈殉国。这些英雄壮举,充分表现了中华民族誓与侵略者血战到底的英雄气概和民族气节。

在抗战中,正面战场的许多爱国官兵,以高度的爱国主义激情,英勇杀敌,充分体现了中华民族不畏强敌、不怕牺牲的民族精神。中日双方军队进行了多次大的会战,如淞沪会战、忻口会战、台儿庄会战、武汉会战、枣宜会战、长沙会战等,给日本侵略者以重大杀伤。在国家危亡的紧要关头,张学良、杨虎城毅然发动兵谏,逼蒋抗日。西安事变犹如春雷闪电,一举促成了抗日民族统一战线。国民革命军第33集团军总司令张自忠将军,身先士卒,八处负伤,鲜血流尽、尽忠报国。中国远征军第200师师长戴安澜,率部在异国他乡英勇抗日,沉重打击日军,献出年仅38岁的生命。在台儿庄战役中,坚守于此的勇士与敌展开巷战,如守卫滕县的王铭章师长督战死守,为国捐躯。淞沪战役中,守卫宝山的500名官兵在姚子清营长率领下,与敌巷战肉搏,全部壮烈殉国。守卫四行仓库的800名官兵,为掩护主力撤退,孤军奋战4昼夜,史称八百壮士。

无论是正面战场还是敌后战场,大家同仇敌忾、共赴国难,不畏强敌、不怕牺牲。中国人民万众一心、多少优秀儿女义无反顾地奔向抗日的战场,与敌人血战到底,用热血和生命铸成了中华民族打不烂、压不垮的脊梁,淋漓尽致地展现了视死如归的英雄气概,谱写了惊天地、泣鬼神的爱国主义篇章。

3. 民族精神显示伟大力量

民族精神是一个民族赖以生存和发展的精神支撑,是一个民族得以维系和凝聚的精神纽带。梁启超说:凡一国之能立于世界,"皆有一种独立之精神。祖父传之,子孙继之,然后群乃结,国乃成"[①]。民族精神的核心内容是

---

① 梁启超. 新民说 [N]. 新民丛报,1902-02-08.

爱国主义。爱国主义是人们千百年来形成的对祖国挚爱的深厚情感。它表现为对祖国和家乡的无限热爱和深切眷恋，对国家、对人民的无限责任和光荣奉献。千百年来，中华民族之所以能够历经磨难而不衰、饱尝艰辛而不亡，原因就在于中华民族有伟大的民族精神。这种精神是中华民族克服艰难险阻、战胜内忧外患的强大精神动力。民族精神使中华民族在危急存亡的情况下起死回生。没有民族精神的维系，"百年战败"的中国不可能赢得抗日战争的伟大胜利。

在抗日战争中，中华民族经历苦难，大部分中国人是在受冻挨饿、长期得不到最低物质需求的条件下进行英勇斗争的。面对艰难困苦，中华民族没有退缩，而是迎难而上、勇往直前，始终保持必胜信念。艰难困苦不仅没有压垮中华民族，反而使中华民族在艰苦磨炼中愈战愈强。在血与火的洗礼中，古老的中国凤凰涅槃、浴火重生，开启了中华民族走向复兴的重要里程碑。

在抗日战争中，民族精神促进了中华民族的大团结，显示了中国人民的伟大力量。中国军民共歼灭日军 154 万人以上，并受降 128 万人。此外，敌后战场还消灭伪军 118 万人。英美盟军在太平洋战场作战，使日军损失约 124.7 万人（包括印缅战场中国远征军和英、美军共同歼灭的 16 万余日军）。苏军在远东作战，使日军损失约 70 万人。在中国战场损失的日军，约占其损失总数的 65%。中华民族在抗战中显示的伟大力量得到了世界的认可，中国被公认为世界反法西斯的主要力量之一。1945 年 4 月，中国成为联合国创始成员国和安理会 5 个常任理事国之一，中国的大国地位重新得到世界的认可。

有奋斗就会有牺牲，要胜利就必然要付出。中国人民抗日战争的胜利，是中国人民付出了巨大民族牺牲换来的。中国军民在抗战中伤亡 3 500 万人以上，中国伤亡的总数占第二次世界大战各国伤亡人数总和的 1/3。中国经济直接损失 1 000 多亿美元，间接损失 5 000 多亿美元。尽管付出了沉重代价，但我们赢得了最后胜利。

近代中国屡战屡败，从世界强国跌落为"东亚病夫"，其深刻的原因在于民族精神的缺失。抗日战争的胜利，其深刻的原因也在于重新找回了民族精神。民族精神在抗日战争中显示出强大的力量，使中华民族重新自立于世界民族之林。"我们中华民族有同自己的敌人血战到底的气概，有在自力更生的基础上光复旧物的决心,有自立于世界民族之林的能力。"① 正是靠这种精神与能力,中国最终取得了抗日战争的伟大胜利。

伟大的事业需要伟大的精神,伟大的精神铸就伟大的事业。正如习近平总书记所说:在抗日战争中形成了伟大的抗战精神,"中国人民向世界展示了天下兴亡、匹夫有责的爱国情怀,视死如归、宁死不屈的民族气节,不畏强暴、血战到底的英雄气概,百折不挠、坚忍不拔的必胜信念。伟大的抗战精神,是中国人民弥足珍贵的精神财富,永远是激励中国人民克服一切艰难险阻、为实现中华民族伟大复兴而奋斗的强大精神动力"②。抗战精神成为中华民族精神的重要组成部分。民族精神寄托着民族的希望,昭示着国家的未来。我们一定要用民族精神凝聚力量,开创未来,实现梦想。

(三) 延安精神永放光芒——弘扬延安精神的现实意义

伟大的事业需要伟大的精神,伟大的实践孕育伟大的精神,伟大的精神推动伟大的事业。以毛泽东为代表的中国共产党人在延安领导中国革命的伟大实践中,铸就了伟大的革命精神——延安精神。延安精神是民族精神的升华、革命精神的结晶和时代精神的体现,是中国共产党克服困难、战胜敌人的强大思想武器,是中国共产党和中国人民宝贵的精神财富。今天,中国共产党肩负着领导中国特色社会主义事业的伟大使命,党所处的国内外环境和党的队伍状况都发生了重大变化,党再次处于一个重要的历史关头。党必须经受住长期执政、改革开放、发展社会主义市场经济和加快社会主义现代化建设的考验。面对严峻的形势和繁重的任务,宣传和弘扬延安精神具有重大的历史意义和现实意义。

1. 弘扬延安精神,是建设中国特色社会主义和实现中华民族伟大复兴的需要

延安精神是以毛泽东为代表的中国共产党人把马克思主义基本原理与中国革命实践相结合而产生的。它的主要内容是:坚定正确的政治方向,解放

---

① 毛泽东选集:第1卷 [M]. 北京:人民出版社,1991:161.
② 习近平. 在纪念中国人民抗日战争暨世界反法西斯战争胜利69周年座谈会上的讲话 [N]. 人民日报,2014-09-04(1).

思想、实事求是的思想路线，全心全意为人民服务的根本宗旨，自力更生、艰苦奋斗的创业精神。延安精神不仅对中国共产党领导中国人民夺取革命胜利具有重大意义，而且对发展中国特色社会主义伟大事业具有重大意义。改革开放以来，我国的现代化建设取得了巨大成就。但是，我们必须清醒地看到，建设中国特色社会主义事业是一项艰苦复杂的系统工程，没有现成的经验可以借鉴，其过程不可避免地会遇到各种困难和挫折，需要我们几代人甚至几十代人为之付出艰辛的努力。

在建设中国特色社会主义事业的今天，有人认为延安精神不过是大生产、纺棉线、吃小米、穿粗布、住土窑等过一点艰苦生活。在他们看来，延安精神只是远离我们而去的那些艰难生活的历史，因而认为在建设中国特色社会主义事业的新时期不必再继承和发扬延安精神。这种观点显然是错误的。步入新时代，我国的发展进入了一个新的起点，也面临新的困难。2021年，我国国内生产总值超过17万亿美元，人均国内生产总值突破12 000美元。世界历史发展的进程告诉我们，一个国家人均国内生产总值在1 000~20 000美元时期，是一个国家现代化进程极为关键的时期。一方面，这个阶段是"黄金发展期"；另一方面，这个阶段又是"风险高发期"。当前，我国经济社会发展速度很快，形势喜人，甚至是世界上发展速度最快的国家之一。但是，我国经济社会发展也出现了一些新问题。资源相对不足，资源与能源的紧缺已经成为制约经济社会发展的重要因素。我国人均水资源拥有量只有世界平均水平的1/4，石油、天然气、铝等重要矿产资源的人均储量不足世界人均水平的1/10。我国人口较多，地区发展极不平衡，社会经济、科技、文化水平仍比较低，人民群众还不富裕，全国农村几千万人口才刚刚脱贫，部分企业职工和居民生活依然困难。国际上石油、铁矿石价格上涨已给我国经济带来了重要影响。特别是现代化大城市与老少边地区的贫穷农村、东部沿海发达地区与中西部落后地区，差距还在拉大。贫富差距扩大、教育机会不公平、失业下岗人员增多、生态环境恶化等都给我国社会带来了严峻挑战。要解决这些问题，仍然需要我们发扬艰苦奋斗的精神。要求我们必须具有强烈的责任感和紧迫感，继承和发扬延安精神，实事求是，艰苦创业，埋头苦干，大胆探索。只有这样，才能不断推进中国特色社会主义伟大事业，才能实现中华民族的伟大复兴。

延安精神是中国共产党领导中国人民在长期的革命中形成的宝贵精神财富。多年来，延安精神培育、激励了一代又一代中国共产党人和中华民族的优秀儿女，为民族独立、人民解放和国家富强、人民幸福而奋斗不息。"忘记过去，就意味着背叛。"延安精神不是孤立的。在它之前，有井冈山精神、长征精神，延安精神是它们的继承和发展。在它之后，有西柏坡精神、抗美援朝精神、大庆精神、"两弹一星"精神、载人航天精神、抗疫精神等。这些精神又是延安精神的继承和发展。延安精神是不断发展的，它不断引领党和人民前进，同时又在党和人民的实践中不断被赋予新的内涵。延安精神没有过时，也永远都不会过时。在建设和发展中国特色社会主义伟大事业的今天，延安精神必将继续成为中华民族振兴的强大精神动力。

2. 弘扬延安精神，是保持党的先进性和提高党的战斗力的需要

中国共产党不仅要经受革命的考验，而且要经受建设和改革的考验。早在中华人民共和国成立前夕，针对党内某些人在取得革命胜利后可能经不起执政的考验，毛泽东曾意味深长地说过，"可能有这样一些共产党人，他们是不曾被拿枪的敌人征服过的，他们在这些敌人面前不愧英雄的称号；但是经不起人们用糖衣裹着的炮弹的攻击，他们在糖弹面前要打败仗。我们必须预防这种情况"[1]。他告诫全党：夺取全国胜利，这只是万里长征走完了第一步。因此，"务必使同志们继续地保持谦虚、谨慎、不骄、不躁的作风，务必使同志们继续地保持艰苦奋斗的作风"[2]。"两个务必"就是要保持和发扬革命时期的这种精神。在延安时期，我们党用延安精神培育了大批有坚定立场和不畏艰难的革命者。无数的中华儿女不远千里奔赴延安，他们为了中华民族获得独立、自由、富强和统一而奋斗。在进行社会主义现代化建设时期，同样需要以延安精神作为人们思想上的强大精神动力，培养大批的先进人物和优秀共产党员为社会主义现代化而奋斗。

我们要长期保持党的先进性和提高党的战斗力，必须坚持不懈地发扬延安精神。加强和改进党的建设，认真解决各方面存在的突出问题，树立正确

---

[1] 毛泽东选集：第4卷[M]．北京：人民出版社，1991：1438．
[2] 毛泽东选集：第4卷[M]．北京：人民出版社，1991：1438-1439．

的人生观、世界观和价值观，坚定共产主义信念，这对全面加强党的建设，增强党的凝聚力、创造力、战斗力具有很强的现实性和针对性。办好中国的事，关键在党。1949年3月，中共中央从西柏坡进驻北平，毛泽东称之为"进京赶考"。中国共产党历来强调党的建设，特别是党的思想建设、组织建设、作风建设和制度建设。70多年后，领导中国人民取得社会主义现代化建设辉煌成就的中国共产党人又主动提出必须加强执政能力建设。以习近平同志为核心的新一届中央领导集体主政以来，把加强党的执政能力建设，作为一个事关党和国家长治久安的带有全局性、战略性、根本性和长期性的重大课题。回溯历史，王朝更迭；纵观各国，政党进退。"其兴也勃，其亡也忽。"延安精神是党的先进性教育和提高党的战斗力的生动教材，是党的建设取之不尽、用之不竭的力量源泉。

弘扬延安精神，是建设学习型政党的需要。当年在延安，条件那么艰苦，对敌斗争形势那么严峻，党中央和毛泽东同志从指导革命运动全局的战略高度出发，非常重视学习。中央政治局专门成立了中央总学习委员会和若干学习小组，大大提高了全党的马克思主义理论水平，为中国革命的胜利奠定了重要的思想基础。努力建设学习型政党是中国共产党在新时期的伟大使命之一。党中央提出了建设学习型政党和形成学习型社会的重大任务，将全党的学习摆在突出的位置，决定除了自学以外，中央政治局还要进行集体学习，并作为一项制度长期坚持。从党的十六大到十九大，中央政治局坚持集体学习。这对进一步把握历史的规律性，把握共产党执政规律、社会主义建设规律、人类社会发展规律必将产生重要作用。建设学习型政党，对推进中国特色社会主义伟大事业和党建设新的伟大工程具有重大现实意义和深远历史意义。

中国特色社会主义事业是实现中华民族伟大复兴的事业。中国共产党作为这个伟大事业的领导核心，必须站在时代前列带领人民不断开创事业发展新局面，必须以改革创新精神加强自身建设，始终成为中国特色社会主义事业的坚强领导核心。面对世情、国情、党情的发展变化，党面临许多前所未有的新课题新考验，党的教育和管理任务比过去任何时候都更为繁重。但是，改革开放以来，拜金主义、享乐主义和奢靡之风在部分党员和干部中有滋长蔓延的趋势，一部分党员干部富了，而他们管辖的人民却连温饱都没有得到解决。延安精神中的艰苦奋斗作风在一部分党员、干部那里被淡忘了，在少数人那里甚至被丢得差不多了。有的人认为，我们现在已经进入21世纪了，再提艰苦朴素已不合时宜了。这种观点显然是错误的。我们"必须把党的执政能力建设和先进性建设作为主线，坚持党要管党、从严治党，贯彻为民、务实、清廉的要求，以坚定理想信念为重点加强思想建设，以造就高素质党员、干部队伍为重点加强组织建设，以保持党同人民群众的血肉联系为重点加强作风建设，以健全民主集中制为重点加强制度建设，以完善惩治和预防腐败体系为重点加强反腐倡廉建设，使党始终成为立党为公、执政为民，求真务实、改革创新，艰苦奋斗、清正廉洁，富有活力、团结和谐的马克思主义执政党"①。当然，我们讲发扬延安精神，不是要人们继续过那种纺纱种地的艰苦生活；而是要坚决反对腐败，大力提倡艰苦奋斗的精神，要求每个领导干部始终保持共产党人的政治本色。坚持全面从严治党。勇于自我革命，从严管党治党，是我们党最鲜明的品格。"人民群众最痛恨腐败现象，腐败是我们党面临的最大威胁。只有以反腐败永远在路上的坚韧和执着，深化标本兼治，保证干部清正、政府清廉、政治清明，才能跳出历史周期律，确保党和国家长治久安。""要坚持无禁区、全覆盖、零容忍，坚持重遏制、强高压、长震慑，坚持受贿行贿一起查，坚决防止党内形成利益集团。在市县党委建立巡察制度，加大整治群众身边腐败问题力度。不管腐败分子逃到哪里，都要缉拿归案、绳之以法。"② 我们必须坚持不懈地用延安精神教育全党、教育人民，巩固全党全国各族人民团结奋斗的共同思想基础。大力推进理论创新，不断赋予延安精神鲜明的实践特色、民族特色、时代特色。

3. 弘扬延安精神，是实践党的根本宗旨，确保党和国家长治久安的需要

中国共产党是全心全意为人民服务的党，发扬延安精神，对我们强化群众观点、宗旨、观念具有重要意义。延安时期，毛泽东用"为人民服务"完整准确地概括了中国共产党人的根本宗旨，将"全心全意地为人民服务"作为中国共产党人全部工作的出发点，同时把密切联系群众列为中国共产党区

---

① 胡锦涛. 高举中国特色社会主义伟大旗帜 为夺取全面建设小康社会新胜利而奋斗［M］. 北京：人民出版社，2007：49-50.
② 习近平谈治国理政：第3卷［M］. 北京：外文出版社，2020：52.

别于其他政党的根本标志之一，把相信群众、依靠群众、向人民群众学习的观点作为党的群众路线的基础，这种群众观点和密切联系群众的工作作风是多么深入人心。发扬延安精神，就是要求我们在新的历史时期必须始终紧紧依靠人民群众，诚心诚意为人民谋利益，从人民群众中汲取前进的不竭力量，始终保持同人民群众的血肉联系，善于依靠群众，善于倾听群众呼声，解决人民迫切需要解决的问题，切实帮助群众解决实际问题，从而赢得人民群众的真诚信任和拥护。全心全意为人民服务是党的根本宗旨，党的一切奋斗和工作都是为了造福人民。要始终把实现好、维护好、发展好最广泛人民的根本利益作为党和国家一切工作的出发点和落脚点，尊重人民主体地位，发挥人民首创精神，保障人民各项权益，走共同富裕道路，促进人的全面发展，做到发展为了人民、发展依靠人民、发展成果由人民共享。"坚持以人民为中心。人民是历史的创造者，是决定党和国家前途命运的根本力量。必须坚持人民主体地位，坚持立党为公、执政为民，践行全心全意为人民服务的根本宗旨，把党的群众路线贯彻到治国理政全部活动之中，把人民对美好生活的向往作为奋斗目标，依靠人民创造历史伟业。"① 现在，我们正步入全面建设社会主义现代化的重要阶段，党要领导人民实现这一宏伟目标，就必须继承和发扬延安精神，密切联系广大人民群众，全心全意为人民服务。

全心全意为人民服务是延安精神的核心内容之一。中国共产党从建党之日起就明确规定，党的任务是为中国广大人民的利益而奋斗，并以发动群众，开展群众运动为己任。全心全意为人民服务是党的根本宗旨。中国共产党除了最广大人民的根本利益之外，没有自己特殊的私利。中国共产党始终代表着中国最广大人民的根本利益。毛泽东同志在党的七大上对党的根本宗旨作了精辟的概括："全心全意地为人民服务，一刻也不脱离群众；一切从人民的利益出发，而不是从个人或小集团的利益出发。"② "共产党人的一切言论行动，必须以合乎最广大人民群众的最大利益，为最广大人民群众所拥护为最高标准。"③ 在革命时期，以毛泽东为代表的中国共产党人系统地论述了群众

---

① 习近平谈治国理政：第3卷［M］.北京：外文出版社，2020：16-17.
② 毛泽东选集：第3卷［M］.北京：人民出版社，1991：1094-1095.
③ 毛泽东选集：第3卷［M］.北京：人民出版社，1991：1096.

路线，坚定地实践群众路线，形成了鲜明的群众观，即一切为了群众，一切依靠群众，从群众中来，到群众中去。正是本着为人民服务的宗旨，我们党才赢得了人民的拥护和支持，从而克服了一切困难，战胜了帝国主义、封建主义和官僚资本主义，取得了新民主主义革命的胜利。后来又取得社会主义革命和社会主义现代化建设的伟大胜利。为了确保党和国家的长治久安，我们在任何时候、任何情况下都要继承和弘扬延安精神，牢记党全心全意为人民服务的宗旨。

4. 弘扬延安精神，是培育民族精神和时代精神的需要

延安精神是中华民族精神的重要组成部分。延安时期，毛泽东同志特别强调独立自主、自力更生、艰苦奋斗的精神，它们不仅成为中国革命精神的重要内容，而且成为中华民族精神的重要组成部分。独立自主是中国共产党指导各项事业的基本立场、观点和方法。独立自主原则的贯彻执行必须立足自力更生的基础之上，必须发扬艰苦奋斗的革命精神。只有自力更生，才能不被来自外部的困难所压倒，才能够真正独立自主。只有发扬艰苦奋斗的精神，才能克服各种艰难险阻，才能取得革命胜利。面对内忧外患，中国人民为争取民族独立和人民解放、为振兴中华不断抗争，涌现出无数可歌可泣的英雄，谱写出惊天动地的壮丽篇章，锻造出独立自主、自力更生、艰苦奋斗的革命精神。这种革命精神在延安精神中得到了最好的体现和升华。八路军、新四军在数年中"没有得到一个铜板一颗子弹的接济"①。解放区还受到了日、伪军的严密封锁和围困，中国共产党及其领导的军队面临严重的困难。毛泽东回顾当时的情形时说："我们曾经弄到几乎没有衣穿，没有油吃，没有纸，没有菜，战士没有鞋袜，工作人员在冬天没有被盖。"② 面对这样严峻的形势，毛泽东号召解放区军民发扬艰苦奋斗、不屈不挠、再接再厉的革命精神。毛泽东指出："无论如何也应以自力更生为立足点。"③ 在那样的艰难岁月里，毛泽东和党中央发出"自己动手，丰衣足食"的号召，在边区掀起了轰轰烈烈的大生产运动。上至党的领袖毛泽东，下至普通的老百姓，人人开

---

① 邓小平文选：第1卷 [M]．北京：人民出版社，1994：77.
② 毛泽东选集：第3卷 [M]．北京：人民出版社，1991：892.
③ 毛泽东外交文选 [M]．北京：中央文献出版社、世界知识出版社，1994：18.

荒种地，织布做衣。党、政、军、民、学、商都参加轰轰烈烈的大生产运动。解放区军民不怕困难，艰苦奋斗，最终取得了抗日战争的胜利。"这次的抗战，表示出我们的民族有这样一个作风，就是不怕一切困难，不怕一切牺牲，坚持下来。这就保证了我们的胜利。"① 中国共产党及其领导的人民就是以这种独立自主、自力更生、艰苦奋斗的民族精神战胜了各种艰难困苦，迎来革命的最后胜利。

在发展中国特色社会主义的伟大征程上，我们不仅要培育和弘扬以爱国主义为核心的民族精神，而且要培育和弘扬以改革创新为核心的时代精神。弘扬延安精神，是培育民族精神和时代精神的需要。要弘扬伟大的延安精神，需要不断推动理论创新。延安时期是党和人民的创造力空前迸发的时期。毛泽东思想和延安精神，就是这种伟大创造精神所结出的丰硕成果。在延安时期，中国新民主主义革命理论体系完整形成，马克思主义与中国实际相结合的伟大理论成果——毛泽东思想走向成熟，并载入党章，成为中华民族团结振兴的精神支柱。毛泽东思想的许多重要内容，都诞生于延安时期。仅以《毛泽东选集》第1至4卷中收入的文章来看，其中约80%都形成于延安时期。这些充满马克思主义理论光辉的著作的问世，使中国共产党人有了中国化的马克思主义，这是中华民族的重大创新成果，为中国人民取得革命战争的胜利提供了强大思想武器。在新的历史时期，我们继承和弘扬延安精神，就要进一步光大这种创造精神，用创新的理论和精神推动各项事业的发展。我们必须继续发扬延安精神，永远保持独立自主、自力更生、艰苦奋斗的精神，勇于创新，大胆创新，进一步为社会主义现代化建设提供强大的精神动力。我们今天之所以大力提倡延安精神，不仅仅因为延安精神是中国革命精神，而且它还是马克思主义创新的结果。创新是一个民族的灵魂，是一个国家兴旺发达的不竭动力。"提高自主创新能力，建设创新型国家。这是国家发展战略的核心，是提高综合国力的关键。要坚持走中国特色自主创新道路，把增强自主创新能力贯彻到现代化建设各个方面。""进一步营造鼓励创新的环境，培养造就世界一流科学家和科技领军人才，使创新智慧竞相迸发、创

---

① 中共中央文献研究室.毛泽东著作专题摘编：下卷［M］.北京：中央文献出版社，2003：2132.

新人才大量涌现。"① "创新是引领发展的第一动力,是建设现代化经济体系的战略支撑。要瞄准世界科技前沿,强化基础研究,实现前瞻性基础研究、引领性原创成果重大突破。加强应用基础研究,拓展实施国家重大科技项目,突出关键共性技术、前沿引领技术、现代工程技术、颠覆性技术创新,为建设科技强国、质量强国、航天强国、网络强国、交通强国、数字中国、智慧社会提供有力支撑。"② 在新时代,我们要培育民族精神和时代精神,就必须弘扬延安精神。一方面必须艰苦奋斗,另一方面必须与时俱进、大胆创新,这样才能不断开创中国特色社会主义现代化事业的新局面。

延安精神锻造了中国共产党人和中华民族一种特殊的品格,这就是独立自主、自力更生、艰苦奋斗,不怕鬼、不信邪、不怕牺牲的大无畏的革命英雄主义精神。正是依靠这种精神,中国共产党领导和团结人民战胜了强大的国内外敌人,战胜了无数艰难困苦,不断开创革命、建设和改革开放事业的新局面。中国共产党的成长壮大和中国革命建设事业发展与延安精神是分不开的。在革命时期,中国共产党人坚持和弘扬延安精神,完成了推翻三座大山、建立新中国的历史任务。在建设和改革时期,中国共产党和中国人民的主要任务是高举中国特色社会主义伟大旗帜,实现社会主义现代化,实现中华民族的伟大复兴。我们要完成这个伟大历史任务,仍然需要弘扬延安精神。

三、在青年学生中培育和弘扬民族精神

(一) 民族精神的基本内涵

民族精神是一个民族赖以生存和发展的精神支撑,它是一个民族得以维系和凝聚的精神纽带,对一个民族的生存和发展来说起着精神支柱、精神动力的作用。民族精神是一个民族的自我意识与自我认同,是一个民族的整体人格的体现;民族精神是一个民族的灵魂,是其民族文化最本质、最集中的

---

① 胡锦涛. 高举中国特色社会主义伟大旗帜 为夺取全面建设小康社会新胜利而奋斗 [M]. 北京:人民出版社,2007:22.
② 习近平谈治国理政:第3卷 [M]. 北京:外文出版社,2020:24-25.

体现，是民族文化的深层内涵；民族精神是一个民族所认同的世界观、人生观和价值观，所遵循的思维方式和行为方式，所体现的心理素质、理想信念和性格特征的总和。

中国的民族精神是由56个民族结合而成的中华民族的共同精神，是中华民族五千年文明史的结晶。中华民族精神有着巨大的历史震撼力和时空穿透力，闪耀着人文精神的光辉。梁启超说："凡一国之能立于世界，必有其国民独具之特质，上至道德法律，下至风俗习惯文学美术，皆有一种独立之精神。祖父传之，子孙继之，然后群乃结，国乃成。"① 我们不能想象一个没有精神的民族会是一个强大的民族，会是一个自立于世界民族之林的民族。中华民族的民族精神，是以爱国主义为核心，团结统一、爱好和平、勤劳勇敢、自强不息等作为具体体现的一种精神。它使得中华民族不仅创造了灿烂的文明，而且生生不息、连绵不绝，表现出强大的生命力。中华民族精神既是中华民族悠久历史的积淀，又是近代以来中国共产党领导人民在革命、建设和改革实践中所创造的精神的凝聚。党的十六大报告指出："民族精神是一个民族赖以生存和发展的精神支撑。一个民族，没有振奋的精神和高尚的品格，不可能自立于世界民族之林。"②

千百年来中华民族之所以能够历经磨难而不衰、饱尝艰辛而不亡，原因就在于中华民族有伟大的民族精神。一个民族，没有伟大的民族精神，不可能自立于世界民族之林。在中国历史长河中，伟大的中华民族精神，深深根植于延绵数千年的优秀文化传统之中，始终是维系中华各族人民共同生活的精神纽带，支撑中华民族生存发展的精神支柱，推动中华民族走向繁荣、强大的精神动力，是中华民族之魂。千百年来，我们有"天下兴亡、匹夫有责""位卑未敢忘忧国"的千年古训，有历代相传的"人生自古谁无死、留取丹心照汗青""苟利国家生死以，岂因祸福避趋之"的仁人志士，有党领导人民在革命、建设和改革中形成的一不怕苦、二不怕死、不畏艰难、不畏强敌、独立自主、自力更生、艰苦奋斗、勤俭建国、改革创新、与时俱进、求真务实等革命精神和优良传统。这样的精神是中华民族克服艰难险阻、战胜内忧外

---

① 梁启超. 新民说 [N]. 新民丛报，1902-02-08.
② 江泽民文选：第3卷 [M]. 北京：人民出版社，2006：559.

患、走向繁荣富强的强大精神力量，是中国人民走向未来的强大精神动力。

（二）在青年学生中培育和弘扬民族精神的途径

青年学生是祖国的未来和民族的希望，是中国特色社会主义事业的建设者和接班人。对青年学生的德育教育必须以爱国主义教育为重点，把弘扬和培育民族精神作为学校德育教育的重要内容，引导学生以高度的爱国情怀投身中国特色社会主义建设事业的伟大实践中。加强青年学生的民族精神教育，这是一个永恒的课题，学校在青年学生中培育和弘扬民族精神的过程中，应该在内容、方法和渠道上采取有效措施。

1. 以马克思主义为指导，加强思想政治教育，树立正确的世界观、人生观、价值观

在青年学生中培育和弘扬民族精神，必须以马克思主义为指导，这是由我们社会主义国家的性质决定的，我们培养青年学生就是要把他们培养成为社会主义的合格接班人，要达到这一目的，不以马克思主义为指导是不行的。坚持马克思主义的指导地位就是要坚持以马克思列宁主义、毛泽东思想和中国特色社会主义理论体系为指导，特别是要坚持以习近平新时代中国特色社会主义思想为指导，坚持党的基本路线和基本方针，深入落实科学发展观。我们必须巩固马克思主义在意识形态领域的领导地位。一个社会中占领导地位的思想，是一个时代的精神象征。马克思主义作为科学的世界观和方法论，是人们认识世界和改造世界的强大理论武器，是我们立党立国的根本指导思想。只有以马克思主义为指导，才能树立正确的世界观、人生观、价值观。

要在青年学生中培育和弘扬民族精神，必须加强青年学生的思想政治教育。加强和改进青年学生的思想政治教育，培育和弘扬民族精神，这是一项长期而艰巨的任务。弘扬和培育民族精神有多种形式和路径，其中思想政治理论课教育是重要渠道，也是民族精神培育的基础平台。以思想政治理论课教育推进民族精神的培育，应着重开展以下四个方面的工作。一是坚持把民族精神教育与课堂教学相结合。树立思想政治理论课教育培养青年学生民族精神的目标，在课堂教学中特别要重点突出民族精神的内容，进一步巩固和加强思想政治理论课教育的基础性作用和主渠道作用。二是坚持把民族精神教育与青年学生社会实践相结合。要积极引导大学生走出校门，进行志愿服务、专业实习、社会调查、红色旅游、生产劳动等实践活动，使学生在社会实践中锻炼意志，增强社会责任感和历史使命感。三是要在青年学生中培育和弘扬民族精神，必须加强革命精神教育。以艰苦奋斗为核心的革命精神是中国革命和建设取得伟大胜利的宝贵精神财富。要在青年学生中培育民族精神，必须进一步强调自力更生、艰苦奋斗的革命精神教育，组织学生参观革命纪念馆和英雄纪念碑，接受爱国主义和革命传统教育；使学生在革命精神教育中继承传统、坚定信念。四是创新思想政治理论课教学培育民族精神的方法和形式。要有计划地在相关课程中运用大学生喜闻乐见的形式，挖掘激发和培育大学生民族精神的思想内涵，大力开展以弘扬民族精神为主题的征文、演讲比赛、辩论赛等活动，把有关的历史事件、英雄人物事迹和建设成就编成卡片、试题，发动广大学生进行笔试、口试、抢答，不断提高学生的参与兴趣，使民族精神在潜移默化中得到培养和弘扬。

2. 加强中国历史文化教育，增强民族自尊心和自信心

历史是民族的过去，是孕育民族精神的母体，培育民族精神的根基。我国是一个拥有五千年历史文化的文明古国，具有自强不息的民族性格、厚德载物的宽广胸怀、崇道尚德的思想素养。培育民族精神要以悠久的中国历史文化知识为依托，突出民族精神的丰富内涵。

对青年学生必须加强历史教育，应该让历史成为青年学生的一门基础课。历史是对人类以往实践活动的记录和总结，是对前辈经历的综合。它包含了以往人类社会生活的各个方面，如政治、经济、文化等。它为我们这些后人提供了一座丰富的知识宝库，学习历史不仅可以丰富我们的思想、拓展我们的视野，而且可以给我们以全面综合的价值理论和经验教训。历史是一个民族的共同记忆，是一个民族得以形成认同感的基础。对于一个群体、一个民族乃至整个人类社会而言，历史是不可或缺的，它是群体认同和文化延续的基点，它附着了一个民族的灵魂。历史可以使青年学生懂得现在与未来。"以铜为镜，可正衣冠；以人为鉴，可知得失；以史为鉴，可知兴替"，"前事不忘后事之师"，这些表明中国人自古以来就非常注重历史的借鉴作用。青年学生学习历史，就是不仅要让他们知道过去，而且要把握现在与未来。

在对青年学生加强历史教育的同时,还要对他们加强对中国传统文化的教育。在中国悠远的历史长河中,我们的祖先曾创造过灿烂的、令世人惊叹不已的中华文明。我们中华民族之所以能在长达五千年的历史进程中历经艰难而生生不息,像滔滔江河一样冲破重重险阻而奔流向前,并且能够始终屹立于世界民族之林,其主要原因之一就在于历史留给我们炎黄子孙引以为豪的中国传统文化。例如《三字经》、《百家姓》、《千字文》、"四书"、"五经"和四大名著等,作为一个中国的青年学生,特别是大学生,是应该知晓的。优秀的中国传统文化是中华民族的凝聚力和生命力之所在,是我们伟大民族在漫长的岁月中创造出来的巨大物质财富和精神财富,是我们民族几千年历史经验的重要总结,是先人探索自然、社会和人生奥秘的结晶。

中国历史文化作为中国民族精神的重要载体和表现形式,其中蕴含着极为丰富的民族精神。在对青年学生的教育中应把握好以下三个方面。一是科学客观,分清正误。采取科学的态度客观地评价中国历史文化的基本内容、分清正误、辩明良莠,积极引导青年学生了解中华民族所创造的历史文化对人类发展的贡献,这对增强青年学生对中华民族精神的认同十分重要。二是丰富内容,生动活泼。培养大学生的民族精神需要有广博的内容和丰富的素材。祖国上下几千年,纵横数万里,蕴藏着丰富的爱国主义题材,我们要不断挖掘它、运用它。青年大学生通常对民族杰出人物比较感兴趣,渴望了解他们的成长经历和先进事迹。我国从古至今有无数的爱国者、民族英雄、革命先烈、英雄模范,各种新闻媒体要经常对他们进行宣传报道,不断教育青年学生。三是阅读经典,突出重点。中华民族精神具有丰富的内涵,是从博大精深的中国历史文化中提炼出来、积淀而成的。这些在学习时不可能面面俱到,因此必须阅读经典,突出重点。要精心设计学习内容,突出民族性、导向性,注重发掘其中所蕴含的民族精神的深刻内涵,通过学习使青年学生对民族精神有一个全新的认识,增强他们的民族自尊心和自信心。

3. 加强中国国情和世情教育,增强忧患意识和责任感

要在青年学生中培育和弘扬民族精神,必须对青年学生进行国情教育。没有对国情的正确认识就不可能有高度的历史责任感,没有对国情的正确认识就不可能找到最佳的报国之路。中国历史悠久、人口众多、地大物博、江

山秀丽，创造了非凡的历史文明，近代却遭受了西方列强的践踏与凌辱。中国五千年文明史，一百多年的近现代史，就是一部有识之士认识中国国情、探寻适合中国国情的救国强国之路的历史，是进行爱国主义教育的生动素材。尽管中国的社会主义现代化已经取得了伟大成就，但是中国还处在社会主义初级阶段。随着我国改革开放的不断深入，社会主义市场经济体制逐步建立，利益关系日渐多元化，转型时期日益多样复杂的社会问题，这些国情冲击着青年学生对民族未来的信心，影响着他们对祖国建设的责任感和使命感。因此，不加深青年学生对国情的了解，就不可能在他们身上培育和弘扬民族精神。

要在青年学生中培育和弘扬民族精神，必须对青年学生进行世情教育。中国的发展与世界是分不开的。加强世情教育，就是要使青年学生对世界格局和大势有充分的认识，有冷静客观的把握，增强忧患意识，激发他们的责任感和使命感。社会主义中国建立后，为什么西方资本主义一开始就实行敌视战略？冷战结束后，两大阵营对峙消解，国际共产主义运动处于低潮，为什么西方发达国家还要推行"和平演变"战略？为什么新的干涉主义和霸权主义仍在威胁着人类和平？为什么广大亚非拉第三世界国家仍然贫穷和落后？不了解这些基本问题，就不可能有忧患意识。孔子说："安不忘危，存不忘亡。"忧患意识是中华民族爱国主义的恒久主题，也是民族精神教育的重要内容。如今，经济全球化大潮使每一个国家都卷入其中，给经济、科技上的弱势国家带来诸多风险和挑战。面对世情变化，世界上许多国家，包括发达国家都把忧患意识作为推动民族不断前进的动力。因此，我们要加强对青年学生的世情教育，培养居安思危意识，使之充分认识前进道路上的风险。要对中外民族精神进行研究、分析、比较，吸取外国优秀的思想文化来丰富和发展中华民族精神，使青年学生懂得在新时期要培育什么样的民族精神。

4. 丰富校园文化，拓展育人功能

坚持把民族精神的培育和弘扬与校园文化建设相结合。学校在校园环境建设中，要创建以爱国主义为核心的校园文化体系。校园文化具有重要的育人功能，学校要以民族精神为导向，建设体现社会主义特点、时代特征和学校特色的校园文化。要以建设优良的校风、教风、学风为核心，继承和发扬优秀的校园文化传统，开展健康向上的校园文化活动，使学生接受先进文化的熏陶和文明风尚的感染，在良好的校园人文环境中陶冶情操，促进大学生健康成长。丰富的校园文化生活和良好的校园文化环境不仅有利于构建和谐的校园，而且可以潜移默化地塑造青年学生的民族精神和高尚人格。校园规划中要有反映学校办学传统和特色的人文景观，如伟人、名人塑像、校园文化长廊、文化活动中心等；要利用各种节日、纪念日，充分发挥各种庆典和仪式对学生的影响，如升国旗、新生入学仪式、毕业典礼、校庆、颁奖等活动，特别要善于抓住有利于振奋民族精神的重大活动和重要纪念日，如以成功举办奥运会、建国建党周年大庆等重大活动为契机，掀起弘扬和培育民族精神的热潮。利用形势报告会、文化沙龙等大学生喜闻乐见的方式开展民族传统文化和民族精神教育，增强青年学生的责任心和使命感。

随着现代信息技术的高速发展，互联网已成为青年学生了解信息、掌握知识的一种重要渠道，并对青年学生的成长产生重要影响。如何发挥网络的育人功能，提高青年学生的政治敏锐性和道德鉴别力，已经成为教育青年学生面临的重要而又紧迫的课题。我们要抢占网络阵地的制高点，开展爱国主义教育，以建立民族精神和红色资源网站为主，依托影响力广泛的主要红色站点，开展以民族精神为主题的网上论坛、网上交流、网上学习等活动，引导学生自发构建积极向上、催人奋进的网络文化，强化培育民族精神，使他们成为社会的有用之才。

（三）在青年学生中培育和弘扬民族精神的重大意义

伟大的事业需要伟大的精神，伟大的精神铸就伟大的事业。一个民族，如果没有伟大的精神，就不可能自立于世界民族之林，也不可能站在时代发展的前列。

1. 在青年学生中培育和弘扬民族精神，对加强青年学生的爱国主义教育、增强民族自尊心、自信心具有重大意义

在青年学生中培育和弘扬民族精神，是进行爱国主义教育的重要途径。民族精神的核心内容是爱国主义。爱国主义是千百年来形成的对自己祖国挚爱的深厚情感。它表现为对祖国和家乡的无限热爱和深切眷恋，对国家、对人民的无限责任和光荣奉献。中国古代就提倡"利于国者爱之，害于国者恶之"（《晏子春秋·内篇谏上七》）。倡导贵公贱私、大公无私、先公后私，培养各族人民对国家与社会的责任意识、奉献意识、无私胸怀。千百年来，中国的爱国者"先天下之忧而忧，后天下之乐而乐"。中华民族具有爱国主义传统，中国历史如此悠久，幅员如此辽阔，与历代爱国者的贡献是分不开的。在近现代中国的历史大变革中，为了民族独立、人民解放和国家富强，一代又一代中华儿女前赴后继，进行了不屈不挠的奋斗，留下了无数可歌可泣的爱国主义英雄事迹。民族精神在维护国家主权和民族尊严中显出强大的力量，在民族危难中为国家救亡图存发挥了重大作用。毛泽东说："我们中华民族有同自己的敌人血战到底的气概，有在自力更生的基础上光复旧物的决心，有自立于世界民族之林的能力。"[1] 正是靠这种精神与能力，中国最终取得了民族独立和人民解放的伟大胜利。人们不会忘记，中华人民共和国成立后，中国的科学家及相关人员，住着简陋的工棚、吃着粗茶淡饭、使用着落后的计算工具，却从事着最高精尖的科学研究。他们攻克了一个又一个难关，实现了"两弹一星"的成功，这正是民族精神的生动体现。它向全世界宣告：近代以来饱受帝国主义铁蹄践踏，从血泊与烈火中站立起来的中国人民，拥有了捍卫国家主权和民族尊严的强大武器。历史告诉我们，一个拥有民族精神的民族，一定会创造出超越常人想象的辉煌。我们一定要在青年学生中培育和弘扬民族精神，加强爱国主义教育，培养青年学生正确的世界观、价值观和人生观，使中华民族立于不败之地。

民族精神是衡量一个民族和国家综合实力强弱的重要尺度。中华人民共和国成立后，我们靠这种精神与能力，在抗美援朝、抗美援越、中印边界反击战、珍宝岛自卫反击战、西沙群岛自卫反击战等反侵略战争中打出了国威和军威，大大提升了综合国力。纽约的《世界电讯报》说，中国军队"已成为一支强大的第一流军队，彻底改变了世界均势，使我们处于不利地位"[2]。全世界不知有多少人曾经看不起中国人，他们一直把中国人看作是一盘散沙、软弱可欺。这一系列反侵略战争的胜利，使绝大部分人不再怀疑我们捍卫国

---

[1] 毛泽东选集：第1卷[M]．北京：人民出版社，1991：161.
[2] 姚旭．从鸭绿江到板门店[M]．北京：人民出版社，1985：167.

家主权、领土完整和民族尊严的决心，全世界都感受到了站起来的中国人民意味着什么。民族精神让世人感到其伟大力量。中国"发生了翻天覆地的变化。贫穷落后的旧中国，已经变成初步繁荣昌盛的社会主义新中国"①。中国从"一盘散沙、各自为谋、忍辱待毙、任人宰割的旧中国变成为艰苦卓绝、勤朴武健、自力更生、受到全世界尊敬的新中国"②。只要青年学生了解了这些，就一定会增加对祖国的情感与责任，就会增加对祖国的挚爱。青年学生是祖国的建设者和接班人，对青年学生进行中华民族伟大精神的教育，是青年学生教育中的必修课。只有在青年学生中培育和弘扬民族精神，才能增强他们的爱国主义，增强民族凝聚力、自尊心和自信心。

2. 在青年学生中培育和弘扬民族精神，是实现中华民族伟大复兴的需要

如何在改革开放和发展社会主义市场经济条件下弘扬民族精神，推进中国特色社会主义事业顺利发展，实现中华民族的伟大复兴，是当代中国面临的一个历史性课题。

一个没有伟大民族精神的民族，不可能实现伟大的复兴并成为伟大的民族。追求发展与富强是中国的现代化主题，凝聚着中华民族的强烈愿望。中国现代化的目标就是要实现中华民族的伟大复兴，使一个富强、民主、文明的中华民族自立于世界民族之林。民族精神成为中国社会主义现代化不可缺少的强大动力。青年学生是国家宝贵的人才资源，是民族的希望、祖国的未来，他们的成长和发展不仅直接关系全面建设小康社会的实现，而且直接关系中华民族的伟大复兴。在当今经济全球化和文化多元化的趋势下，一些外来的、不正确的文化和价值取向正影响着青年学生。特别是他们正处于思想活跃期，世界观、人生观、价值观还没有完全确立起来，实际经验不丰富，分辨是非的能力还有待提高，这使我们的思政工作面临着严峻的挑战。面对世界上各种思想文化的相互激荡，我们必须把弘扬和培育民族精神作为极其重要的任务，纳入青年学生教育的全过程，使他们保持昂扬向上的精神状态。我们必须通过民族精神的培育，使青年学生了解中华民族历史、了解我国社会主义现代化建设和改革开放所取得的伟大成就，了解全面建设小康社会的

---

① 见《人民日报》社论，1974年10月1日第1版。
② 见《参考消息》1976年10月12日第1版。

宏伟目标，使他们立志为建设祖国、振兴中华而勤奋学习，努力把自己铸就成中国特色社会主义的建设者和接班人。

一个没有民族精神的民族，挨打是不可避免的。回想中国近现代历史，失去自尊而任人宰割的悲惨情景，真正的中国人是不可能忘记的。鸦片战争使中国从世界强国跌落于任人宰割、饱受凌辱与蹂躏的深渊，其深刻的原因也在于民族精神的缺失。中华民族经历了一个多世纪的磨难，经过千百万仁人志士的奋斗，最终走上了民族振兴的大道，其重要原因正是重新找回了民族精神。毛泽东说："我国从十九世纪四十年代起，到二十世纪四十年代中期，共计一百零五年时间，全世界几乎一切大中小帝国主义国家都侵略过我国，都打过我们，除了最后一次，即抗日战争，由于国内外各种原因以日本帝国主义投降告终以外，没有一次战争不是以我国失败、签订丧权辱国条约而告终。""如果不在今后几十年内，争取彻底改变我国经济和技术远远落后于帝国主义国家的状态，挨打是不可避免的。"[①]"落后就要挨打"已被中国近现代史所证明。如前所述，近代中国为什么落后，为什么被动挨打？深层次的原因还在于民族精神的缺失。在大清王朝被迫签订一个又一个不平等条约的时代，在公园门口悬挂"华人与狗不得入内"的时代，在国民被称为"东亚病夫"的时代，没有一个真正的中国人不为此痛心疾首。中国的民族精神在哪里？联想到今天一些人花天酒地、醉生梦死；联想到一些人忙着崇洋媚外，却逐渐忘记民族的历史；联想到我们的一些留学生外语好、数学好，懂得美国、英国，就是不太了解中国，甚至一心一意要早日把自己变成一个外国人，这不能不发人深思。这对中华民族的伟大复兴而言是严重的障碍。

民族精神是中华民族成长壮大的不竭动力，是凝聚中华民族的思想基础。自古以来，无论面对多少艰难困苦、挫折失败，中华民族都能够薪火相传、不断前进，靠的就是民族精神的伟大力量。在改革开放和社会主义现代化建设的新时期，实现中华民族的伟大复兴，既是中华儿女的共同愿望，也是前无古人的伟大事业。当代青年学生作为民族复兴伟业的具体承担者和民族精神的现实传承者，加强对他们的民族精神培育，既是青年学生教育本身的题

---

① 毛泽东文集：第8卷[M]．北京：人民出版社，1999：340-341．

中应有之义，又是新时期人才培养的关键所在。在青年学生中培育民族精神，对构建社会主义和谐社会，实现中华民族的伟大复兴具有十分重要的意义。青年学生的精神风貌、价值取向直接关系他们成为什么样的人才，关系未来社会的走向。青年学生深刻领会民族精神的实质，接受社会主义核心价值观，就能在复杂的社会发展过程中作出正确的选择，为实现中华民族伟大复兴的目标作出自己的贡献。

3. 在青年学生中培育和弘扬民族精神是牢固树立社会主义核心价值观的需要

以爱国主义为核心的民族精神，是社会主义核心价值观的重要内容。由马克思主义指导地位、中国特色社会主义共同理想、以爱国主义为核心的民族精神、以改革创新为核心的时代精神和社会主义荣辱观所共同组成的社会主义核心价值观，是社会主义意识形态大厦的基石，是社会主义制度的重要体现。习近平总书记说："不同民族、不同国家由于其自然条件和发展历程不同，产生和形成的核心价值观也各有特点。一个民族、一个国家的核心价值观必须同这个民族、这个国家的历史文化相契合，同这个民族、这个国家的人民正在进行的奋斗相结合，同这个民族、这个国家需要解决的时代问题相适应。"[1] 能不能建立社会主义核心价值观，一个关键问题是能不能让青年学生接受社会主义核心价值观；而能不能让青年学生接受社会主义核心价值观，一个关键问题是能不能在青年学生中培育和弘扬广泛认同的民族精神。每个时代都有每个时代的精神，每个时代都有每个时代的价值观念。国有四维，礼义廉耻，"四维不张，国乃灭亡"。"在当代中国，我们的民族、我们的国家应该坚守什么样的核心价值观？这个问题，是一个理论问题，也是一个实践问题。经过反复征求意见，综合各方面认识，我们提出要倡导富强、民主、文明、和谐，倡导自由、平等、公正、法治，倡导爱国、敬业、诚信、友善，积极培育和践行社会主义核心价值观。富强、民主、文明、和谐是国家层面的价值要求，自由、平等、公正、法治是社会层面的价值要求，爱国、敬业、诚信、友善是公民层面的价值要求。这个概括，实际上回答了我们要建设什

---

[1] 习近平谈治国理政 [M]. 北京：外文出版社，2014：171.

么样的国家、建设什么样的社会、培育什么样的公民的重大问题。"①

一个民族、一个国家如果没有自己的核心价值观，就等于没有灵魂，就会失去凝聚力和创造力。"中华文明绵延数千年，有其独特的价值体系。中华优秀传统文化已经成为中华民族的基因，植根于中国人内心，潜移默化影响着中国人的思想方式和行为方式。今天，我们提倡和弘扬社会主义核心价值观，必须从中汲取丰富营养，否则就不会有生命力和影响力。"② 随着经济全球化的不断深入，世界范围内各种思想文化的相互激荡，导致了一些人社会价值观的模糊甚至混乱。在一些人的头脑中，是非、善恶、美丑的价值界限完全模糊甚至颠倒，极端个人主义、享乐主义、拜金主义大行其道，他们见利忘义、蔑视崇高、崇尚低级，严重毒害了社会风气，特别是腐蚀了青年学生的思想。如果民族崛起仅仅意味着物质发达而不包括精神凝聚与思想升华，这样的民族是不能自立于世界民族之林的。我们要全面建设社会主义现代化、构建社会主义和谐社会和实现中华民族伟大复兴，要完成这个伟大的历史使命，就迫切需要在青年学生中牢固树立社会主义核心价值观。因此，必须不断加强对青年学生民族精神的培育，强化他们的民族意识、国家观念和社会责任感，勉励他们把个人的选择和追求与民族的发展和未来结合起来，逐步树立社会主义核心价值观，不断推动中华民族伟大复兴的历史进程。

中华民族在五千多年的历史发展中所形成的民族精神，是中华民族发展壮大的强大精神动力。民族精神寄托着民族的希望，昭示着国家的未来。我们一定要用民族精神凝聚力量、激发活力，让伟大的民族精神激励无数青年学生继往开来，不断前进。今天，我国社会主义现代化建设正处于关键时期，中国人民在中国特色社会主义的大道上正昂首阔步，不断前行。只要我们坚持以马克思主义为指导，在青年学生中大力弘扬和培育民族精神，牢固树立社会主义核心价值观，就一定能够实现伟大复兴中国梦。

---

① 习近平谈治国理政 [M]．北京：外文出版社，2014：168-169.
② 习近平谈治国理政 [M]．北京：外文出版社，2014：170.

后　记

　　三年来，笔者对2019年北京高等教育"本科教学改革创新项目"——一核心、三坚持、全过程育人的教改模式进行了努力探索和认真研究，终于完成了这部专著。其中，项目负责人李久林对全书的结构、内容进行了整体构建，并撰写了序言、第一章、第二章、第七章；其他分别由成林萍撰写第三章，连欢撰写第四章，张晓萍、李久林撰写第五章，王颖撰写第六章，张子扬参加了第七章的部分材料搜集工作。由于笔者水平有限，书中缺漏在所难免，敬请大家指正。